知っておきたい保護具のはなし

Tanaka Shigeru
田中 茂 著
十文字学園女子大学大学院教授

中災防ブックス 002
発行者：中央労働災害防止協会

序

平成二一年八月一〇日に出版された拙著「知っておきたい保護具のはなし」は、版を重ね、およそ一万部を出版してきましたが、今回、発行元の中央労働災害防止協会より、新装改訂版を出版したい旨の申し出を頂きました。

保護具の適正使用に少しでもお役に立てればと思って書き始め、九年経過したものの、作業現場に出向くと、まだまだ保護具の不適正な使用を見かけることがあります。さらに、有害性の高い化学物質の使用により、悪性中皮腫（原因物質：石綿）、間質性肺炎（インジウム化合物）、胆管がん（ジクロロメタンや一・二-ジクロロプロパン）や膀胱がん（オルト-トルイジン）の発症があり、原因の一つに、保護具が適正に使用されていないことが挙げられています。特に、オルト-トルイジンによる膀胱がん発症のばく露ルートは、今まで数多く経験してきた、大気中に浮遊している化学物質が呼吸を介して体内に取り込まれるのではなく、化学物質が作業者の皮膚と接触して体内に取り込まれる、経皮吸収によるものと考えられています。この経皮吸収によるばく露を防護するためには、化学防護手袋や化学防護服の使用が重要ですが、その保護具の選定の仕方や交換時期について今まであまり重要視されてきませんでした。今回の改訂では、その内容について解説を行いました。
一方、保護具の重要性、開発が進み、プロテクティブスニーカー、電動ファン付き呼吸用保護具、高視認性安全服等が使われるようになってきました。今回、これらの保護具についても追加し、著者が実験したデータや、各保護具工業会やメーカー等が行ったデータも記載しました。紙面の関係でページ数に制限があるため、十分には記載できていない箇所もあるかと思いますが、ぜひ、保護具の適正使用の教育、指導に役立てて頂ければと思います。

平成二九年一〇月

十文字学園女子大学大学院
人間生活学研究科教授
田中　茂

目　次

第一編　保護具を取り巻く状況と問題点……9
1　作業現場における保護具の使用状況……10
2　保護具を正しく装着していれば……13
3　日本におけるＳＤＳには保護具の記載が少ない……17
4　保護具の不適切な使用例……19
5　労働災害から身を守る保護具……28
第二編　安全と健康を守る保護具……29
1　防じんマスク……30
2　防毒マスク……47
3　電動ファン付き呼吸用保護具……77
4　送気マスク・空気呼吸器……94
5　保護帽……103

6　保護めがね……127
7　防音保護具……135
8　安全帯……146
9　化学防護手袋……159
10　化学防護服……168
11　高視認性安全服……177
12　安全靴……180
13　プロテクティブスニーカー（プロスニーカー）……189
第三編　安全衛生保護具を取り巻く新しい動き……195
1　保護具着用管理責任者の選任の重要性……196
2　保護具に関する情報支援の拡充……203
3　「ナノマテリアル」取扱い作業にも保護具を！……221
4　新型インフルエンザの感染防止策と保護具……231
5　大阪の校正印刷作業場での胆管がん発症と労働衛生保護具……238

6　インジウム・スズ化合物に対する呼吸用保護具について……246
7　オルト-トルイジンの経皮吸収による膀胱がん発症……253
8　経皮吸収ばく露を防護するための化学防護手袋、化学防護服を学ぶ……258
9　アンケートによる事業所における防じんマスク及び防毒マスクの使用実態調査……265
10　アンケートによる化学防護手袋の選択、着用、保守管理等に関する実態調査……268
11　ロールボックスパレットを使用する時の作業用手袋が開発されました……272
12　フルハーネス型安全帯へ使用推進の動向について……274

第四編　おわりに……277

あとがき……281

第一編　保護具を取り巻く状況と問題点

自己紹介

早稲田大学大学院理工学研究科応用化学修了

↓

中央労働災害防止協会　労働衛生サービスセンター
（当時：久保田重孝初代所長、舘正知第２代目所長）

↓

北里大学衛生学部講師、助教授（今宮俊一郎学部長、
作業環境測定士、衛生管理者教育担当）

↓

十文字学園女子大学及び大学院教授（管理栄養士、
衛生管理者教育担当）

1　作業現場における保護具の使用状況

著者は学生時代、早稲田大学及び大学院で燃料化学研究室の故森田義郎教授、菊地英一教授の下で、触媒の研究を行ってまいりました。多くの仲間は石油会社やガス会社等の研究所に就職し、研究を発展させる職場についていたのですが、大学の先輩である有機合成化学研究室の天野一秀さんより、中央労働災害防止協会・労働衛生サービスセンターで一緒に仕事をしようと誘われ、方向転換をしました。その機関は、働く人の安全と健康を守るために、行政と民間の間を結び付ける機関でした。

著者は、作業場に出向き、化学物質によるばく露状況を調査したり、健康診断結果との関連で作業者の健康への影響について調査研究をする仕事を行っ

表1-1　著者が調査を実施した代表的な作業と化学物質

化学繊維：二硫化炭素(昭和初期から職業病発生：沸点46℃、尿中TTCA)、アセトン、
ジメチルホルムアミド、アセトニトリル
・接着、洗浄、塗装、フィルム製造：トルエン(ヘップサンダル製造)、　ジクロロメタン(経皮吸収)、
HCFC123（沸点28℃、急性肝炎）
・ダイナマイト(月曜病)：ニトログリコール（頭痛、経皮吸収）
・ウレタン製品：ジメチルホルムアミド、ジメチルアセトアミド(吸入＋経皮、急性肝炎)
・自動車整備：石綿(石綿含有ブレーキライニング)
・製鉄所：コールタール、粉じん、金属、マンガン(脱酸剤、塩基性Mn除)
・農薬：臭化メチル(沸点4℃-×有機ガス用)、ヨウ化メチル、シアン化水素、　リン化水素、フッ化スルフリル、
クロロピクリン、MITC、スミチオン、DDVP
・病院等：ホルムアルデヒド（沸点-20℃、解剖実習、エンバーミング、専用吸収缶）
エチレンオキシド(沸点10℃、専用吸収缶)、グルタールアルデヒド
・バッテリー製造、鉛解体：鉛(高い血中鉛、PAPR、防護服)
・ITO（酸化インジウム・酸化錫ターゲット）：インジウム（PAPR、防護服）
・ナノマテリアル：カーボンブラック、シリカ、酸化亜鉛、酸化チタン（PAPR）

てきました。

その当時の所長であった久保田重孝先生は日本を代表する労働衛生学者であり、多くの化学物質を使用している企業や協会等の指導を行うとともに、行政からの労働災害の原因究明や認定について指導するなどの仕事をしていました。そして、久保田所長のご指示の下、多くの事業場に出向いて調査研究する機会を経験しました。中央労働災害防止協会の一〇年間、そして、今宮俊一郎学部長の下、北里大学衛生学部での一六年間、十文字学園女子大学の一五年間、良い上司と学生に恵まれ、一貫して化学物質による健康影響を調査する仕事に携わることができました。

多くの事業場に出向き、表1-1に示すいろいろ

な化学物質による作業者のばく露状況を測定し、体内に取り込んだ量を推定するために生物学的モニタリングの測定を行ってきました。

そのような仕事をしていく中で、大企業や中小企業で安全衛生保護具が使用されているものの、保護具の選び方、使い方、交換時期など、適切に使用されていない事業場を多く見かけることがありました。

有害物質を取り扱う作業場を例にとると、有害物質へのばく露による健康障害から労働者を守るために、第一に行うべきことは、有害物質を無害な物質に代替したり、有害物質が作業場に流れ出さないような設備を導入するといった作業環境改善などによる根本的な対策です。そうした対策が困難であったり、場所を変えて行う作業や非定常作業などでは、安全衛生保護具が用いられています。しかし、「保護具は最後の砦」ということにされているとはいえ、職場の改善のつけたしのような位置付けで指導されている事業場があり、作業者は身を守る保護具を軽視したり、一方、管理者は作業者に保護具を支給するだけで責任を果たした気になって、適切な保護具の選定、使用をしていなかったりする事業場を見かけます。また保護具装着の意義をはじめ、正しい装着方法や適切な管理方法などの安全衛生教育を行っていないことが珍しくありません。

「安全衛生保護具」とは、作業場に存在する危険・有害要因から労働者の身体を守るための用具の総称で、有毒ガスや粉じんなどの吸入によるばく露を防ぐ「呼吸用保護具」、墜落・転落時の衝撃や飛来・落下物から頭部を保護する「保護帽」、墜落・転落を防止する命綱である「安全帯」、有害物質との皮膚接触や経皮吸収を防止する「化学防護手袋」「化学防護服」「保護めがね」など、多くの種類があります（第二編参照）。

本書では、そうした事業場における保護具を取り巻く問題点を取り上げ、作業者の安全と健康を守るために、保護具装着の意義を理解し、正しく保護具を使用することなどについて考えていきます。

2　保護具を正しく装着していれば

わが国の過去に起きた労働災害を調べると、安全衛生保護具を正しく装着していれば防ぐことができたと思われる事例が数多く報告されています。そのうち、呼吸用保護具と安全帯にまつわる事例を示します。

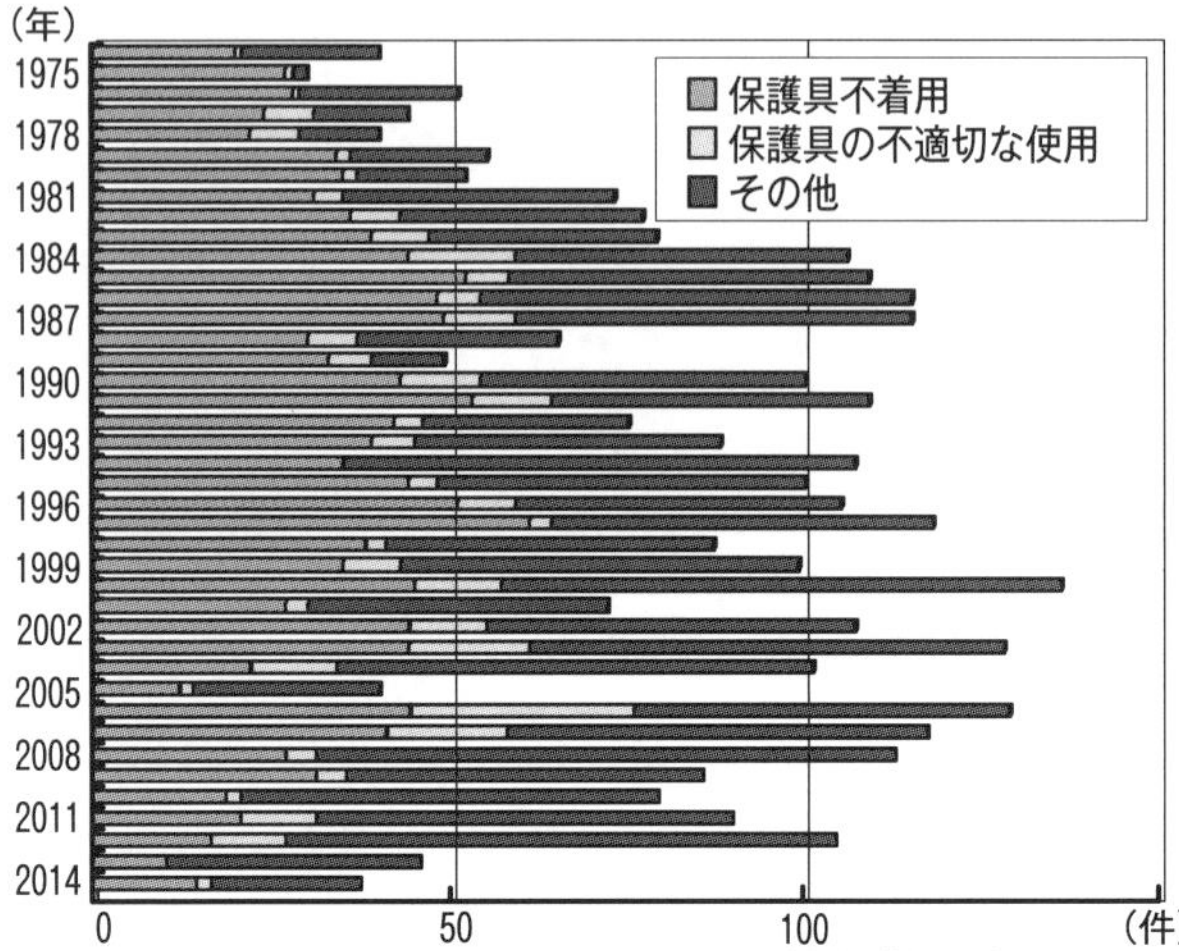

(資料:『労働衛生のしおり』)

図1-1　化学物質中毒の発生件数

呼吸用保護具

化学物質（酸欠事故を除く）が原因となった災害は、毎年約一〇〇件発生しており、横ばい状態が続いています（**図1-1**）。これらの労働災害のうち、保護具の不着用及び不適切な使用が原因で起きた労働災害は、化学物質による労働災害全体の四〇パーセント近くに達しています。そのうち、有機溶剤だけを対象に調べると五〇パーセントを超えます。

例えば、建物の改修工事中、通風が不十分な階段室で壁の塗装作業を行っていた作業者が倒れ、救急搬送された事例があります。この作業者は防毒マスクなど必要な呼吸用保護具を使用せず、タオルで口元を覆っただけで作業を行っていました。そのため塗料から揮発したトルエン、キシレンなどの有機溶剤で中毒を起こしたのです。

　保護具を適正に使用していれば、こうした化学物質による災害は、大半防ぐことができたと考えられます。

安全帯

　二〇一六（平成二八）年の事故の型別労働災害発生状況（図1-2）より、全産業の死亡災害者数九二八人中、墜落・転落が二三二名（二五パーセント）と最多であることが報告されています。さらに、安全帯と関連の深い建設業では、二九四名の死亡災害者のうち、墜落・転落が一三四名（四五・六パーセント）にのぼります。このように「墜落・転落災害」は、ひとたび発生すれば重大災害に繋がる危険性が高いと言えます。その意味でも安全帯を正しく選定、使用することが望まれます。

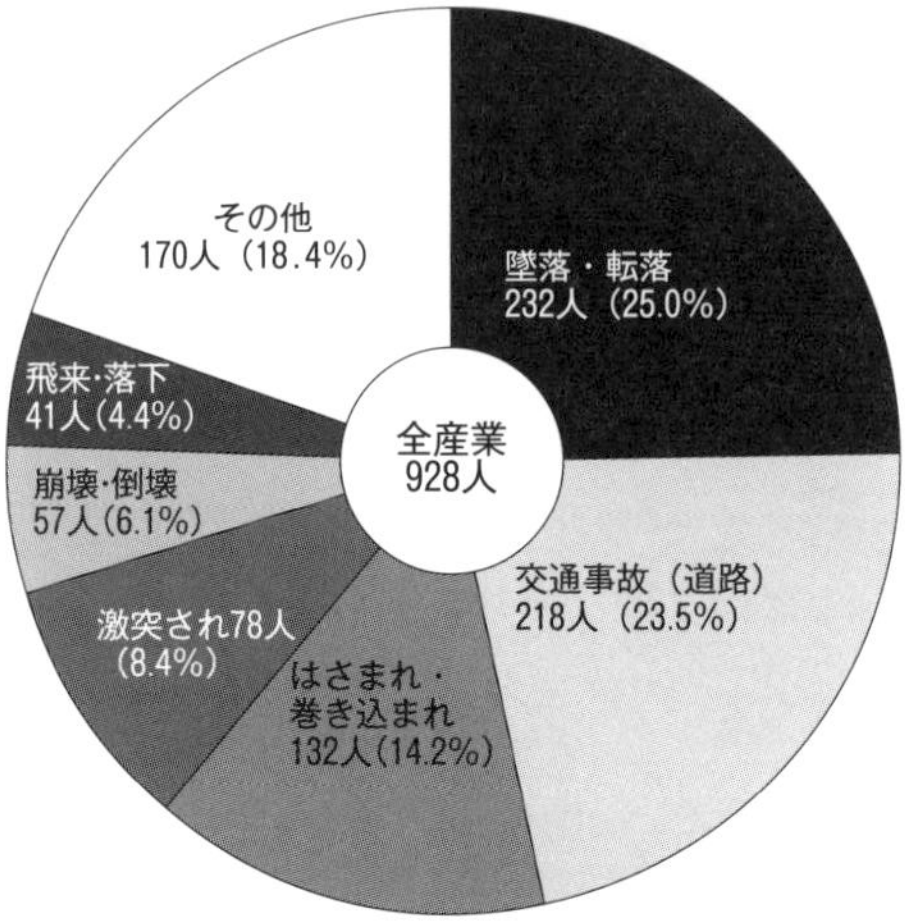

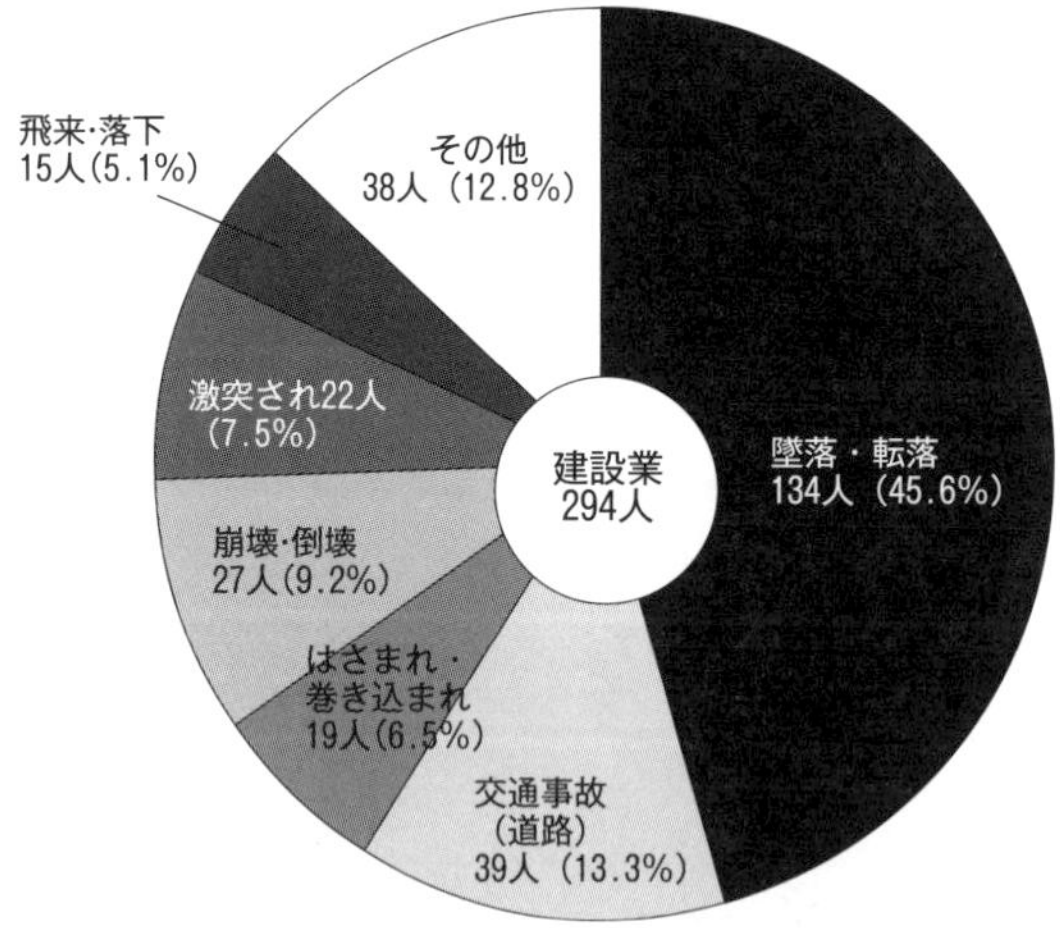

（資料:厚生労働省調べ）

図1-2　事故の型別労働災害による死亡者数（2016（平成28）年）

3　日本におけるＳＤＳには保護具の記載が少ない

厚生労働省は、二〇〇〇（平成一二）年三月、労働安全衛生法の一部改正にあわせて「化学物質等による労働者の健康障害を防止するため必要な措置に関する指針」を出し、これにより重要な情報源である化学物質等安全データシート（ＭＳＤＳ）が積極的に活用されることになりました。同指針は二〇〇六（平成一八）年に廃止され、新たに「化学物質等による危険性又は有害性等の調査等に関する指針」が示されましたが、その中でもＭＳＤＳの活用の重要性は示されています。二〇一二（平成二四）年には「化学物質等の危険性又は有害性等の表示又は通知等に関する指針」が改正され、ＭＳＤＳはＳＤＳ（安全データシート）と名称が変わり、また危険有害性が認められるすべての化学物質について、ＳＤＳの交付が努力義務化されました。

ＳＤＳには、化学物質の名称や成分、人体に及ぼす作用、危険性及び有害性の要約、流出等の事故が起こった際の応急措置など化学物質のリスク低減措置を講じるにあたって欠くべからざる情報が書かれています。

ただ残念なことに、ＳＤＳの「労働衛生保護具」の項には、使用する保護具の記載はあ

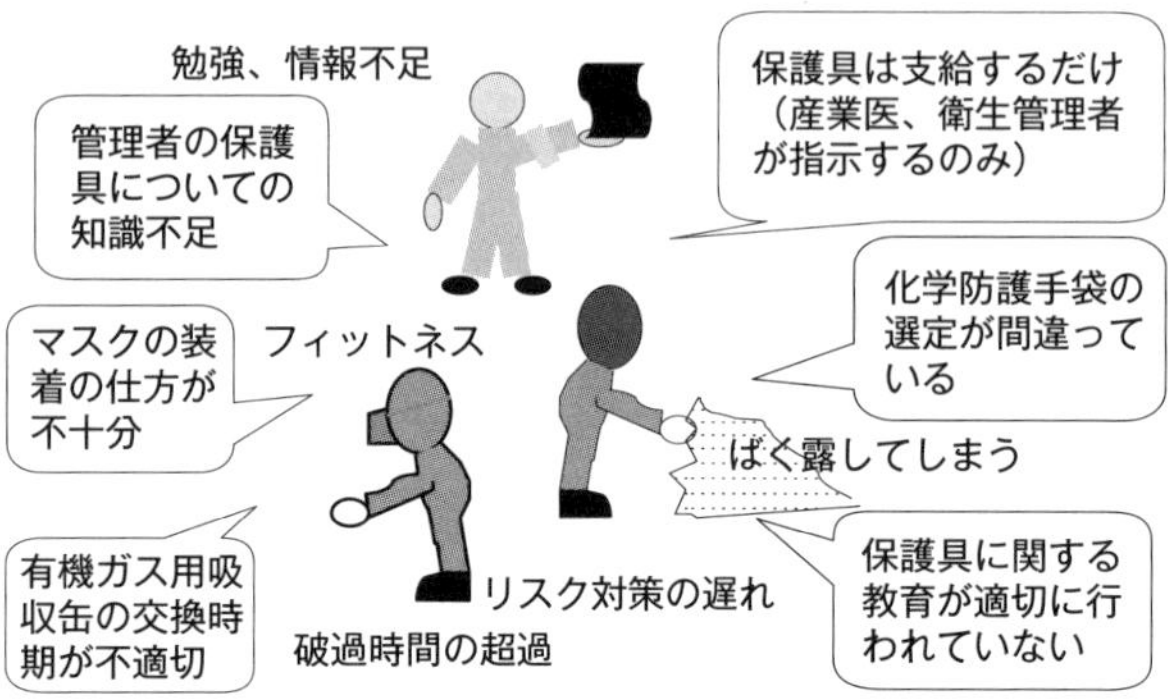

図1-3　安全衛生保護具における使用の状況（例）

りますが、選定や管理に関する注意事項等の情報が少ないのが現状です。

ＳＤＳに記載されている「労働衛生保護具」の一例を示します。

①物質名：現像液（Ｎ-メチルピロリドン八〇パーセント含有、その他メタノール、水）保護具：呼吸用保護具の選定と使用においては、取り扱いの形態、環境中の濃度、同時に使用されている物質の種類を考慮すること。適切な化学防護手袋、化学防護衣（防護服）を着用すること。

②物質名：ＨＣＦＣ-一二三（二・二-ジクロロ-一・一・一-トリフルオロエタン）保護具：呼吸用保護具、保護めがね、化学防護手袋、化学防護服等を必要に応じ着用する。

これだけの記載では適切な保護具とはどういうものか、保護具をどう選定し管理するべきか、理解することはむずかしいでしょう。

ＳＤＳのＪＩＳ規格（ＪＩＳ　Ｚ　七二五三）には、①適切な保護具を推奨しなければならない、②保護具の種類、特別に指定する材質などを記述するのが望ましい、と記載されているにもかかわらず、現在日本に出回っているＧＨＳ対応モデルＳＤＳに記載されている保護具の項に関しても、保護具を選定する際の情報の記載が少ないといわざるを得ません。一方、外国メーカーが作成したＳＤＳには推奨する呼吸用保護具、化学防護手袋、化学防護服などが記載されているものがあるので参照されたらどうでしょうか。

4　保護具の不適切な使用例

多くの事業場では、特殊健康診断や作業環境測定で悪い結果が出ると、作業者のばく露が危惧されるので、産業医、衛生管理者等は安全衛生保護具を使用するよう指示し、事業主は保護具を支給しますが、保護具に関する教育、たとえば、保護具装着の意義や、正しい装着方法、適切な管理方法などが教育されていないために、保護具の効果が十分に発揮されないまま使用されている例を多く見ます。

（事例1）粉じん職場で防じんマスクを不織布のマスクに変更

有害性が危惧されるカーボンブラックをボトルに充てんする作業を行っている作業者が、国家検定品の防じんマスクを装着するように指導されたにもかかわらず、呼吸が苦しいためにホームセンターで不織布のマスクを購入し、勝手に使用していることがありました。この例のように粉じん職場の作業者が不織布のマスクに代えて使用している事例を多く見かけます。

（事例2）自動車の塗装作業において有機ガス用吸収缶を加湿下（相対湿度八五パーセント）で使用：破過時間が短くなることを知らなかった

加湿下で自動車の塗装作業を行っていましたが、高湿下では有機ガス用吸収缶の破過時間（吸収缶が破過に至るまでの時間）が短くなることを知らずに、破過している吸収缶を使用しつづけていました。マスクメーカーに確認し、相対湿度が五〇パーセントに対し八五パーセントだと急激に破過時間が短くなることを確認して指導しました。

粉じん職場で不織布マスクを使用してはいけない！

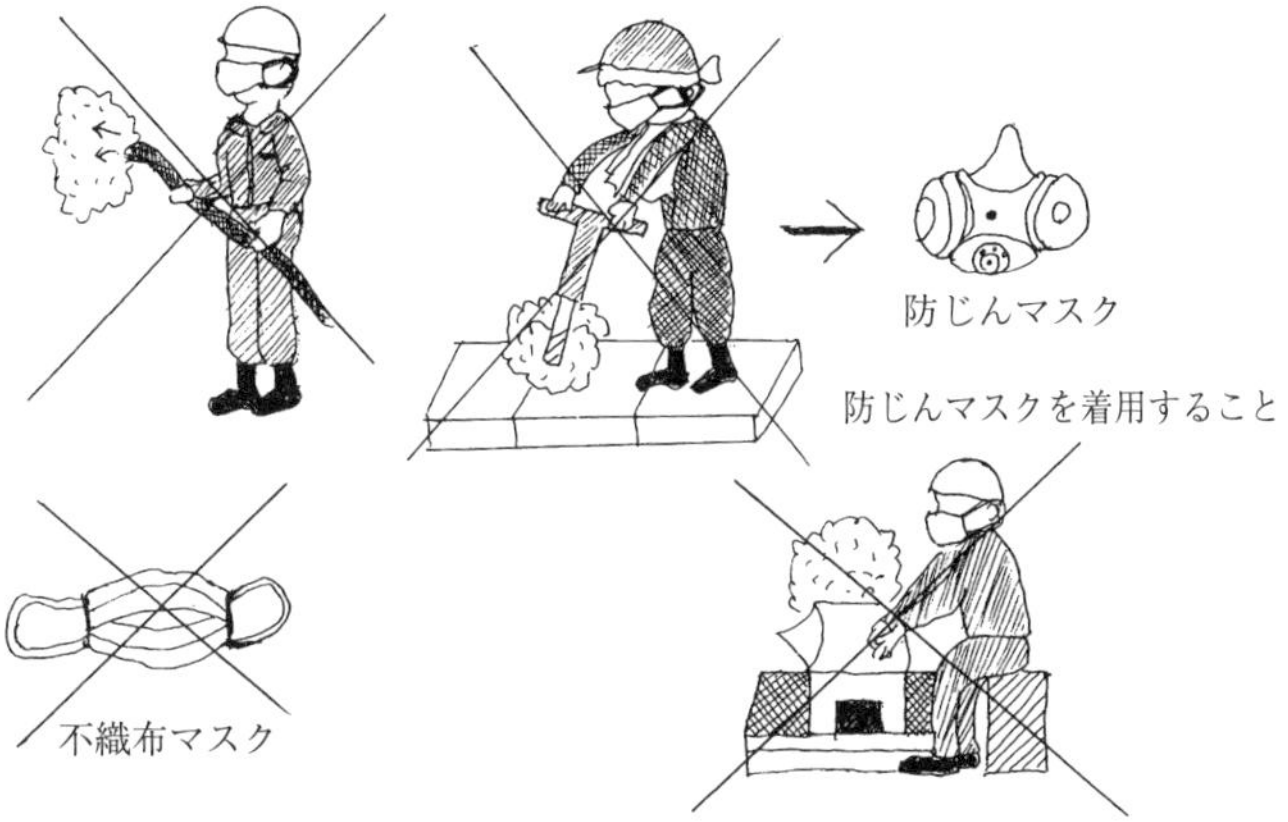

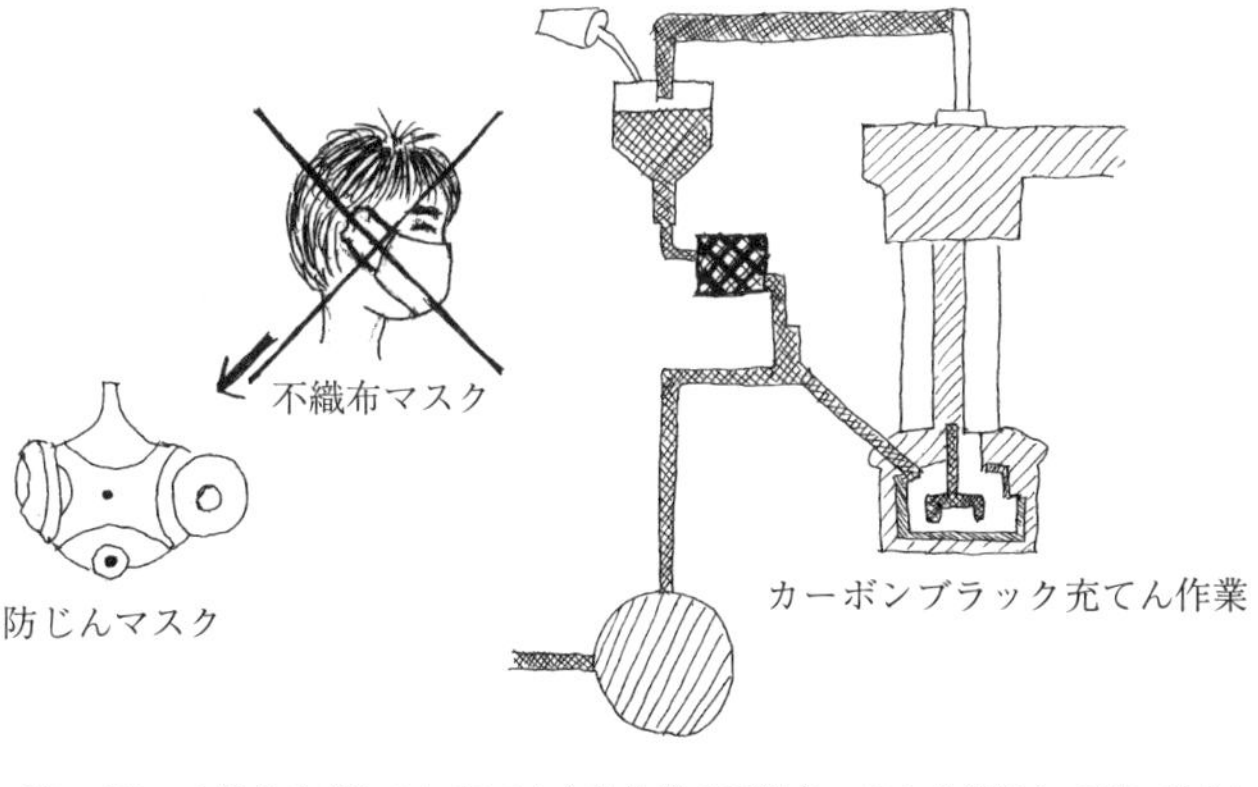

カーボンブラック製品をボトルに充てんする作業で不織布マスクを使用してはいけない！

（事例１）

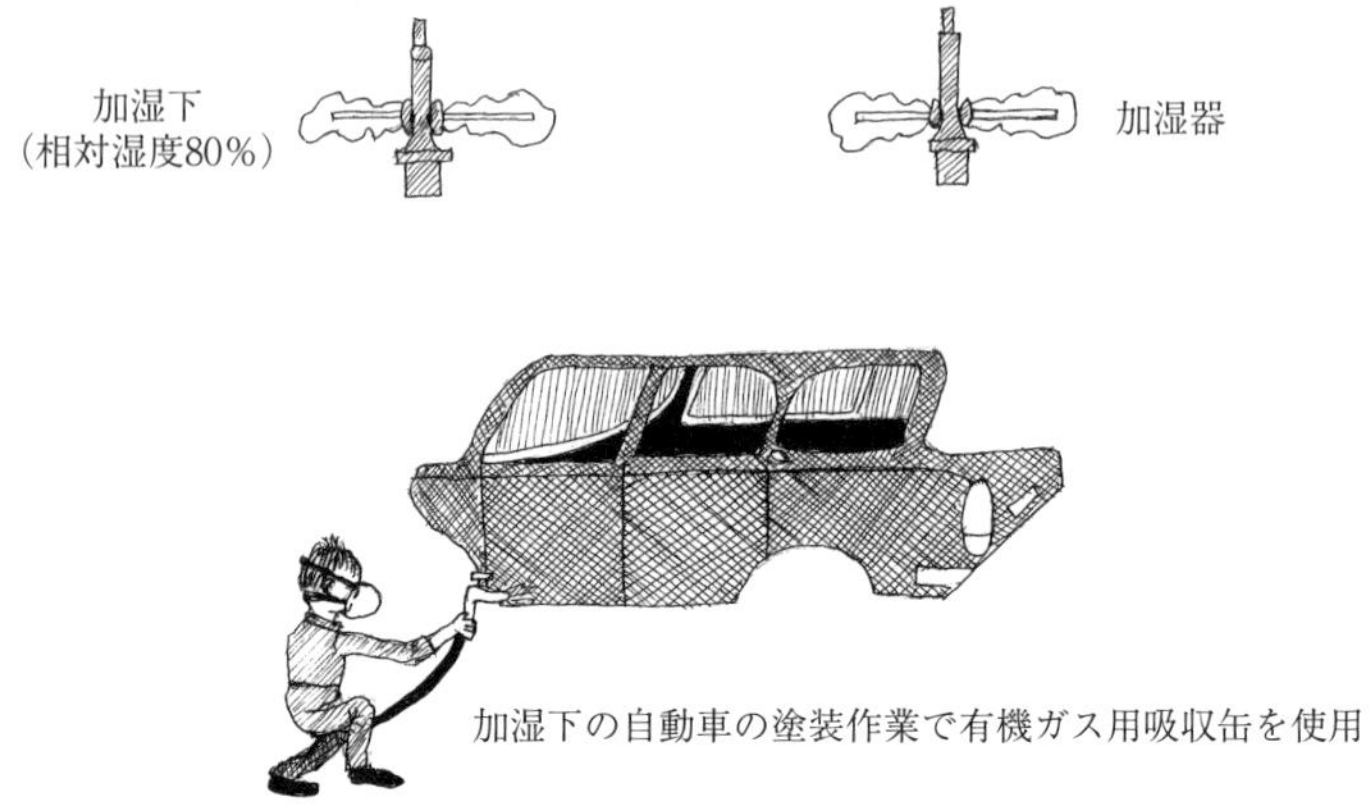

（事例２）

（事例３）ビスコースレーヨン工場で高湿下で有機ガス用吸収缶を使用

事例2と同様の事例が日本を代表する工場であるビスコースレーヨン工場で発生しました。ビスコースレーヨン工場では二硫化炭素によるばく露を防止するために、作業者は防毒マスク（有機ガス用吸収缶を使用）を装着していました。生物学的モニタリングとして、二硫化炭素にばく露すると尿中に代謝される尿中ＴＴＣＡ（二‐チオチアゾリジン‐四‐カルボン酸）に高い値が検出されました。防毒マスクを装着しているにもかかわらず、高いばく露を示唆する結果が得られました。原因を調べてみると、二硫化炭素（沸点四六℃）に対し破過時間が、工場内の環境条件（相対湿度八五パーセント近い高湿下）ではかなり短くなり、早めに交換しなければならないことがわかりました。

（事例４）臭化メチルによる食物検疫くん蒸における作業者が有機ガス用吸収缶を使用していた事例

外国から輸入された木材、穀類などに病害虫が付着していると、殺虫のために臭化メチルを用いたくん蒸（植物検疫くん蒸）が行われます。くん蒸を行う作業者は、特定化学物質障害予防規則により、防毒マスクを装着して作業を行うことが義務付けられています。作業者が使用している防毒マスクの吸収缶（その当時は有機ガス用）の出口側にたまたま臭化メチル用検知管を接続、吸引してみたら、検知管が変色し、臭化メチルが漏洩していることを示し、大騒ぎになったことがありました（**写真１-１**）。著者は、全国で使用している吸収缶一七缶を集め、一リットルの新鮮空気を吸収缶に通気し、その空気をテドラーバックで捕集し、ガスクロマトグラフで分析した結果、すべての吸収缶から臭化メチルガスが検出されました（**図１-４**）。臭化メチルは沸点が四・五℃と低く活性炭に対する吸着が弱いため、活性炭から脱着しやすいことがわかりました。つまり作業者は、防毒マスクを装着しているにもかかわらず、知らず知らずのうちに吸収缶から脱着してくる臭化メチ

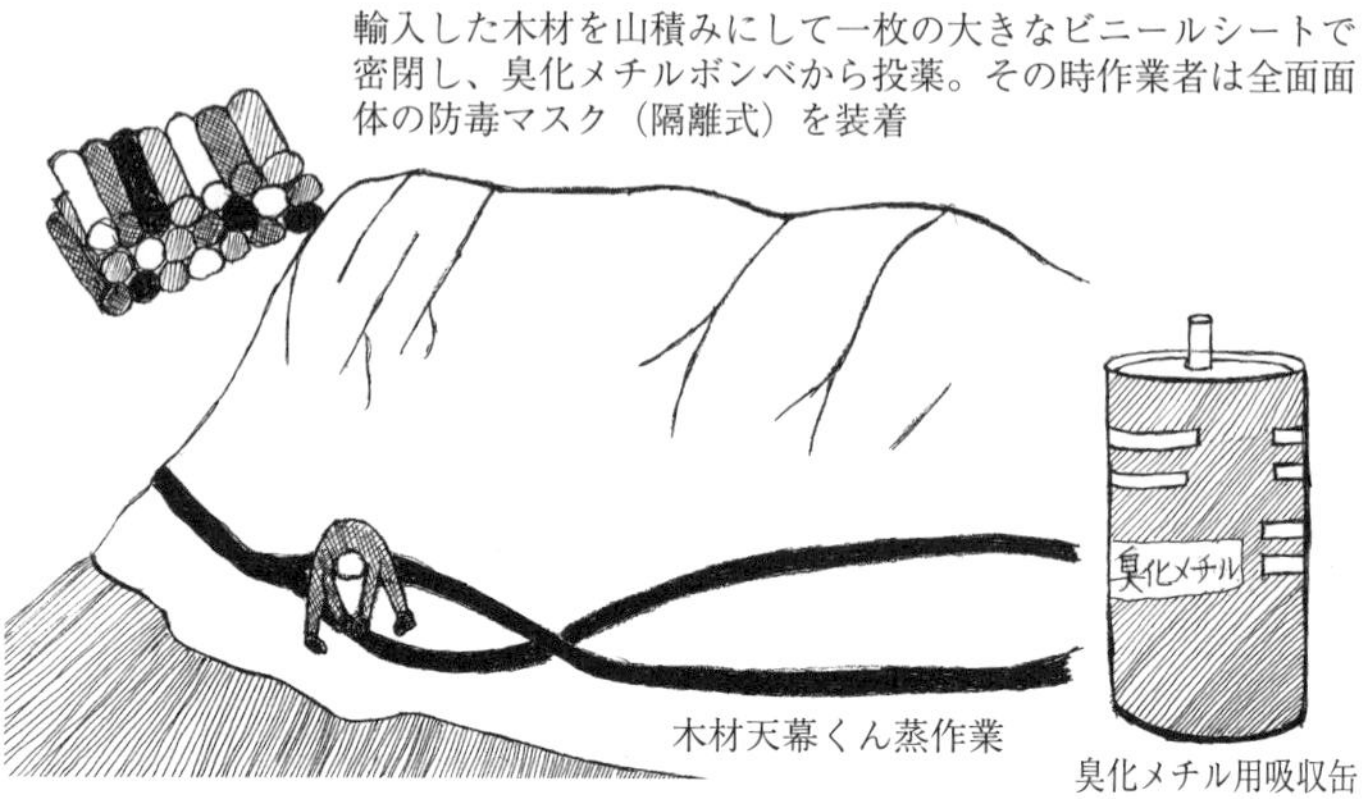

（事例４）

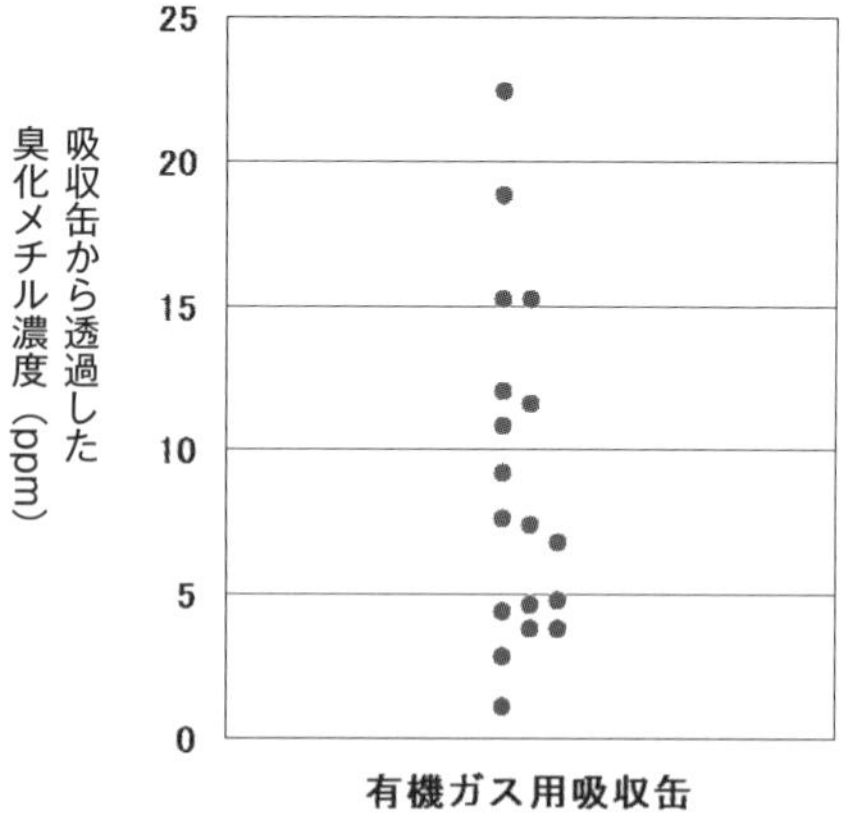

図1-4　使用している吸収缶（有機ガス用）に新鮮空気を通気した結果、臭化メチルが検出された

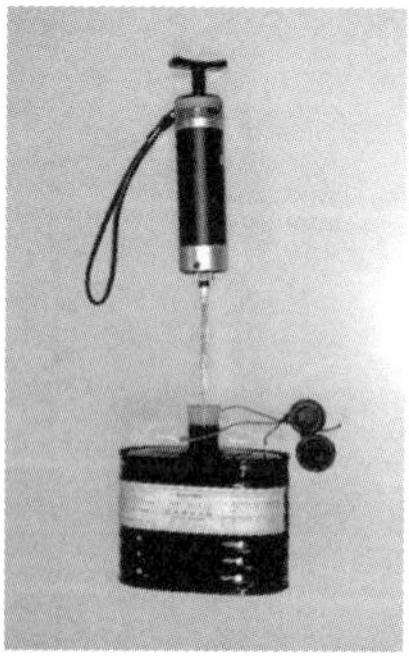

写真1-1　食物検疫くん蒸で使用した吸収缶に検知管を取り付けて測定

ルにばく露していたことになります。

（事例５）インジウム錫酸化物（ＩＴＯ）ターゲットの研削作業で使い捨て式防じんマスクを電動ファン付き呼吸用保護具に変更

インジウム化合物の発がん性が注目され、体内への取り込みをできるだけ少なくするように行政から指導され、作業現場で使い捨て式防じんマスクが使用されていましたが、それをマスクフィッティングテスターを用いてマスク面体と顔面からの漏れ率の測定を行い、漏れ率のより少ない電動ファン付き呼吸用保護具に変更するように指導しました。

（事例６）フィルム製造作業場でフィルタープレスの交換作業の際、高濃度のジクロロメタンの作業環境濃度であったため、防毒マスクを使用していたのをエアラインマスクに交換

二カ月に一回程度、フィルタープレスの交換作業の時に、作業者は直結式の有機ガス用吸収缶のついた防毒マスクを使用していましたが、吸収缶の破過時間が短いことを説明し、エアラインマスクに交換しました。

インジウム錫酸化物（ITO）ターゲットの研削作業

使い捨て式防じんマスクを使用
↓
電動ファン付き呼吸用保護具を使うこと！

（事例５）

フィルム製造部署でのジクロロメタン取扱い作業場で有機ガス用吸収缶の破過を超過して使用　→　エアラインマスクの使用

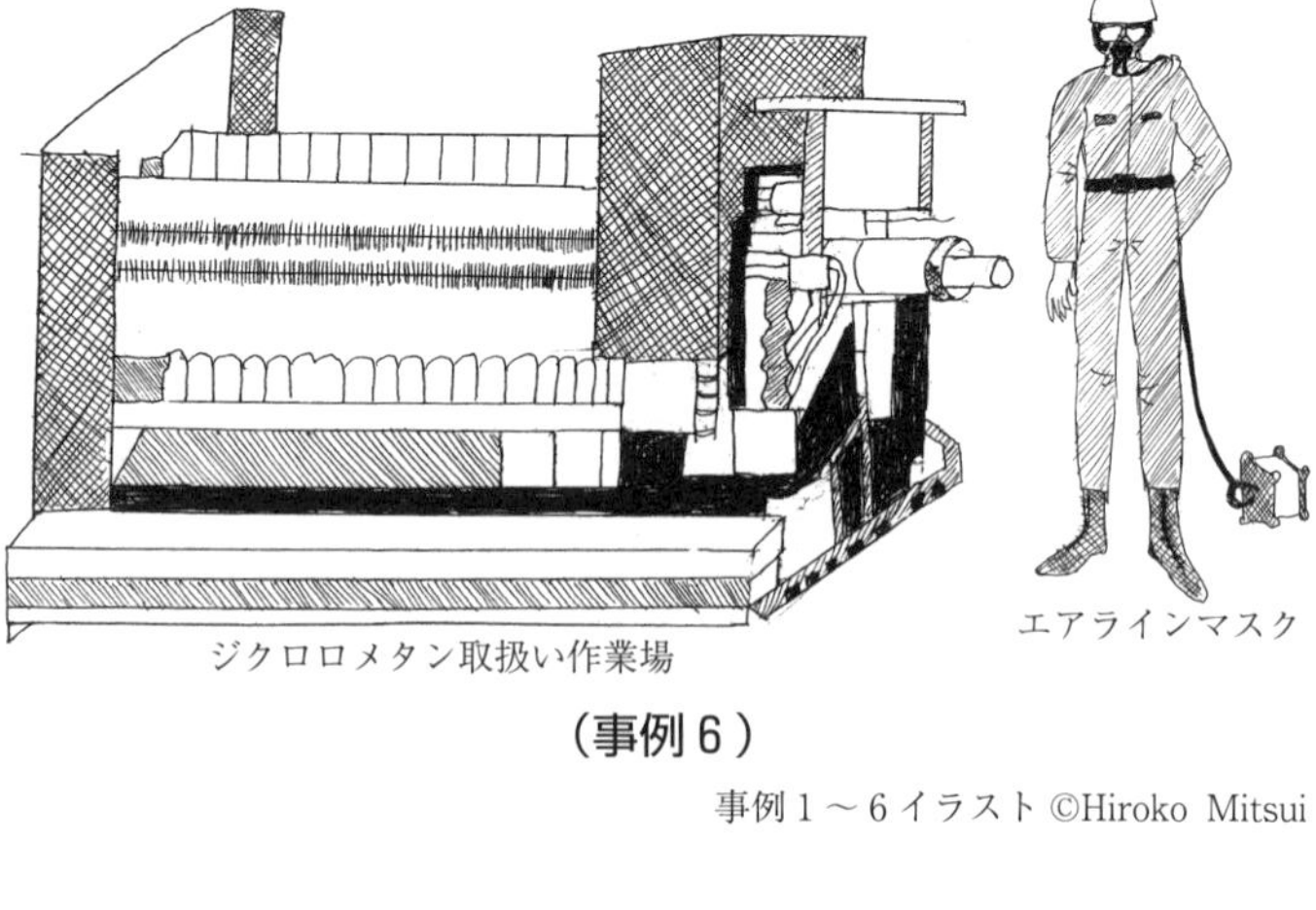
ジクロロメタン取扱い作業場
エアラインマスク

（事例６）

事例１～６イラスト ©Hiroko Mitsui

（事例７）化学防護手袋を装着しているのにばく露した

作業者が化学防護手袋を装着しているにもかかわらず、化学物質にばく露をしたという事例の報告がありました。

・自動車のウレタン製品を製造している部署で、作業終了時ノズルの洗浄を行うため、作業者は天然ゴム製手袋を装着して、ジメチルホルムアミド（ＤＭＦ）溶液に手を入れながら十分間作業を行っていました。産業医は半年ごとに実施していた特殊健康診断の時に、ＤＭＦの代謝産物である尿中Ｎ‐メチルホルムアミド（ＮＭＦ）を測定しており、当日洗浄作業を行った作業者が常に高い尿中ＮＭＦの値を示しました。産業医は作業環境測定結果及び個人ばく露濃度測定より、吸入からのばく露はほとんどないのにと疑問をもっていました。

・ジクロロメタン（塩化メチレン）を洗浄剤として多量に使用している部署で、作業者は衛生管理者から支給された塩化ビニル手袋を使用していました。いつも指先がひりひりしたが、こういうものかと思っていたそうです。

・オゾン層破壊物質の代替溶剤としてＮ‐メチル‐二‐ピロリドン（ＮＭＰ）が洗浄で使用され、作業者は塩化ビニル手袋を使用していましたが、カブレを訴えていました。

これらの事例は使用している化学物質に対して透過しにくい化学防護手袋を適切に選定していなかったことにより発生したものと思われます。

5　労働災害から身を守る保護具

作業中のけがや有害な物質による健康障害を防ぐための基本的な対策として、設備や工法（作業工程）等の作業環境を改善して、対策が完全に行き届けば、保護具を使う必要はなくなるはずです。しかし、設備や工法等の環境改善には技術的な限界があり、また、経済的な理由から改善を実施することが難しい場合も少なくありません。したがって、多少、作業性が悪くなるとしても、保護具を有効に利用することによって安全を確保し、確実に労働災害を防ぐことができます。しかし、保護具は、適切な保護具を選び、決められた方法に従って正しく装着し、適切に管理（メンテナンス）を行ってはじめて労働災害から身を守ることができるのです。そのためには、使用している保護具の「正しい選び方、使い方、管理の仕方」の基本を、よく理解する必要があります。

保護具の正しい選び方、使い方、管理の仕方については、第二編で詳述します。

第二編　安全と健康を守る保護具

1　防じんマスク

防じんマスクの種類

研磨、粉砕、切削、穿孔などの作業工程では、微細な粉じんが発じんし、これを吸入ばく露することで、じん肺などの健康障害を起こすことがあります。この粉じんやヒューム（金属の微小な固体粒子）のばく露を防ぐために、呼吸によって吸引した粉じんなどをろ過材によって除去するマスクが「防じんマスク」です。

防じんマスクには、「取替え式防じんマスク」と「使い捨て式防じんマスク」があります（**写真2―1**）。取替え式防じんマスクは、部品が破損したり、劣化した場合、その部品を交換することによって再び使用することができるマスクです。取替え式には、口と鼻の部分だけを覆う「半面形面体」と、顔全体を覆う「全面形面体」の二種類の面体があり、全面形は、粉じんの発じん量が著しく多い時などに有効で、目の防護も同時に必要な場合に使用します。全面形は適切に装着することにより、半面形に比べマスク内への粉じんの侵入が少なくなります（二二六頁記載の表3―6「各機関における指定防護係数の一覧」を参照）。福島第一原子力発電所の事故で放射性物質が漏洩した最初の頃に、作業者が全面形を使用

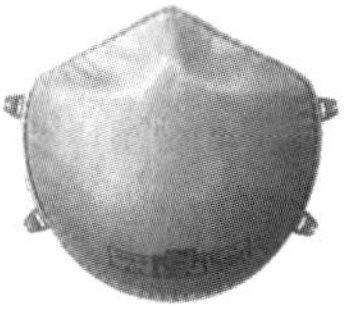

使い捨て式

取替え式（半面形）

取替え式（全面形）

写真2-1　防じんマスクの種類

していたのはこの理由からです。

使い捨て式防じんマスクは、表示されている使用限度時間に達した場合や、変形や汚れによって著しく性能が低下したような場合に、マスク全体を廃棄するマスクです。

防じんマスクは作業の内容に応じて、適切に選定する必要があります。

わが国における取替え式防じんマスクの変遷

産業用マスクとして、国産第一号のマスク（**写真2-2**）が開発、市販されたのは、一九一七（大正六）年頃です。このマスクは、粉じんを捕集するろ過材には天然海綿を、顔面に接触する面体には天然ゴムを使用していました。

外観は、現在使用されている防じんマスクとあ

防じんマスクのろ過材と面体の変遷

【年代】	【ろ過材】	【面体の材質】
一九一七（大正六）年	国産第一号マスク 天然海綿	天然ゴム
一九四七（昭和二二）年	牛毛フェルト	
一九五〇（昭和二五）年	**JIS制定** 綿紙／綿織物 ゴムスポンジ 羊毛フェルト	
一九五三（昭和二八）年	**JIS改正**	
一九五四（昭和二九）年	静電ろ過材（羊毛／スチロール樹脂）	塩化ビニル樹脂
一九五五（昭和三〇）年	**（国の構造規格による検定開始）**	
一九五六（昭和三一）年	合成繊維 ビニルスポンジ	ネオプレン等の合成ゴム

写真2-2　第１号マスク

一九五九（昭和三四）年	静電ろ過材（羊毛／フェノール樹脂）	
一九六二（昭和三七）年	**構造規格・JIS改正**	
一九七二（昭和四七）年	**構造規格改正**	
一九七五（昭和五〇）年	**JIS改正**	
一九七七（昭和五二）年	活性炭素繊維（オゾン対策）	シリコーンゴム
一九七九（昭和五四）年	**構造規格改正**	
一九八一（昭和五六）年	メカニカルフィルタ	
一九八三（昭和五八）年	**構造規格改正**	
一九八五（昭和六〇）年	メカニカルフィルタ（撥水撥油処理）	熱可塑性エラストマー

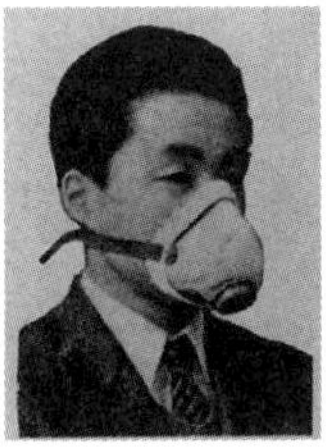

写真2-3　静電ろ過材を使用した乾式防じんマスク（1954年）

	静電ろ過材（エレクトレット）	
一九八八（昭和六三）年	**構造規格改正**（使い捨て式防じんマスクを追加）	
一九九一（平成三）年	**ＪＩＳ改正**	
二〇〇〇（平成一二）年	**構造規格改正**（性能区分の新設等）	
二〇〇五（平成一七）年	**ＪＩＳ改正**	

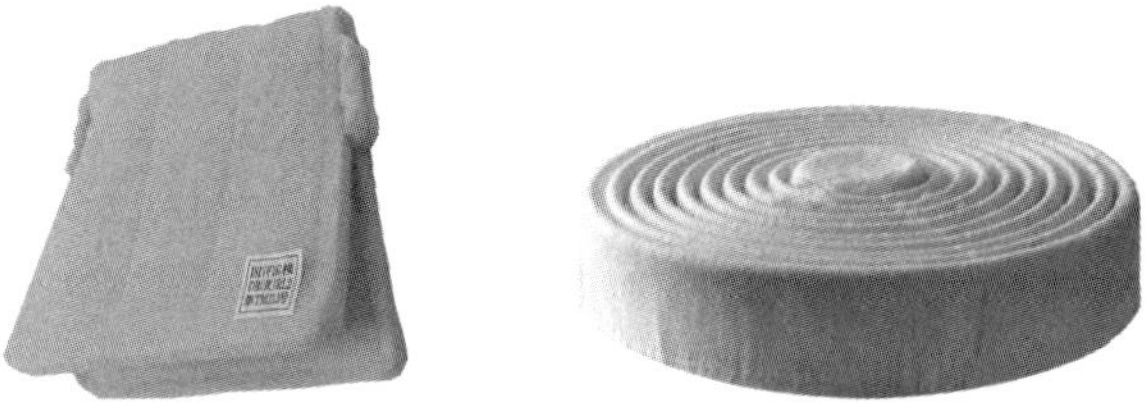

写真2-4　静電気ろ過材（左）とメカニカルフィルタ（右）

（写真提供：興研㈱）

まり変わらないように見えますが、性能はどれほどだったのでしょうか。この後、マスクのろ過材と面体の材質及び規格は前頁の年表に示すとおり、進歩と変遷をとげてきました。

大気中に浮遊する粒径〇・一マイクロメートル（一マイクロメートルは一ミリメートルの千分の一）程度の微細な粉じんを捕集するためには、ろ過材の貫通孔を細かくする必要があります。しかし、それに伴って空気の流れる道が狭くなり、装着者は呼吸が苦しくなります。捕集効率を高めると吸気抵抗が高くなり、吸気抵抗を低くすると捕集効率が低下する。この問題を解決するろ過材が、「静電ろ過材」です。

これは、太さ二〇マイクロメートル程度の羊毛又は化学繊維の不織布に静電気を帯電させ、その電荷を閉じ込めるために特殊な樹脂加工を施し、その静電気の力によって粉じんを引き寄せて捕集するろ過材です。繊維の目を細かくする必要がないために、ろ過材の単位面積当たりの吸気抵抗が低く、比較的小さな面積であっても、高い捕集性能が得られる特徴を有し、防じんマスクに多く使用されるようになりました。

一方、メカニカルフィルタは〇・五マイクロメートルと極めて細いガラス繊維を使用し、繊維間の隙間は静電ろ過材の約二〇分の一と、繊維密度が高いろ過材です。開発当初は、吸気抵抗が高いため、ろ過材として不向きと思われていましたが、広い面積のろ紙をコンパクトに折り畳む技術が開発され、吸気抵抗が低減されました。

その後、ろ過材に撥水・撥油加工をした製品も登場し、ミストが浮遊する現場で使用しても吸気抵抗がほとんど上昇しない防じんマスクが市販されています。

現在、取替え式防じんマスクのろ過材には、この静電ろ過材とメカニカルフィルタの二種類が使われています。

顔面と接触する面体の材質については、初期の頃は天然ゴムでしたが、その後ネオプレンゴムなどの合成ゴムが用いられるようになり、近年では肌触りのよいシリコーンゴムやエラストマー（軟質プラスチック）が使用されています。

作業者によっては面体と接触する顔面の皮膚がカブレることがあります。その人の体質によりカブレやすい材質は異なるようですが、顔面のカブレは作業者にとっては大変な苦痛となりますので、作業者はいくつかの材質のマスクを試して、カブレにくい材質のマスクを選ぶ必要があります。シリコーン製のものは、比較的カブレにくいようです。

使い捨て式防じんマスクの変遷

一九五〇年代後半、ポリエステル繊維を加熱・圧縮して三次元に成形する技術が開発され、この技術を使い、一九六〇（昭和三五）年頃、不織布を顔面に合うように成形したカップ型のマスクが、米国で開発・発売されました。この当時の製品は、現在の使い捨て式防じんマスクと形状がよく似ているものの、フィルタの粒子捕集性能が十分ではないため、毒性の弱い一般粉じんに対してのみしか使用できませんでしたが、ガーゼマスクのように唇がろ過材に直接触れないため、衛生的に良いという点で受け入れられていました。このカップ型のマスクを産業用防じんマスクへ応用しようと試みる中で、フィルタ性能は飛躍的に向上していったのです。

（排気弁付き）　（排気弁無し）

写真2-5　使い捨て式防じんマスクの種類

（写真提供：山本光学㈱（左）、スリーエムジャパン㈱（右））

　一九六〇年代、産業用防じんマスクに、フィルタと面体が一体であるマスクの規格はどこの国にも存在しませんでした。このためカップ型のマスクが、取替え式防じんマスクと同等の性能があると認められるまでには多くの検討が必要であり、一九七二（昭和四七）年、米国において初めて、産業用防じんマスクとしての認定を受けました。これを契機として、イギリス、ドイツ、スウェーデン、フランス、カナダなどの諸外国でも、政府機関の認定を受けることになりました。

　日本では、一九八〇（昭和五五）年、労働省（現厚生労働省）から「簡易防じんマスク」という名称で認定が受けられることになりました。国家検定ではないものの、認定により一部の作業では使用が認められ、使い捨て式防じんマスクは、その

使い捨て式防じんマスク	取替え式防じんマスク（マスク）	取替え式防じんマスク（フィルタ）
国（'17）検 第ＴＭ131号 DR「捨」DS2	国（'17）検 第ＴＭ24号 DR「直」RL3	国（'17）検 DR「直」RL3 第ＴＭ24号

図2-1　防じんマスクの型式検定合格標章（例）

快適な装着感と使いやすさから、多くの作業者の支持を得ることになりました。その結果、一九八八（昭和六三）年に労働省（現厚生労働省）の構造規格に使い捨て式防じんマスクの規格が追加され、型式検定の対象となったのです。

型式検定合格品の使用を

粉じんを多量にしかも長期間吸入することによって生じる『じん肺』を防止するために使用する防じんマスクは、厚生労働大臣が定める「防じんマスクの規格」（一九八八（昭和六三）年労働省告示第一九号）によって、その性能等が定められています。労働安全衛生法で使用を義務付けている「防じんマスク」は、この規格を満たし、型式検定に合格したものを指しています（次節で述べる「防毒マスク」も同様です）。この検定に合格した製品には、マスク本体、ろ過材、吸収缶の各々に、「型式検定合格標章」を貼ることが義務付けられています。したがって、マスクを使用する際には、粉じんならば「防じんマスク」、ガス・蒸気状物質であれば「防毒マスク」という名前のマスクで、かつ「型式検定合格標章」が貼ってあるマスクを選択しなければなりません。

近年、ホームセンターなどのマスクコーナーには、さまざまな種類のマスクが陳列されていますが、検定合格品ではないマスクも多くあります。産業現場の作業者は、「型式検定合格標章」が貼ってあるマスクを選択しましょう。

粉じんの種類・作業に適した性能区分の防じんマスクを選ぶ

一九九五（平成七）年、米国において規格改正が行われ、防じんマスクのろ過材（フィルタ）は、試験粒子の種類と捕集性能（粒子捕集効率）と試験粒子の種類により九つに区分されました。

二〇〇〇（平成一二）年、日本においても同様に二種類の試験粒子と三段階の捕集性能（捕集効率）により六つに区分されました。この規格改正で、粒子捕集効率試験の試験粒子は、従来よりも微小になり、また、試験流量も多く、かつ長時間の堆積試験で評価されるようになりました。これにより、マスクの性能は大きく向上することになりました。

現在、防じんマスクの構造規格では、粒子捕集効率、吸気抵抗、排気抵抗等の性能によって分けられています。

表2-1に、粒子捕集効率による区分（グレード）を示します。

作業場の粉じんの種類及び作業内容によって、適切な性能区分の防じんマスクを選ぶことが必要です。粉じんにオイルミストが混在すると、粒子捕集効率が下がるろ過材があることがわかり、厚生労働省の通達では、オイルミスト等の混在の有無でマスクの種類を選ぶように指導しています。ダイオキシン類、放射性物質など有害性の高い物質に対して、取替え式で粒子捕集効率が九九・九パーセント以上すなわち、ＲＳ３もしくはＲＬ３のマスクを選ぶことも同じ通達で指導されています（**表2-2**）。

その他、粒子捕集効率が高いマスクは息苦しいと感じる作業者が多いため、必要以上に粒子捕集効率が高い性能区分のマスクを選択しないようにすることが必要です。

また、個人の顔の大きさによってフィットする面体のサイズは異なります。ちょうどよいサイズのマスクを選択するとともに、正しい装着方法を理解して使用することが肝心で

表2-1　日本の防じんマスクの構造規格の区分

取替え式（R）			使い捨て式（D）		
固体粒子用（S）	液体粒子用（L）	粒子捕集効率 吸気抵抗 排気抵抗	固体粒子用（S）	液体粒子用（L）	粒子捕集効率 吸気抵抗 排気抵抗
RS1	RL1	80.0%以上 70Pa以下 70Pa以下	DS1	DL1	80.0%以上 60(45)Pa以下 60(45)Pa以下
RS2	RL2	95.0%以上 80Pa以下 70Pa以下	DS2	DL2	95.0%以上 70(50)Pa以下 70(50)Pa以下
RS3	RL3	99.9%以上 160Pa以下 80Pa以下	DS3	DL3	99.9%以上 150(100)Pa以下 80(100)Pa以下

（ ）内の数値は、排気弁を有しないものの値。

捕集効率の試験には、固体粒子として塩化ナトリウム（粒径分布の中央値0.06～0.1μm）を、液体粒子としてDOP（フタル酸ジオチル。粒径分布の中央値0.15～0.25μm）を用いる。

表2-2　粉じん等の種類及び作業内容ごとの使用する防じんマスクの性能区分

粉じん等の種類・作業内容	オイルミストが混在しない場合	オイルミストが混在する場合
・ダイオキシン　・放射性物質等	RS3、RL3	RL3
・金属ヒューム(溶接ヒュームを含む) ・管理濃度が 0.1mg/m³ 以下の粉じん	RS2、RL2 RS3、RL3 DS2、DL2 DS3、DL3	RL2、RL3 DL2、DL3
・上記以外の粉じん作業	RS1、RL1、RS2、RL2、RS3、RL3 DS1、DL1、DS2、DL2、DS3、DL3	RL1、RL2、RL3 DL1、DL2、DL3

（平成17年基発第0207006号より抜粋）

す。次の「防毒マスク」の項で装着法やフィットテストの方法などについて詳述しています。装着法などは防じんマスクも防毒マスクと共通していますので、参照してください。

ろ過材の交換や廃棄にも十分注意すること

マスクを清潔に保つため、使用後にはマスクを清掃します。その際、ろ過材に付着したほこりを、強く叩いて落としたり、圧縮空気で吹き飛ばしてはいけません。それはろ過材を傷つけたり、ほこりを撒き散らすことになるからです。取扱説明書に従って手入れを行ってください。また、しめひもや排気弁・吸気弁は、定期的に交換する必要があります。

取替え式防じんマスクでは、使用中に息苦しさを感じた場合は、ろ過材を交換します。以前はろ過材の裏側に粉じんの色が見えるようになったら交換時期とされていましたが、その後、粉じんの色が見えてからでは遅いことが明らかになりました。息苦しさの具合で判断してください。

事業場の現場では、一日ごと、二日ごとなど、使用時間を決めて交換している例も多いようです。使用時間は、その現場の粉じん濃度の高低や、有害性の程度によって異なります。

また、使い捨て式防じんマスクは、息苦しさを感じた場合、また息苦しさを感じなくてもマスクに表示してある使用限度時間に達した場合には廃棄する必要があります。

吸気補助具付き防じんマスク（呼吸補助形PAPR）について

現在、JIS規格には、呼吸補助形PAPRという呼吸用保護具があります。これは面体形で後述する電動ファン付き呼吸用保護具（PAPR）より送風量が少ないため、型式検定のPAPRの規格には該当しないものです。図2-2は著者がこのタイプのマスク内圧を測定した例です。時としてマスク内圧がマイナス圧になることがありました（MT-03での漏れ率：〇・九三％）。

厚生労働省通達*では、「防じんマスクの同等以上の性能を有するものである」とし、防じんマスクとしてならば使用ができるものとしてきました。

吸気補助具付き防じんマスクは、PAPRに次いで防護性能に優れており、また、作業負荷軽減という意味でも有効です。そのため、この位置づけや基準を法令上明確化し、適切な使用を図ることが望まれていました。この実現に向けては、「防じんマスクの規格」の中に「吸気補助具付き防じんマスク」という種類を追加する改正の準備が進められていま

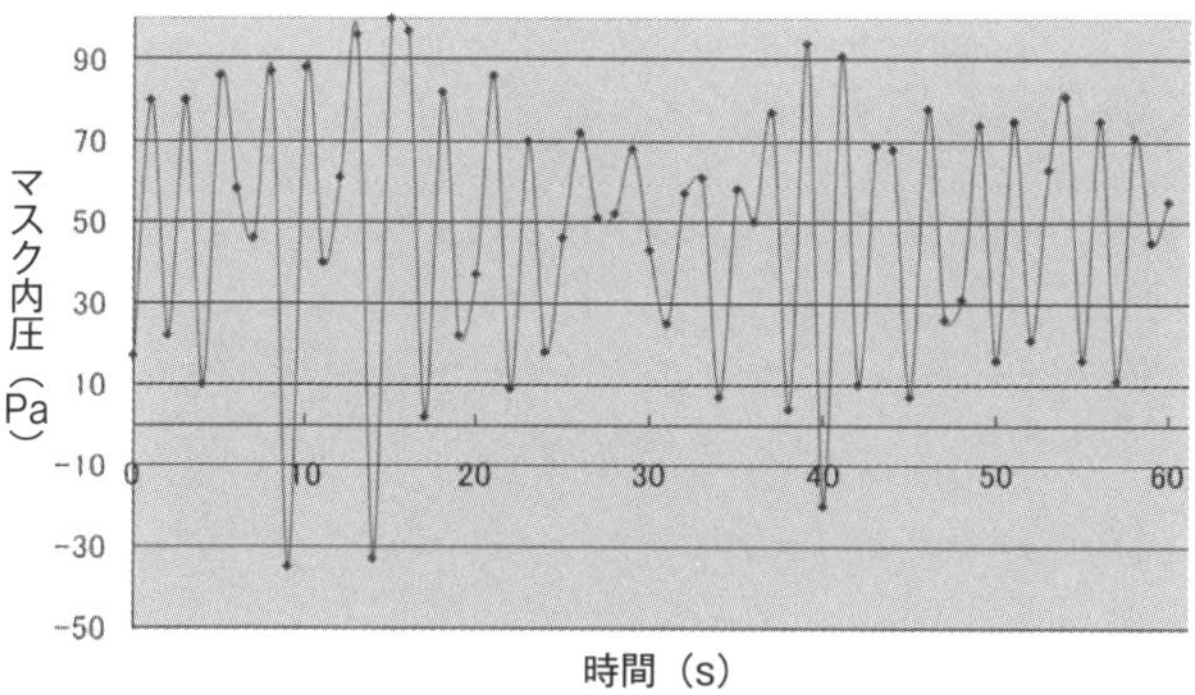

図2-2　吸気補助具付き防じんマスク（山本光学㈱製 LS815NMF）を装着した時のマスク内圧測定例

写真2-6　吸気補助具付き防じんマスク（山本光学㈱製 LS815NMF）

す。この改正については、二〇一七（平成二九）年一〇月に告示され、一一月一日に施行される予定になっています。

＊平成二七年二月一二日付け基発〇二一二第四号「日本工業規格T八一五七（電動ファン付き呼吸用保護具）等に定める〝呼吸補助形電動ファン付き呼吸用保護具〟の取扱いについて」

2　防毒マスク

防毒マスクとは、有害なガスや蒸気状物質にばく露されることを防ぐための呼吸用保護具です。有毒ガスの種類に対応した吸収剤を詰めた「吸収缶」を通して呼吸することにより、有毒ガス等の呼吸器内への侵入をできる限り防止しようというもので、代表的な有毒ガス・蒸気についてそれぞれ専用の吸収缶が用意されています。また、防毒マスクには「直結式小型」、「直結式」、「隔離式」の種類があります。

有機ガス用吸収缶の中味は活性炭

吸収缶は、防毒マスクの重要な部分で、例えば有機ガス用吸収缶には活性炭が充てんされています。この活性炭の細孔に有機溶剤蒸気を吸着するのです。

吸収缶はいつまでも使用できるわけではなく、時間の経過によって有毒ガスを吸着しきれず吸収缶の出口側から有機溶剤蒸気が漏れ出す「破過」という現象が起きます。この破過に気づかずに吸収缶を使用していると、作業者は有機溶剤蒸気にばく露されることになります。

有機ガス用吸収缶の破過の推定

有機溶剤中毒の発生原因を調べると、これらの事例のように、防毒マスクを装着していたにもかかわらず、吸収缶の破過時間が超過していたために作業者が中毒を起こした事例が報告されています（中災防が毎年発行している「労働衛生のしおり」の災害事例より）。

現在、この吸収缶の破過を推定する方法は以下のとおりです。

① 吸収缶に添付されているシクロヘキサンの破過曲線図を用いて、環境濃度（ばく露濃度）から使用時間を推定する。

② 吸収缶に充てんされている活性炭から脱着してくる有機溶剤の臭気により判断する。

しかし、同じ有機ガス用吸収缶を使っていても、有機溶剤の種類によって破過時間が異なることが予想されます。そこで、実際に実験を行ってみました。

吸収缶交換のタイミング（その1） 有機溶剤四六物質の同一条件での破過時間の測定

（田中茂、城戸滋里、関幸雄、今宮俊一郎：有機溶剤蒸気四六物質に対する有機ガス用吸収缶の破過時間、産業医学 三五、二九〇―二九一頁 一九九三）

著者は一九九三（平成五）年、当時有機溶剤中毒予防規則で規定されていた第一種及び

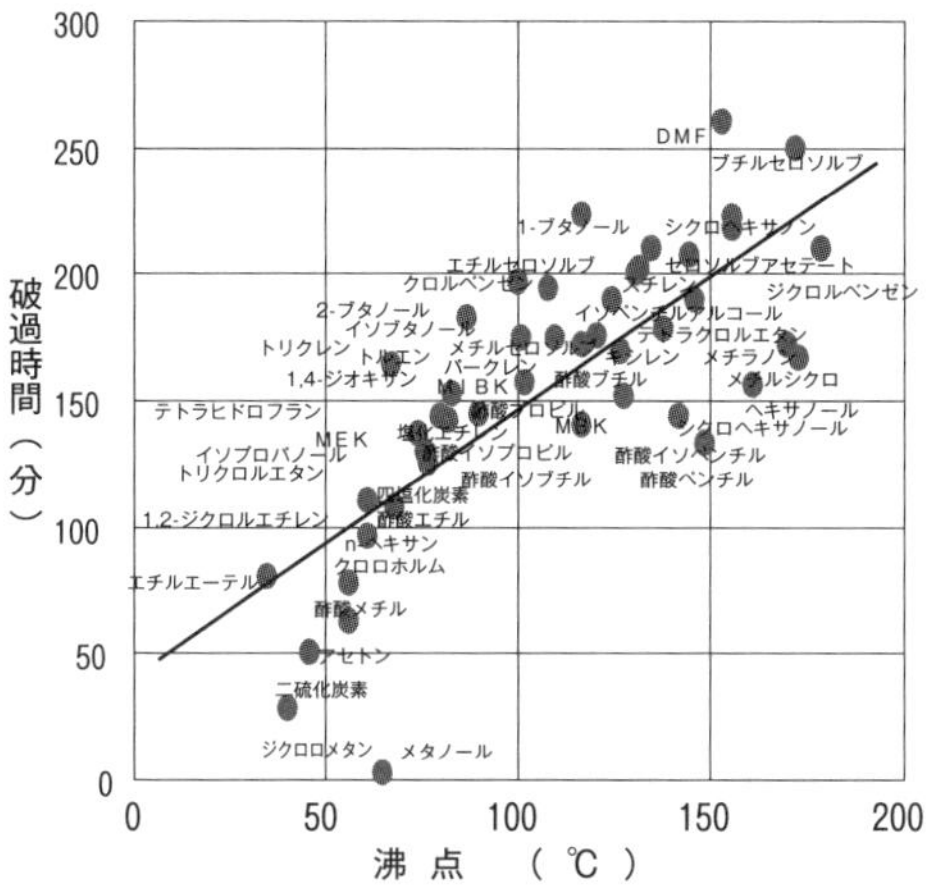

（試験条件：300ppm 20℃50% 30L/分）

図2-3　有機溶剤46物質の同一条件での破過時間

第二種有機溶剤のうち、クレゾールを除く四六物質を対象に、それぞれの物質ごとに破過時間の測定を行いました。

三〇〇ｐｐｍの試験蒸気濃度で試験流量三〇リットル／分、温度二〇度、相対湿度五〇パーセントで連続的に吸収缶に通気し、吸収缶の出口側の濃度（透過濃度）が五ｐｐｍになるまでの時間（破過時間）を求め、有機溶剤の沸点と破過時間の関係を図2-3に示しました。

この図を見ると、有機溶剤によって破過時間が大きく異なることがわかります。とりわけ、沸点の低い有機溶剤ほど、早く破過するという結果でした。

表2-3　シクロヘキサンに対する相対破過比

有機溶剤名	相対破過比	有機溶剤名	相対破過比
キシレン	1.42	アセトン	0.51
スチレン	1.68	シクロヘキサノン	1.80
トルエン	1.42	メチルイソブチルケトン	1.40
N-ヘキサン	0.88	メチルエチルケトン	1.17
O-ジクロルベンゼン	1.70	メチルシクロヘキサノン	1.40
クロルベンゼン	1.64	メチルブチルケトン	1.24
クロロホルム	0.78	エチルエーテル	0.65
四塩化炭素	1.06	1,4-ジオキサン	1.42
1,2-ジクロルエタン	1.24	セロソルブ	1.71
1,2-ジクロルエチレン	0.89	セロソルブアセテート	1.77
ジクロロメタン	0.23	ブチルセロソルブ	2.03
1,1,2,2,-テトラクロルエタン	1.54	メチルセロソルブ	1.54
テトラクロルエチレン	1.43	酢酸イソブチル	1.14
1,1,1,-トリクロルエタン	1.11	酢酸イソプロピル	1.18
トリクロルエチレン	1.49	酢酸イソペンチル	1.17
イソブチルアルコール	1.58	酢酸エチル	1.02
イソプロピルアルコール	1.15	酢酸ブチル	1.37
イソペンチルアルコール	1.63	酢酸プロピル	1.28
シクロヘキサノール	1.27	酢酸ペンチル	1.08
1-ブタノール	1.81	酢酸メチル	0.63
2-ブタノール	1.60	N,N,-ジメチルホルムアミド	2.11
メタノール	0.02	テトラヒドロフラン	1.33
メチルシクロヘキサノール	1.36	二硫化炭素	0.41

吸収缶交換のタイミング（その2）シクロヘキサンに対する相対破過比（Relative Breakthrough Time: RBT）の活用

（Shigeru TANAKA, Yoko NAKANO, Kazuo TSUNEMORI, Masahiko SHIMADA, Yukio SEKI : A study on the relative breakthrough time (RBT) of a respirator cartridge for forty-six kinds of organic solvent vapors. Applied Occup Environ Hygiene 14, 691-695p,1999）

（津田洋子、常森和男、田中茂：相対破過比（RBT）を用いた破過推定に関する検討―吸収缶種類によるRBTの変化―、産業衛生学雑誌　四六、一七一―一七二頁　二〇〇四）

表2-3は、図2-3の同一吸収缶にお

いてシクロヘキサンの破過時間に対する各物質の破過時間の比率を示したものです。使用している吸収缶に添付されているシクロヘキサンの破過曲線図より、個人ばく露濃度を推定してシクロヘキサンによる破過時間を求め、それに表2-3を参照して使用している有機溶剤の相対破過比を乗じて破過時間を推定し、安全を考えてその破過時間より前に吸収缶の交換を行います。この相対破過比を興研、３Ｍ、アメリカの研究者 Nelson らのデータからシクロヘキサンに対するＲＢＴを求めると、ほぼ同じ数値を示しました。(「保護具選定のためのケミカルインデックス」に記載（十文字学園女子大学・田中茂研究室のホームページ参照　http://www.jumonji-u.ac.jp/shokuei/stanaka/top.html）)

なお、二種類以上の有機溶剤を混合して使用している場合は、その中でＲＢＴの一番短い有機溶剤が押し出されるように、先に破過してきます。含有率が高い有機溶剤が先に破過してくるのではないこともあわせて知っておく必要があります。

吸収缶交換のタイミング（その3）　検知剤の入った拡散式検知管の変色で破過を検知

（田中茂、宇都宮忠生、関幸雄、今宮俊一郎、他：拡散式検知管をつけた有機ガス用吸収缶の破過の推定に関する研究、労働科学 六六、五六八―五七四頁　一九九〇）

写真2-7　破過検知剤付き有機ガス用吸収缶

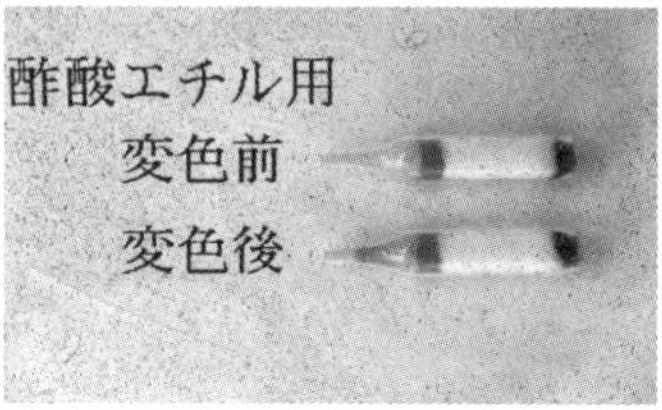

写真2-8　変色した検知管

有機ガス用吸収缶に拡散式検知管を取り付け、吸収缶の破過が近づくと検知剤の変色により検知する方法（ESL：End of Service Life Indicator）を検討しました。

著者は、作業現場での交換時期の目安として、使用した吸収缶の出口側に検知管を取りつけ、吸収缶内の活性炭から脱着してくる有機溶剤蒸気を測定する方法で試験したことがあります（**写真2-7**）。検知管が変色すれば、吸収缶を交換する必要があります（**写真2-8**）。作業場で混合した有機溶剤を使用しているときは、含有量の多い有機溶剤ではなく、混合している有機溶剤の中で破過時間の短い（早く破過する）有機溶剤の検知管を用いて測定することが重要です。研究としては良好な結果を得ましたが、輿重治先生のご指摘、ご指導を頂き、市販にまではいたりませんでした。

写真2-9　全面形面体に隔離式呼吸缶を装着した植物検疫くん蒸作業者

吸収缶交換のタイミング（その４）　吸収缶の質量増加で破過を推定

（木村菊二、伊藤昭好、田中正美、田中茂：防毒マスク吸収缶の破過推定に関する研究、労働科学 六五、三九一―四〇二頁　一九八九）

有機ガス用吸収缶の交換時期を明確にするために、吸収缶の質量増加と破過との関連について考察しました。

吸収缶交換のタイミング（その５）　植物検疫くん蒸作業者の吸収缶の質量増加で交換時期を推定

（Shigeru TANAKA, Shin-ichi ABUKU, Keishichiro IMAIZUMI, Hisayoshi ISHIZUKA, Yukio SEKI, Shun-ichiro IMAMIYA：Efficiency of respirator canisters with methyl bromide. Ind Health 27, 111-120, 1989）

外国から輸入した木材、穀類等を臭化メチルで消毒する植物検疫くん蒸作業者のばく露防護のため、全面形面体に隔離式防毒マスクを装着しています（**写真2-9**）。しかし、臭化メチルに対する吸収缶の破過を確認する方法がなく、吸収缶の交換時期が明確ではありませんでした。吸収缶の質量増加による方法について基礎実験と作業現場での応用について検討しました。その結果、初期の吸収缶の重量に対して七パーセント増加する前に交換することを提案しました。

吸収缶交換のタイミング（その6） 吸収缶に検知管を接続して、破過を検知する

(Shigeru TANAKA, Yoko TSUDA, Shoichi KITAMURA, Masahiko SHIMADA, Heihachiro ARITO, Yukio SEKI: Simple method for detecting breakthroughs in used chemical cartridge. Am Ind Hyg Assoc J 62, 168-171, 2001)

ビスコースレーヨン工場の二硫化炭素ばく露を防護するための有機ガス用吸収缶の交換時期を推定するため、作業後、吸収缶の出口側に二硫化炭素の検知管を接続し、変色の確認を指標とすることを研究しました（**図2-4**）。

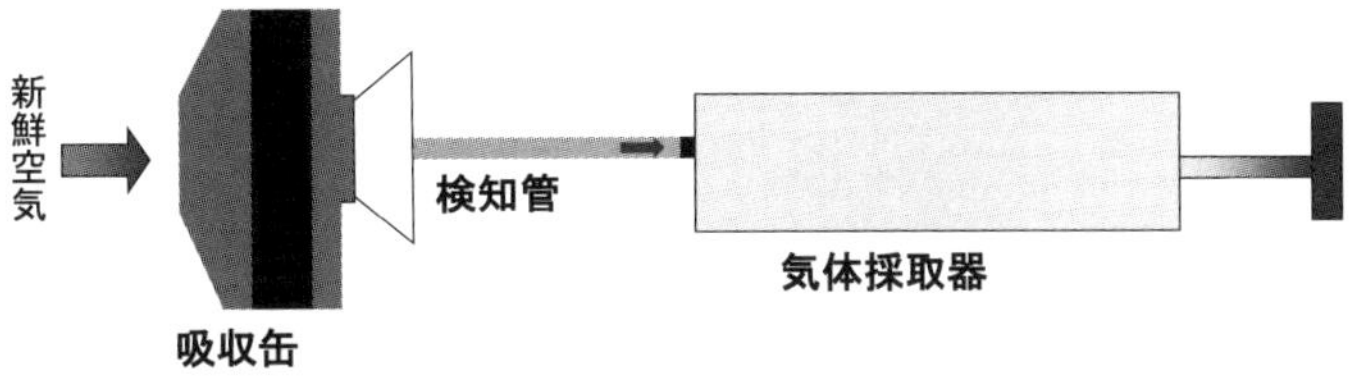

検知管で脱着してくる有機溶剤蒸気を測定する方法

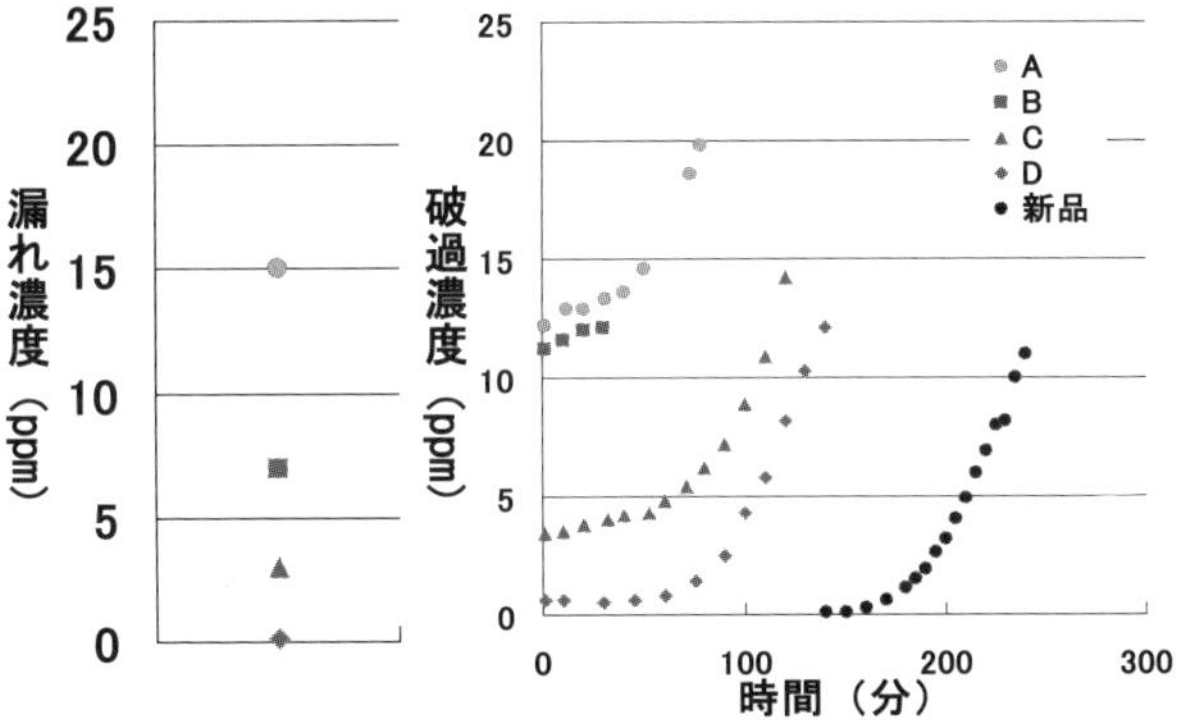

ビスコースレーヨン工場で使用した４つの吸収缶を対象に、現地で実施した検知管による脱着透過濃度（左図）と大学に持ち帰った残存能力試験（右図）。
現地で高い脱着が認められた吸収缶は残存試験でも最初から高い濃度を示し、残存使用時間（５ppm になるまでの時間）が短い結果であった。

図2-4　検知管を活用した破過検知法

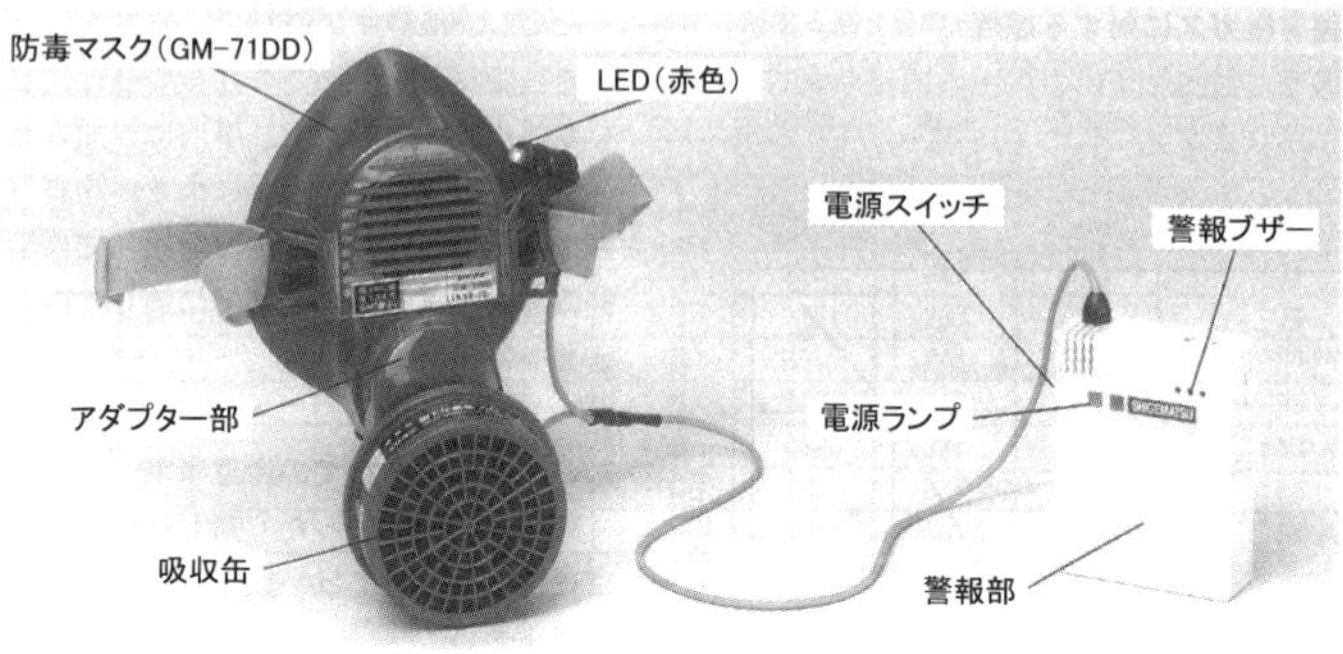

写真2-10　吸収缶交換アラーム

（写真提供：㈱重松製作所）

吸収缶交換のタイミング（その7）　重松製作所が開発した吸収缶交換アラーム

（重松製作所技術研究部　蔵野理一：吸収缶交換アラーム、産業と保健　五七、一二―一五頁　二〇〇一）

重松製作所は、世界に先がけて直結式小型防毒マスク（有機ガス用）の交換時期を知らせる吸収缶交換アラームを開発し、販売しました（**写真2-10**）。検知システムは熱線型半導体で吸収缶の出口側にセットされており、吸収缶内の活性炭から脱着したガスの濃度が設定されている値を超えるとLEDの点滅と音で知らせるシステムでした。トルエンに対する警報を発する割合を九六パーセントに設定すると、ジクロルメタン、メタノール以外の多くの有機溶剤は、脱着ガス濃度が許容濃度に達する前に警報を示しました。現在は販売中

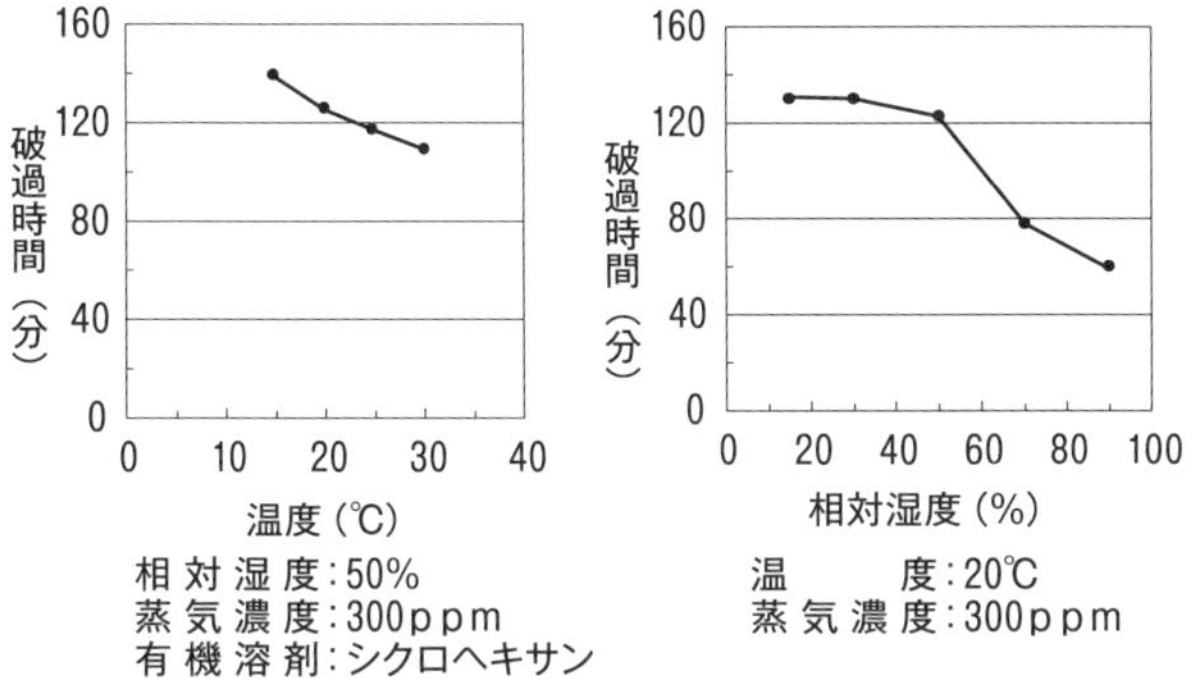

図2-5　直結式小型吸収缶の除毒能力（温度、湿度の影響）

止となっていますが、著者も大変興味を持ってこのシステムについて勉強したことがありました。

直結式小型吸収缶の除毒能力（温度、相対湿度の影響）

作業場の温度や相対湿度等の気象条件によっても破過時間が変化します。図2-5に示したように作業場の室温が一〇℃に対して三〇℃では吸収缶の破過時間は三分の二ぐらい短くなります。すなわち、夏のような気温が高い時は、吸収缶が使用できる時間は短くなり、早く吸収缶を交換する必要がでてきます。相対湿度の影響については、相対湿度が五〇パーセントまでは破過時間に影響は少ないのですが、相対湿度が五〇パーセントを超えると、急激に短くなります。

自動車製造工場の加湿した状態で行う塗装作業（事例2で紹介（二〇ページ））やビスコースレーヨン工場での紡糸作業（事例3で紹介（二一ページ））のように、高い湿度（八五パーセント）の環境下では、五〇パーセントの湿度の環境に比べると破過時間は二分の一程度と短くなります。

作業者の呼吸量や呼吸パターンが有機ガス用吸収缶の破過時間に影響

（Shigeru TANAKA, Masami TANAKA, Kazushi KIMURA, Kosuke NOZAKI, Yukio SEKI : Breakthrough time of a respirator cartridge for carbon tetrachloride vapor flow of workers' respiratory patterns. Ind Health 34, 125–131p（1996））

（Shigeru TANAKA, Miki HANEDA, Masami TANAKA, Kazushi KIMURA, Yukio SEKI : Breakthrough times for vapors of organic solvents with low boiling points in steady-state and pulsating flows on respirator cartridges. Ind Health 34, 125–131, 1996）

作業者の呼吸量も破過時間に影響を与えます。

三名の塗料製造作業者を対象に、防毒マスクを装着した状態における呼吸速度（流量）を調べると、一〇リットル／分から三五リットル／分の範囲でした。その流量で有機ガス

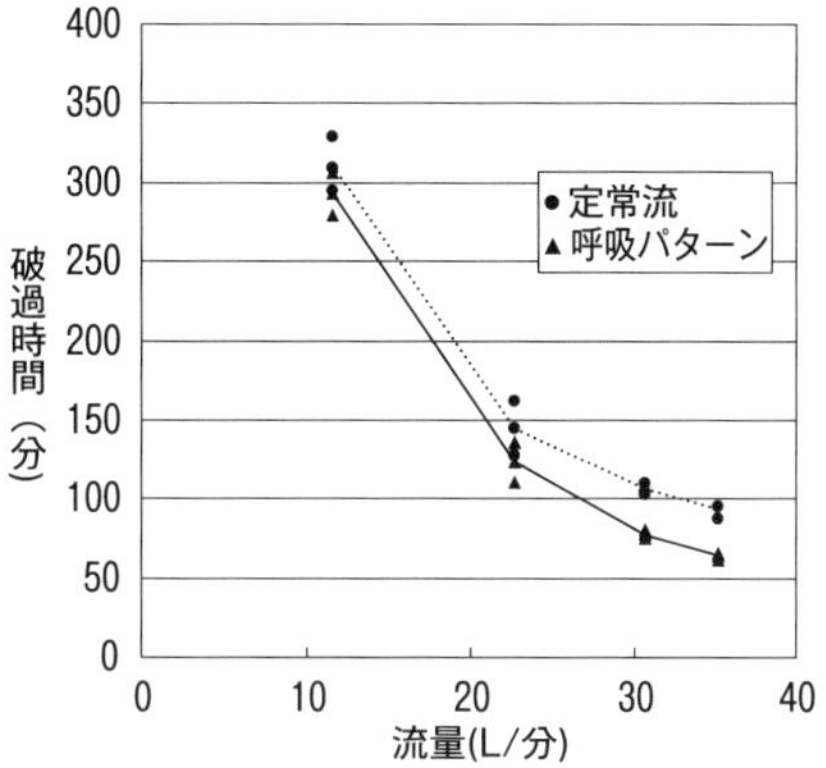

図2-6　呼吸パターン（脈動流）と通常の試験条件（定常流）での破過時間の比較

用吸収缶の破過試験を行うと、破過時間は流量に反比例し、呼吸速度の大きい作業者の吸収缶は破過時間が短いという結果が出ました（図2-6）。

このように、吸収缶の破過は有機溶剤の種類、濃度、作業環境の温度、相対湿度や作業者の呼吸速度など、作業場や個人によって異なる多くの要因が影響することがわかりました。そのため、破過時間の推定は容易なことではありませんが、作業中に破過が起きてしまうと、生命を左右する事態になりかねません。取扱説明書や前記（表２-３）の相対破過比の表などを参照して、安全第一に立った判断で、早め早めの吸収缶の交換を心がけることが必要です。

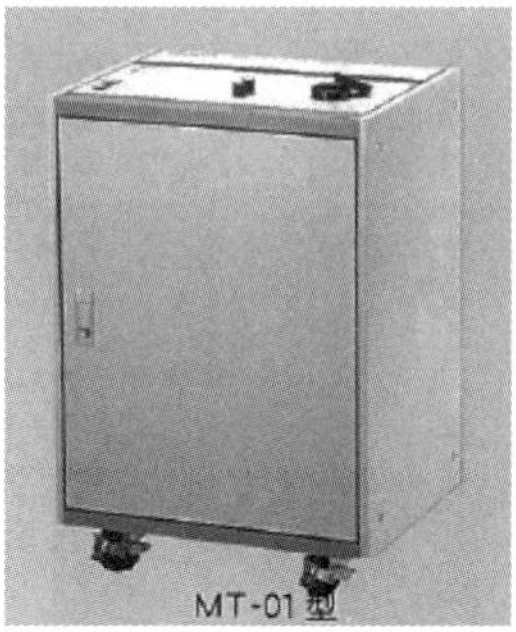

写真2-11　労研マスクフィッティングテスター MT-01

（写真提供：柴田科学㈱）

マスクは作業者の顔面に合うものを選ぶ時代！

化学物質を取り扱う作業者のばく露防護のために、防じんマスク、防毒マスクが多く使用されてきましたし、現在も使用されています。作業者が防じんマスク、防毒マスクを選定する際、作業者の顔面とマスク面体との接触面からの漏れが少ないような面体を選ぶ必要があります。さらに、日常、マスクを装着する時も、面体と顔面との接触面からの漏れが少ないように装着する必要があります。

労研式マスクフィッティング試験装置の活用

労働科学研究所の木村菊二先生はマスクの顔面の密着性を確認するため、空気中の粉じんを利用した労研式マスクフィッティングテスターを開発し、装置を進歩させてきました。著者は開発されてきたマスクフィッティングテスター（ＭＴ‐01、ＭＴ‐02、ＭＴ‐03、ＭＴ‐05）を作業現場で使用して、教育に活用してきました。

ＭＴ‐01（**写真2‐11**）は光散乱を利用した粉じん計が二台と、マスク装着者のマスク外側と内側の顔の空気を吸引するポンプが内蔵されていました。マスクの内側の空気を吸引するため、特殊なマスク顔面密着性試験ガイドを差し込みます。そして、マスク外側とマスク内側の空気を一分程度採取し、その中の粉じん濃度を同時に測定し、その比率をマスクの漏れ率として表示する測定器でした。大きさは五二〇ミリ×四〇〇ミリ×七三五ミリで約四〇キログラムと大きく、重い機種でした。

植物検疫くん蒸作業者のマスク面体と顔面の接触面からの漏れ率測定

（一社）日本くん蒸技術協会は毎年、植物検疫くん蒸作業者の再講習会を全国主要都市で行っています。著者は作業者のマスク装着の教育に測定器の使用が必要と考え、専用の木箱を作り、講習会場に宅配で移動させていました。

当時、マスクは全面形面体を装着していれば、作業者顔面とマスク面体と接触面からの

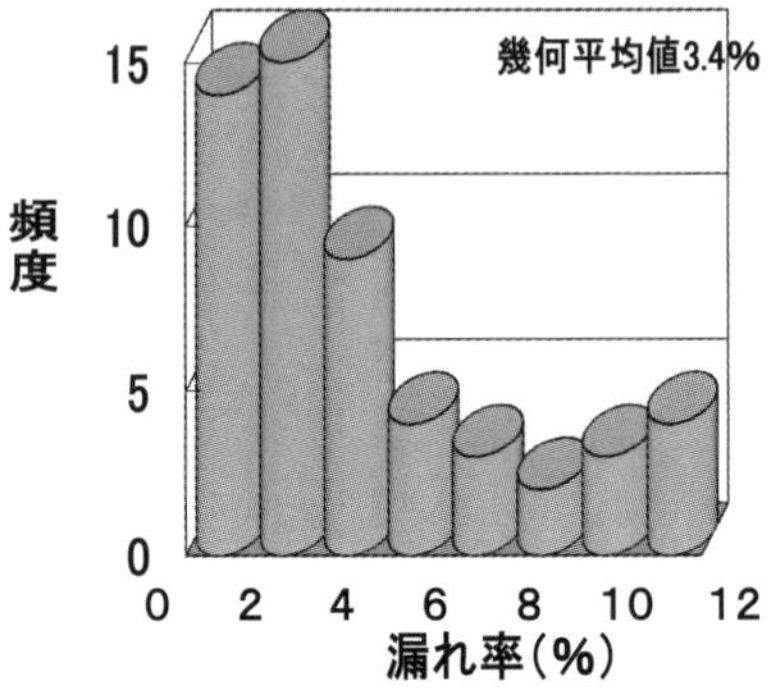

図2-7　MT-01を用いた全面面体を装着した植物検疫くん蒸作業者(54名)の漏れ率測定

漏れはないと思っていました。本器で測定した結果、五四名の漏れ率として幾何平均値の三・四パーセントで一〇パーセント以上の漏れ率の作業者が一四パーセント認められました（図2-7）。

この測定器が作業者の臭化メチルばく露を軽減するために、大変役立ちました。

MT-02を用いた結核病棟スタッフのマスク密着性試験

（川辺芳子、田中茂、他：マスクフィッティングテスターを用いたN95微粒子用マスクの顔面への密着性評価と装着指導、結核　七九（七）、四四四-四四八頁二〇〇四）

小型のマスクフィッティングテスター（MT-02）が開発され、それを用いてマスク装着者を対

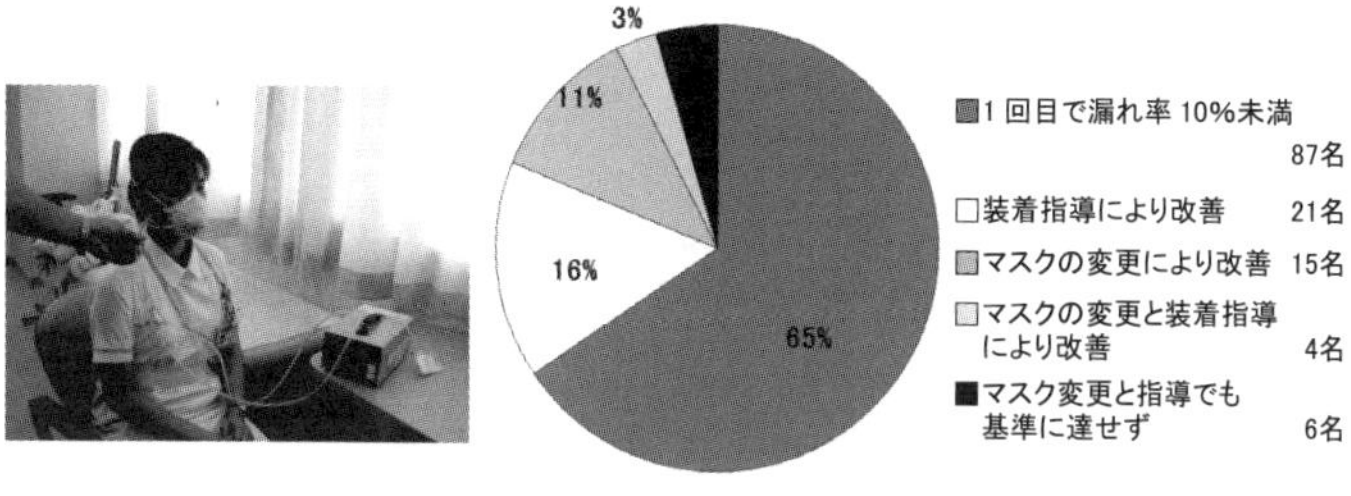

図2-8　MT-02を用いた漏れ率測定

象にマスク漏れ率を測定しました。産業医の講習会でＭＴ・02を紹介したのを機に、日本で一番大きな結核病棟に出入りするスタッフ一三三名を対象に、使い捨て式防じんマスク（Ｎ95）の漏れ率測定を行いました。特に、女性の看護師が大きなマスクを使用していたため、高い漏れ率が得られ、顔の大きさに合わせたマスクを使用することの重要性を指導しました（図2-8）。

ＭＴ・02を用いた化繊工場作業者の防毒マスク装着による漏れ率測定

化繊工場のビスコースレーヨン作業場で二硫化炭素ばく露を防護するために半面形の防毒マスクを使用していました。ところが、一三四名の作業者がまったく同じサイズ・種類のマスクを装着し

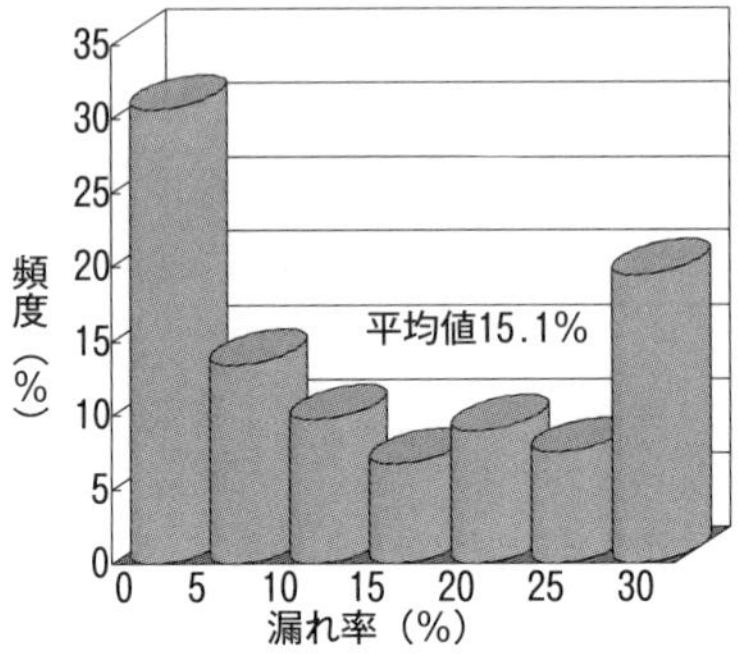

図2-9　防毒マスクの面体と顔面の接触面からの漏れ率

ていました。これでは、輪郭や彫りの深さなど、作業者それぞれによって異なる顔の形に対応できず、作業者によってマスクと顔の間に隙間が出来てしまいます。マスクは作業者の顔にフィットしてはじめて効果を発揮するものですから、作業者が実際にマスクを装着して、自分の顔に合うものを選定することが必要です。

そこで、有機ガス用吸収缶と同じくらいの通気抵抗のろ過材を取り付けてＭＴ‐02を用いて漏れ率を測定しました。**図2-9**に示したとおり一三四名の漏れ率の平均は一五・一パーセントであり、三〇パーセントを超えた作業者も二割にのぼりました。

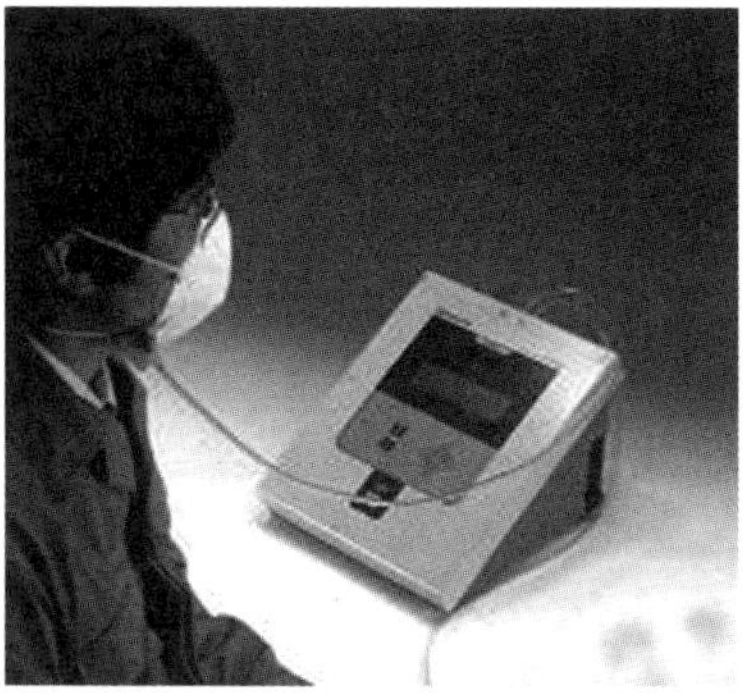
写真2-12　マスクフィッテングテスターMT-03

ＭＴ－03（写真２－12）を用いて塗装作業者の漏れ率の作業中の変化を調査

マスクの装着経験が少ない作業者ほど漏れ率が高い傾向にありました。特に、漏れ率の高いＮｏ．１～Ｎｏ．３の三名の作業者は、測定するたびに漏れ率の数値が大きく変動しました（図２－10）。これは測定のたびにマスクの装着位置がずれていたことを示しており、装着が不十分であることが原因と思われます。

また、椅子に座った状態の静止時の漏れ率と踏み台昇降を繰り返した時の漏れ率を比較すると、運動負荷をかけた時の漏れ率の方が全員高くなるという結果が出ました。マスクを装着する作業はさまざまありますが、動きの多い作業でマスクを装着する場合は、作業の動作でマスクが揺れたり、

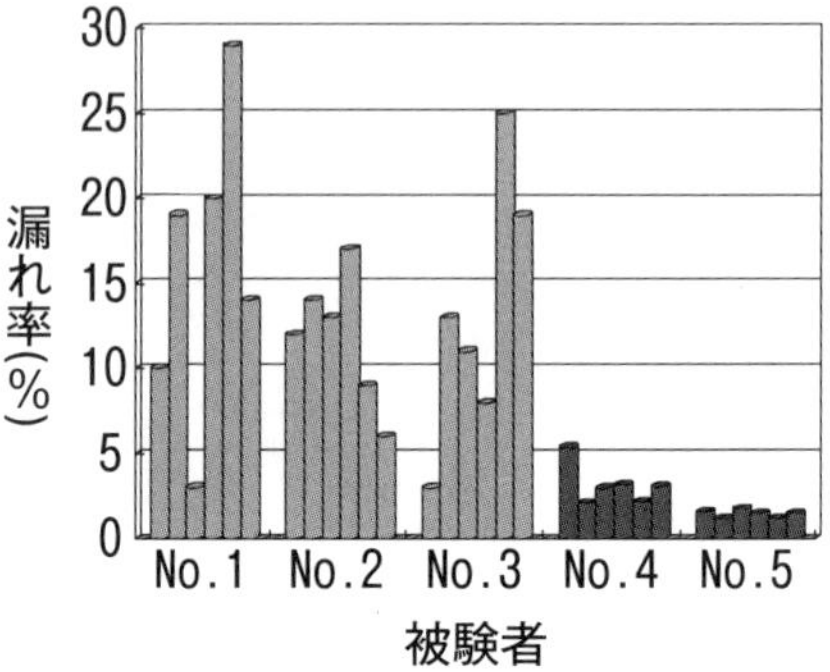

図2-10　塗装作業者の顔面とマスク面体との接触面からの漏れ率について作業中での変化

しめひもが緩むことなどから、装着位置が動いて漏れが発生するので、より適正な装着を心がけ、後述するＭＴ－05のフィットテストモードを行うことが有効です。

マスクメーカーも、一つのマスク面体がすべての作業者の顔に合う（マスク面体と顔面との隙間からの漏れこみが少ないこと）とは考えていません。そのため形状の異なる面体あるいは同じ形状でも大きさを変えたタイプ（Ｌ、Ｍ、Ｓのように）を用意しています。二〇〇五（平成一七）年に発出された防じんマスク、防毒マスクの選択、使用等についての通達においても、作業者は顔面に合った形状のマスクを選ぶようにと指導されています（「防じんマスクの選択、使用等について」平成一七年二月七日基発第〇二〇七〇〇六号、「防

写真2-13　MT-05（写真提供：柴田科学㈱）

毒マスクの選択、使用等について」平成一七年二月七日基発第〇二〇七〇〇七号）。

ＭＴ－05が開発されました

さらに進化したマスクフィッティングテスターが開発されました（ＭＴ－04はないようです）。本測定器は三つのモードでテストを行うことにより、防じんマスク（使い捨て式防じんマスク、取替え式防じんマスク、電動ファン付き呼吸用保護具等）の正しい選定、装着の指導を行います。

・第一段階（フィットテストモード）…自分の顔にフィットするマスクを選定する方法としてＪＩＳ Ｔ 八一五〇：二〇〇六を参照し、設定された動作（①普通の呼吸、②深呼吸、③顔を左右にゆっくり振る、④顔を上下にゆっくり振る、

⑤話す）の測定を行い、それぞれの動作の測定結果と総合的な測定結果を表示します。

・第二段階（フィットチェックモード）…自分の顔に合ったマスクが見つかったら、日常的な漏れチェックを行います。最短三〇秒程度でチェックが行える測定モードです。不合格だった場合、マスクの装着を再確認します。

・第三段階（トレーニングモード）：マスクの装着がうまくいかない時に、試験ガイドやチューブジョイントセット（使い捨て式防じんマスクの面体に穴をあけてチューブを接続する）を用いて、マスク内への粉じん粒子の侵入具合をリアルタイムで表示する測定モードです。マスク装着方法の確認や指導に最適です。

これらを実施することにより、マスクの正しい装着を指導することができ、作業者の粒子状物質に対するばく露軽減に役立ちます。

マスク面体の選定の定性的な漏れ率チェックの方法

マスクを装着した際には、作業にかかる前に必ず定性的な漏れ率をチェックする必要があります。この漏れ率のチェック、すなわちフィットテストの方法には、陰圧法・陽圧法等の定性試験があります。

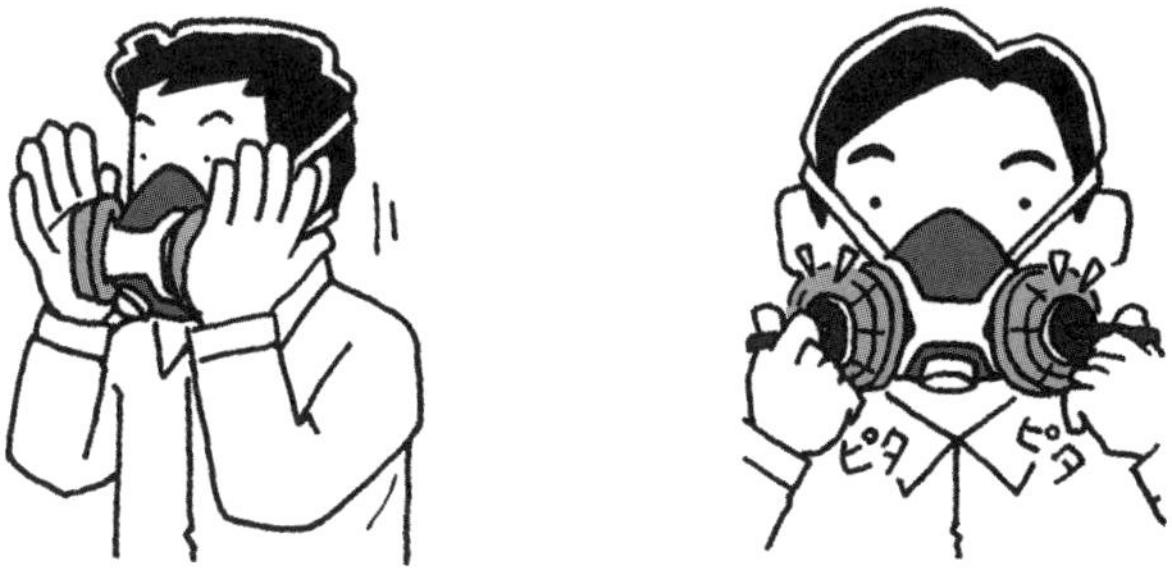

手のひらによる漏れのチェック　　フィットチェッカーを用いた漏れチェック

図2-11　陰圧法の方法

(1) 陰圧法

マスクの空気取り入れ口をフィットチェッカーや手のひらで軽くふさぐことにより、ろ過材からの空気の流入を遮断し、面体が顔面に吸い寄せられるか否かを確認する方法です（図2-11）。吸い寄せられなければ、顔面と面体との接触面から漏れが生じているので、装着をし直します。多くは面体の位置を上下に移動させる、あるいはしめひもの締め具合を調整することにより、正しくフィットさせることができます。

(2) 陽圧法

マスクの排気口をフィットチェッカーや手のひらで軽くふさいで排気口からの空気の流出を遮断し、息を吐いた時にマスク内に呼気が滞留することによってマスク面体が膨らむかどうかを確認します。

防毒マスク、取替え式防じんマスクの正しい装着方法

防毒マスクや防じんマスクは装着方法が適正でないと、有害物質がマスク面体と顔面の隙間から侵入し、ばく露してしまうことになります。例えば二本あるしめひもを一本しかかけなかったり、後頭部にかけずに耳かけにしてしまうと、マスク下部と顔面とに隙間ができてしまいます。また、吸気抵抗で息苦しく感じるためか、わざとしめひもを弱く締める作業者を見かけることがあります。

防毒マスク（防じんマスク）の正しい装着方法の例を示します（**写真2-14**）。

① しめひもの上部を後頭部に安定するようにかける
② しめひもの両端を持ち、左右に均等にひきながらマスクを顔面にあてる
③ 首の後ろで留め具を留める
④ 装着し、マスクを上下左右に動かし安定する位置に調整する
⑤ 必ず「フィットテスト」を行い、装着完了

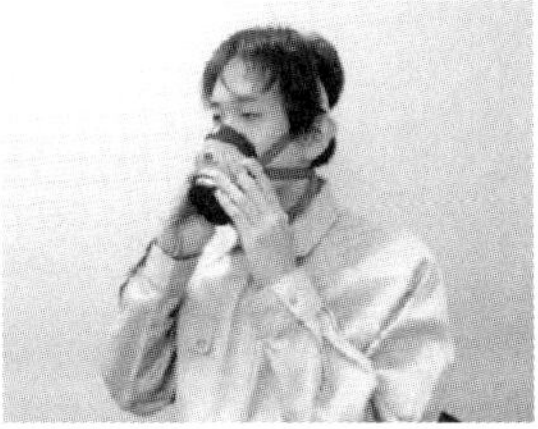

④　装着し、マスクを上下左右に動かし安定する位置に調整する

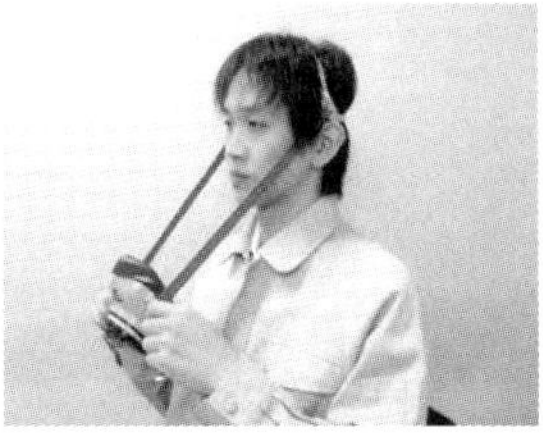

①　しめひもの上部を後頭部に安定するようにかける

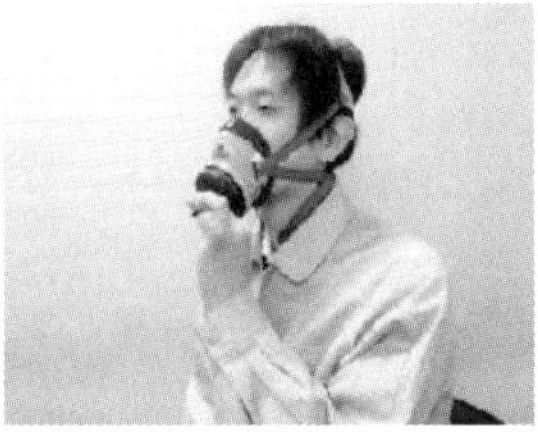

⑤　必ず「フィットテスト」を行い、装着完了

②　しめひもの両端を持ち、左右に均等にひきながらマスクを顔面にあてる

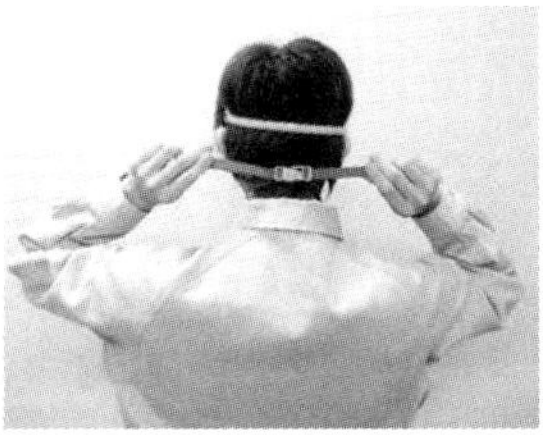

③　首の後ろで留め具を留める

写真2-14　防毒マスク（防じんマスク）の正しい装着方法

防毒マスクの面体によるカブレ

防毒マスクを使用している事業場の大きな問題として、皮膚のカブレを訴える作業者が多いことがわかりました。カブレは作業者にとっては深刻な問題であり、保護具の未装着の原因ともなります。

著者は、有機溶剤を取り扱っている二つの作業場で「カブレ」に関するアンケート調査を実施しました。その結果を**図2-12**に示します。

A工場では一二四名中一九パーセントにカブレが発生し、一一パーセントが一時発生した経験があると訴えており、カブレを経験した作業者は合計三〇パーセントでした。

B工場でも作業者の一八パーセントに発生し、六パーセントが一時発生したと訴え、合計すると二四パーセントの作業者がカブレを経験していました。

カブレの発生した作業者に発生部位を聞くと、A工場では顎部が二九パーセント、しめひも接触部が二一パーセント、小鼻周辺一七パーセント、B工場では小鼻周辺三七パーセント、鼻根（目の間の部分）三六パーセントと、作業者によってさまざまな部位で発生していることがわかりました。

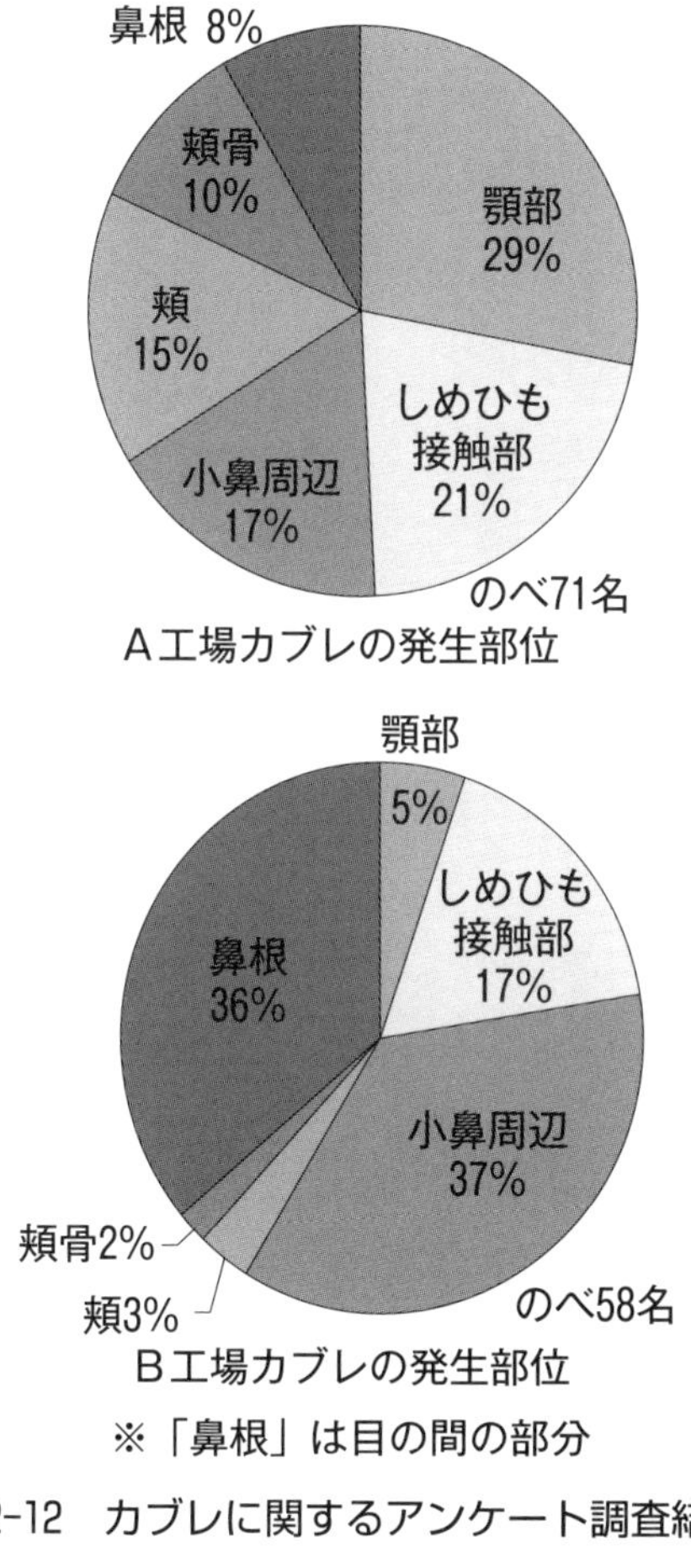

図2-12　カブレに関するアンケート調査結果

カブレ対策として、防じんマスクは通達（平成一七年二月七日基発第〇二〇七〇〇六号）により、皮膚に湿しん等をおこす恐れがあり、面体と顔面との密着性が良好である時に限り「接顔メリヤス」の使用が認められています。しかし防毒マスクには、「接顔メリヤス」の使用はまったく認められていません（平成一七年二月七日基発第〇二〇七〇〇七号）。そのため、皮膚のカブレやすい作業者は困っているのが実情です。

防毒マスクに接顔メリヤスが認められない理由は、接顔メリヤスを使用することにより、ガス状物質が漏れやすくなると予想されるためです。

そこで、著者は、接顔メリヤスを装着すると、どのくらい漏れが大きくなるのかを調べました。

標準人頭（実験等に用いる人頭模型）にマスクを装着させ、人工肺を用いて「接顔メリヤス」の有無による粉じん及び有機溶剤蒸気に対する漏れ率、及び呼吸量の変化について試験を行いました。試験には市販の三種類の直結式小型吸収缶を装備した防毒マスクを使用しました。漏れ率を測定する際には、面体は防毒マスクを使用し、吸収缶をろ過材に代えて試験をしました。呼吸量は一・五リットル×二〇回／分と、一・〇リットル×二〇回／分で人工肺を稼動させました。

表2-4　メリヤスの有無による漏れ率試験

マスクの種類	接顔メリヤス	漏れ率（%）			
		1L×20回／分		1.5L×20回／分	
		粉じん	蒸気	粉じん	蒸気
A	なし	2.5	1.6	2.3	1.7
	メリヤス	4.5	5.3	3.6	5.3
B	なし	2.6	0.1	3.5	0.6
	メリヤス	3.9	2.5	4.8	3.3
	メリヤス(2重)	5.0	7.6	5.0	5.7
	メリヤス(ｶﾊﾞｰ)	3.2	1.3	2.8	1.8
C	なし	3.9	2.7	3.4	2.3
	メリヤス	4.4	5.3	3.5	7.1

接顔メリヤスの有無による粉じんと蒸気の漏れ率の違いを表2-4に示します。接顔メリヤスを使用した時の漏れ率は、接顔メリヤスの無い時に比べ、若干高くなる傾向は見られましたが、著しい増加は見られませんでした。呼吸量の変化による漏れ率の差も認められませんでした。

また、同条件における粉じんと蒸気の漏れ率の比較を行いましたが、顕著な違いは見られませんでした。ただ、厚みのある接顔メリヤスは漏れやすいことがわかりました。この結果から、防毒マスクにおいても接顔メリヤスの使用解禁は検討に値すると考えられます。

さて、現状では、防毒マスクを装着していてカブレを訴える作業者の対策として、以下のことが考えられます。

・材質の異なる面体を装着してみる。
・マスク装着時間を短縮し、面体内にたまった汗を頻繁にとる（長時間の装着により、汗がたまり、顔面にカブレを起こすと考えられるため）。
マスクメーカーにカブレを起こさない材質のマスクの開発を望むとともに、漏れが少ない接顔メリヤスの工夫も必要と思われます。

さらに、防毒マスクにおいても漏れの少ない接顔メリヤスの使用解禁を、行政において検討していただきたいものです。

3　電動ファン付き呼吸用保護具

防じんマスク、防毒マスクを装着すると息苦しさを感じます。長時間装着していると、顔面との接触面やあごの部分に汗がたまり、気持ち悪くなります。息苦しさ、汗、暑さの三大要因のため、作業者はマスクを装着することを嫌がったり、しめひもをゆるめて装着するなどの不適切な使用が見られます。この三大要因を解消したマスクが、電動ファン付き呼吸用保護具（Powered Air Purifying Respirator 以下、ＰＡＰＲと略す）です。これは、マスク着用者の吸気の負担を軽減するとともに、漏れ率が非常に低く、安全性にも優れています。

ＰＡＰＲはＪＩＳ Ｔ 八一五七に適合したものが国内で使用されてきましたが、二〇一四（平成二六）年一二月一日から型式検定が行われるようになり、検定合格品を使用しなければならないことになりました。隧道内の作業、石綿除去作業、溶接作業等で広く使用され始めており、注目されている呼吸用保護具です。

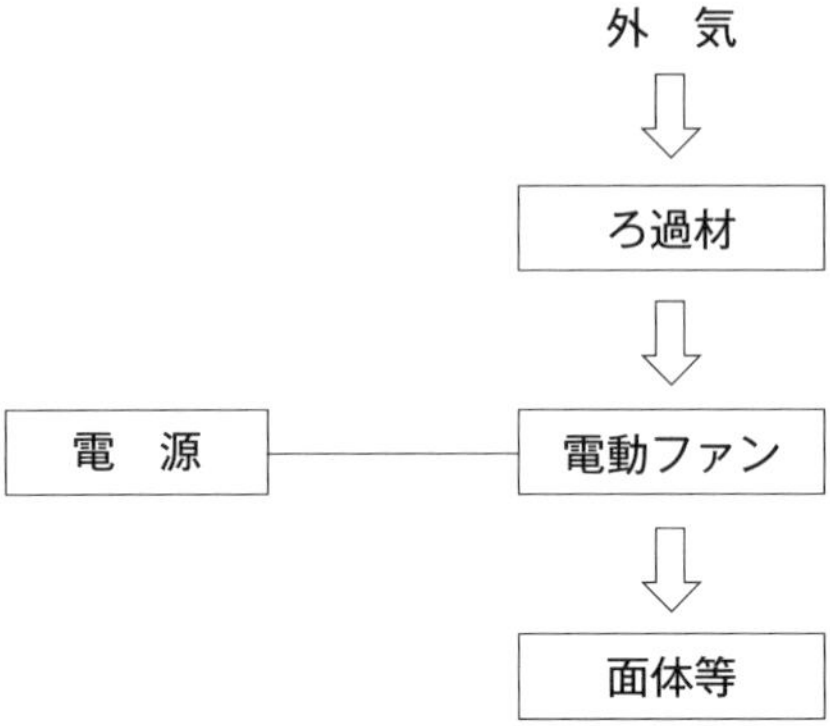

図2-13　PAPRの概念図

PAPRの特徴等

ＰＡＰＲは、電動ファンとろ過材によって有害粉じんを除去し、清浄な空気を着用者に供給するものです（図2-13）。

ＰＡＰＲの特徴は、防じんマスクのように自己肺力による呼吸とは異なり、電動ファンにより供給された清浄空気を呼吸するため、吸気抵抗が小さく非常に呼吸が楽にできます。また、マスク面体内部が電動ファンの送風により陽圧となるため、着用者の顔面と面体との接触面から外部の粉じんが入りにくくなり、高い防護性能が得られます（二二四ページ参照）。

また、型式によっては、保護めがね又は保護帽の機能を備えているものもあります。電動ファン、バッテリー及び種類によっては送気管が必要であるため、防じんマスクと比較して重くなりますが、快適性と安全性の高さはこれを補って余りあるものです。

ＰＡＰＲは、一九八二（昭和五七）年にＪＩＳ Ｔ 八一五七（以下、ＪＩＳ）が制定され、同年、通達（昭和五七年一二月一四日基発第七六七号）により『ＪＩＳに定める規格に適合するＰＡＰＲは、（中略）「有効な呼吸用保護具」に該当するものであること。また、当該保護具は、労働安全衛生規則第五九三条に「粉じんを発散する有害な場所における業務」に従事する労働者に使用させるための「呼吸用保護具」に該当するものであること』とされました。さらに、粉じん障害防止規則及び石綿障害予防規則により、一定の作業にその使用が義務付けられてきたため、型式検定の対象にすることが望まれていました。ＰＡＰＲは、二〇一四（平成二六）年一二月一日から厚生労働省の規格による型式検定が始まりました。

ＰＡＰＲは形状の違いや、電動ファン及び漏れ率に係る性能区分、また、ろ過材の性能区分がありますので、有害物質の種類や作業環境中の濃度等に応じて適切なものを選定し使用する必要があります。

表2-5　形状による種類

直結式	電動ファン、ろ過材及び面体又はフェイスシールドからなり、かつ、ろ過材によって粉じんをろ過した清浄空気を電動ファンにより面体・フード・フェイスシールド内に送気するもの。
隔離式	構成は、直結式と同じであるが、清浄空気は、電動ファンにより、連結管を通して、面体･フード・フェイスシールド内に送気するもの。

表2-6　面体等の種類

面体形	全面形面体
	半面形面体
ルーズフィット形	フード
	フェイスシールド

種類及び性能

【形状による種類】

形状の種類は、表2-5に示すとおり、「直結式」と「隔離式」があります。

【面体等の種類】

表2-6に示すとおり「面体形」と「ルーズフィット形」の二種類があります。

面体形には、「全面形面体」（図2-14）と「半面形面体」（図2-15）が、ルーズフィット形には、「フード」（図2-16）と「フェイスシールド」（図2-17）があります。

①　全面形面体
目、鼻及び口辺を覆う面体内に浄化された空気を送り、着用者の呼気及び余剰な空気を排気弁から排出します。電動ファンが停止した場合でも着用者自身の肺力によって浄化された空気を吸気できます。石綿除去作業等、高い防護性能が要求される作業で使用します。

②　半面形面体
鼻及び口辺を覆う面体内に浄化された空気を送り、着用者の呼気及び余剰な空気を排気弁から排出します。

③　フード
頭部及び頸部を覆うルーズフィット形のもので、フード内に浄化された空気を送り、着用者の呼気及び余剰な空気を、主に顔面とフード裾部から排出する構造になっています。

④　フェイスシールド
顔全体を覆うルーズフィット形のもので、フェイスシールド内に浄化された空気を送り、着用者の呼気及び余剰な空気を顔面とフェイスシールドの隙間から排出する構

図2-14　全面形面体の PAPR

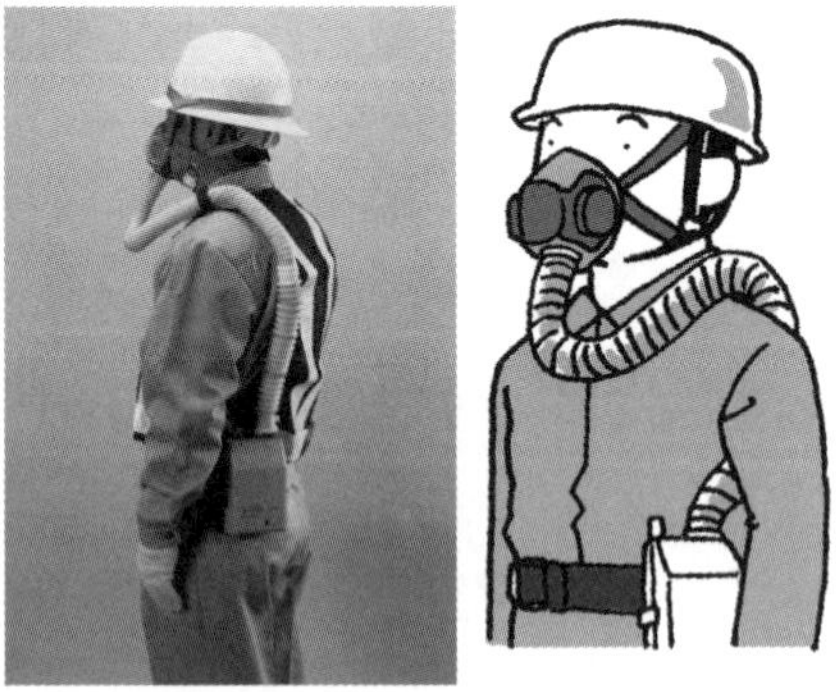

図2-15　半面形面体の PAPR

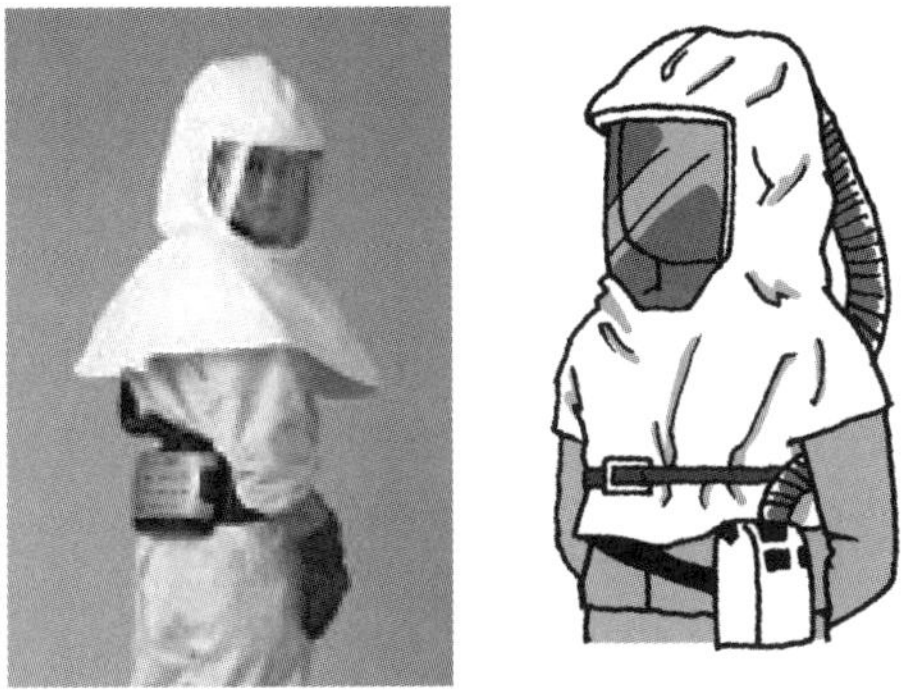

図2-16　フードのPAPR

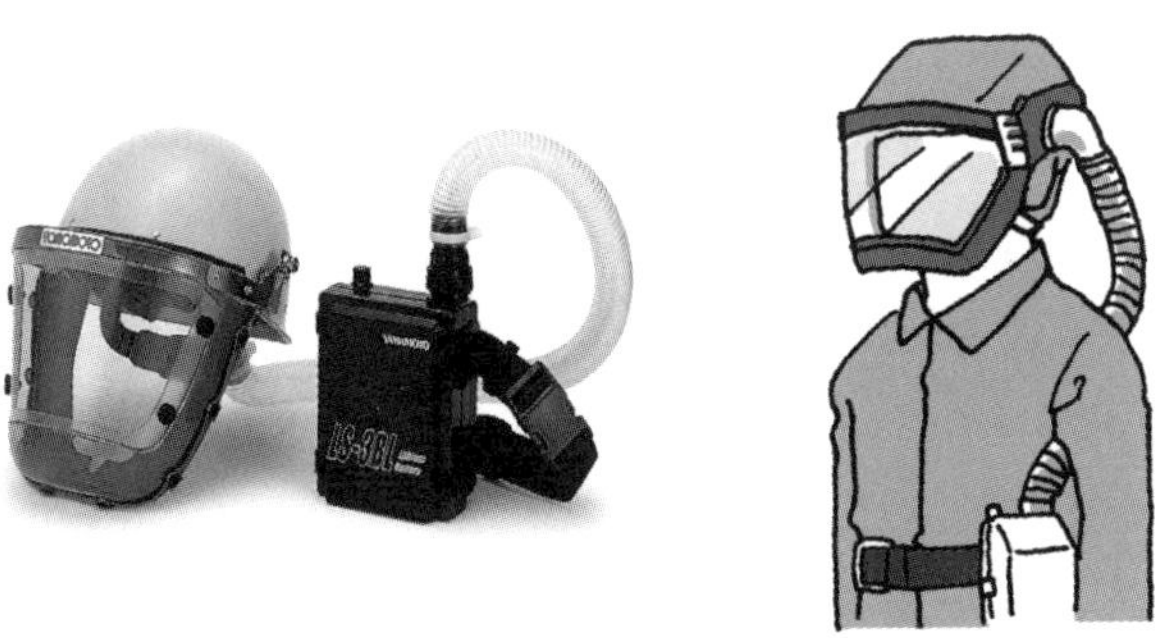

図2-17　フェイスシールドのPAPR

造になっています。

①と②には、着用者の呼吸の状態を圧力センサーで感知し、呼吸のリズムに合わせて送風を行う機能（ブレスレスポンスタイプ）を搭載したものもあります。

【性能による区分】

（電動ファンの性能による区分）

電動ファンの性能による区分は、**表2-7**に示すとおりで、「通常風量形」と「大風量形」があります。

（ろ過材の性能による区分）

ろ過材の性能区分は、**表2-8**に示すとおりです。粒子捕集効率試験の試験粒子にはフタル酸ジオクチル（ＤＯＰ）と塩化ナトリウム（ＮａＣｌ）の二種類があり、それぞれに対するろ過材の性能区分は、ＰＬ３／ＰＳ３（九九・九七パーセント以上）、ＰＬ２／ＰＳ２（九九パーセント以上）、ＰＬ１／ＰＳ１（九五パーセント以上）の三段階で、合計六種類に分けられています。

表2-7　電動ファンの性能による区分

区分	面体内圧P_F［Pa］	呼吸模擬装置の作動条件
通常風量形	$0 < P_F < 400$	（1.5±0.075）L／回×20回／min
大風量形		（1.6±0.08）L／回×25回／min

表2-8　ろ過材の性能による区分

区分		粒子捕集効率［% 以上］
DOP 試験	NaCl 試験	
PL3	PS3	99.97
PL2	PS2	99.0
PL1	PS1	95.0

DOP：フタル酸ジオクチル　NaCl：塩化ナトリウム

表2-9　漏れ率に係る性能による区分

区分	漏れ率［% 以下］
S 級	0.1
A 級	1.0
B 級	5.0

表2-10　ルーズフィット形のPAPRの電動ファンの性能区分と最低必要風量

電動ファンの性能区分	最低必要風量［L / min］
通常風量形	104
大風量形	138

（漏れ率に係る性能による区分）

また漏れ率に係る性能区分は、表2-9に示すとおりで、S級（〇・一パーセント以下）、A級（一パーセント以下）、B級（五パーセント以下）です。

石綿及びインジウム化合物において、S級（〇・一パーセント以下）が指定されています。

このように、従来のマスクの息苦しさ、暑さ、汗等の問題点が解消されたPAPRを広い範囲で導入し、マスクの装着率をあげていくことが必要です。

【警報装置】

ルーズフィット形に限られますが、最低必要風量（表2-10）に近づいていることを着用者に知らせる警報装置を備える必要があります。ただし、漏れ率に係る性能区分がB級のルーズフィット形は、前述の警報装置を備えるか、又は電池の電

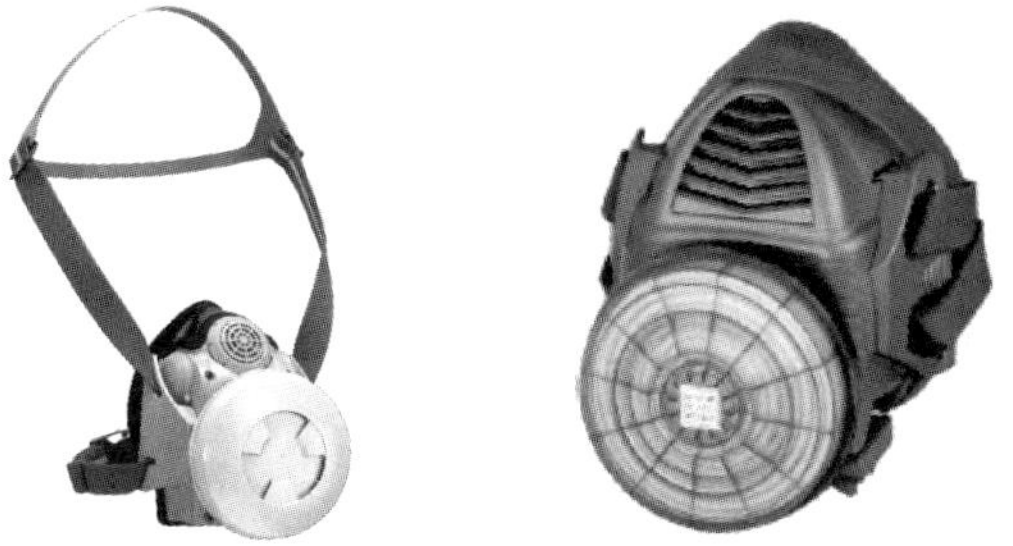

写真2-15　ブレスレスポンスタイプの例
（写真提供：㈱重松製作所（左）、興研㈱（右））

圧がＰＡＰＲを有効に作動できる下限値になったこと（電池交換又は充電の必要性）を着用者に知らせる警報装置を備える必要があります。

一定流量タイプとブレスレスポンスタイプ

ＰＡＰＲには、上述の性能等の区分の他に電動ファンの送風の方式による種類があります。

呼吸のピーク流量を超えた一定量を常に送風する「一定流量タイプ」と呼吸波形に応答して送風量を変化させる「ブレスレスポンスタイプ」（**写真2-15**）があります。

一定流量タイプ

一定流量タイプのＰＡＰＲは、着用者の呼吸の状態にかかわりなく、呼吸のピーク流量を超える送風量を一定に送風します。これにより、面体内は陽圧に保たれ接顔部などに生じる隙間からの漏れこみを防ぐことができます。

ブレスレスポンスタイプ

ブレスレスポンスタイプのPAPRは、電動ファンが着用者の呼吸に応答し、その呼吸波形に応じて送風を行い、面体内を陽圧に保ちます。

また、着用者が呼吸を止めている時も、電動ファンはわずかに逆風を続けるため、面体内の陽圧は保たれます。

呼吸波形とばく露軽減効果について

著者は使い捨て式防じんマスクとブレスレスポンスタイプのPAPRのマスク内圧の変化を求めたことがあります。パソコンに柴田科学(株)のデータ通信ユニットNR-500、電圧計測ユニットNR-TH08、マスク内圧測定器HP-21を取り付け測定しました。その時、同時にマスクフィッティングテスターで漏れ率を測定してみました。

使い捨て式防じんマスクの内圧の変化を**図2-18**に示します。作業者がマスクをして空気を吸入した時はマイナス圧(陰圧)を示し、吐いた時はプラス圧(陽圧)を示しました。

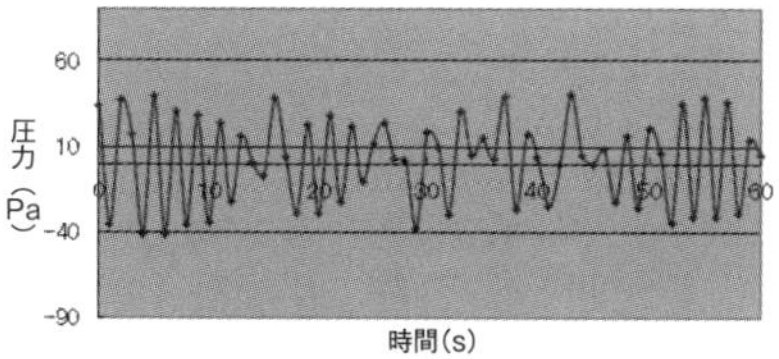

図2-18　使い捨て式防じんマスクにおける内圧の変化と漏れ率の測定例

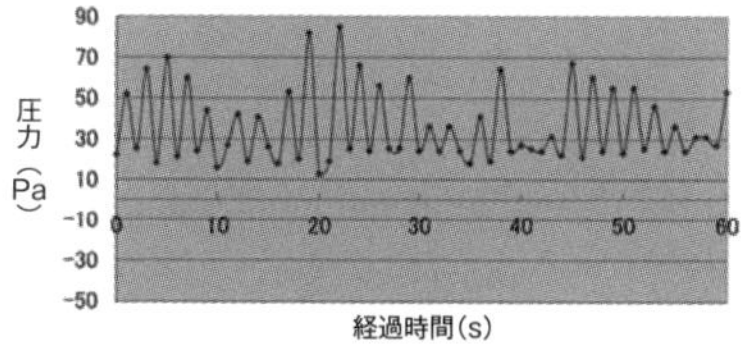

図2-19　大風量形電動ファン付き呼吸用保護具における内圧の変化と漏れ率の測定例

陰圧の時、顔面と面体との隙間から粉じんを含む空気が侵入し、ばく露されてしまいます。その結果が七・二五パーセントの漏れ率を示しました。ブレスレスポンスタイプのＰＡＰＲも同様に試験をしてみた結果を**図2-19**に示します。常にマスク内の圧力はプラス圧（陽圧）を示し、作業者が呼気を吐き出した時、ポンプが稼動してプラス圧を示します。すなわち、マスク内の圧力が常に陰圧を示さないことより、マスク内に顔面と面体との接触面から粉じんが入りにくいことを示していました。その結果、〇・二九パーセントと大変低い漏れ率を示したものと思います。

PAPRを選択する時の注意点

PAPRの性能は以下の項目により決まります。

① ろ過材の粒子捕集効率（表2-8）

② 面体と顔面との隙間、フードやフェイスシールドと人体との隙間及び各接続部からの漏れ率（表2-9）

③ 連結管の接続部、ろ過材の押さえ部などからの漏れ率

①はろ過材のグレードに依存し、②と③は送風量に依存する性能です。送風量が低下すると、外気が侵入しやすくなり、漏れ率が増加（防護率が低下）することから、各PAPRには一定の防護率を維持できる限界としての公称最低必要風量（この風量を下回ると、マスク外の粉じんを含む空気がマスク内に漏れこんでしまいます）が表示されています。

これらのことを考慮して適切なものを選定する必要があります。厚生労働省は、一定の作業について「粉じん等の種類及び作業内容に応じたPAPRの選定基準」を表2-11のように表しています。概要は次のとおりです。

（面体等の種類）

インジウム化合物関係において、作業環境濃度が七・五マイクログラム／立方メートル

表2-11　規則等及び粉じん等の種類及び作業内容に応じた PAPRの選定基準

規則等	粉じん等の種類及び作業内容	面体等の種類*1	性能区分		
			電動ファン*2	ろ過材*3	漏れ率*4
鉛則 第58条関係	鉛装置内における業務	面体及びルーズフィット形	—	—	—
特化則 第43条関係		面体及びルーズフィット形	—	—	—
粉じん則 第７条関係	局排等及び全体換気装置による措置の適用除外の作業	—	—	—	—
粉じん則 第27条関係	トンネル内の３種類の作業*5	—	大風量形	—	—
石綿則 第14条関係	隔離空間内の掻き落とし作業等	—	大風量形	PL3、PS3	S級
ナノマテリアル関係	ナノマテリアル関連作業	面体形又はルーズフィット形	大風量形	PL3、PS3	—
インジウム化合物関係	$0.3\mu g/m^3$以上$3\mu g/m^3$未満	—	大風量形	PL3、PS3	—
	$3\mu g/m^3$以上$7.5\mu g/m^3$未満	—			—
	$7.5\mu g/m^3$以上$15\mu g/m^3$未満	面体形			—
	$15\mu g/m^3$以上$30\mu g/m^3$未満	全面形面体			S級又はA級
	$30\mu g/m^3$以上$300\mu g/m^3$未満				S級
ダイオキシン類関係	保護具の区分レベル１	—	大風量形	PL3、PS3	—

注）表中―印は、面体等の種類及び性能区分が指定されていないことを示す。
＊１　面体形（全面形及び半面形）とルーズフィット形（フード形及びフェイスシールド形）の２種類
＊２　大風量形と通常風量形の２種類
＊３　PS3/PL3:NaCl/DOP 粒子捕集効率99.97％以上　PS2/PL2：99.0％　PS1/PL1:95.0％以上
＊４　Ｓ級：漏れ率0.1％以下　Ａ級：1.0％以下　Ｂ級：5.0％以下
＊５　粉じん則　第27条第２項
①動力を用いて鉱物等を掘削する場所における作業
②動力を用いて鉱物等を積み込み、又は積み卸す場所における作業
③コンクリート等を吹き付ける場所における作業

以上の場合に面体形が指定されています。インジウム化合物は有害性が非常に高いため、面体形が指定されています。

また、作業環境濃度が高い一五マイクログラム／立方メートル以上三〇〇マイクログラム／立方メートル未満の場合には、全面形が指定されています。

(電動ファンの性能区分)

粉じん則のトンネル内の三種類の作業及び石綿、ナノマテリアル、インジウム化合物、ダイオキシン類関係に対しては、大風量形が指定されています。

(ろ過材の性能区分)

有害性が高い粉じんに対しては、最も粒子捕集効率が高いPS3とPL3（九九・九七パーセント以上）が指定されています。

使用等にあたって

(1) 酸素欠乏空気中や有毒ガスが存在する環境では使用できません。

PAPRは、ろ過式の呼吸用保護具ですので酸素欠乏空気の環境では使用できません。また、現時点でのPAPRは粉じん専用ですので、ろ過材は粉じんを除去する性能のみです。有害なガス・蒸気については全く性能がありません。

(2) 爆発の危険性のある環境では注意が必要です。

ＰＡＰＲ主要部分はバッテリー等の電気部品であるため、防爆構造の機器の使用が要求される場所においては使用できません（平成二六年一一月二八日基発一一二八第一二号）。

(3) ルーズフィット形ＰＡＰＲは、フード等の内圧を確保するために十分な送風量を維持することが大切です。

バッテリーの電圧低下やろ過材の目詰まりに注意が必要です。

(4) ろ過材を破損させる行為は避けてください。

ろ過材に付着した粉じんを除去するために強く叩いたり、圧縮空気で吹き飛ばすことは、ろ過材を変形・破損させてしまいます。

水洗が可能なろ過材と、そうでないろ過材がありますが、取扱説明書に水洗が可能な旨の記載がないろ過材は水洗しないで下さい（水洗が可能なろ過材であっても水洗後に性能確認が必要なので、メーカーに確認することが大切です）。

4　送気マスク・空気呼吸器

送気マスク・空気呼吸器は、いずれも給気式の呼吸用保護具のグループに属し、作業環境の空気とは別の清浄空気を呼吸に使用します。

防じんマスク、防毒マスク、ＰＡＰＲのようなろ過式の呼吸用保護具を使用してはいけない酸素欠乏空気の環境でも使用することができ、有害物の種類や性状（粒子状物質、ガス状物質の違い）、濃度が不明な場合でも使用できます。

また、防護性能が高い種類が多くあります。

送気マスク及び空気呼吸器の構造や性能などは、それぞれＪＩＳ Ｔ 八一五三（送気マスク）及びＪＩＳ Ｔ 八一五五（空気呼吸器）で規定されています。

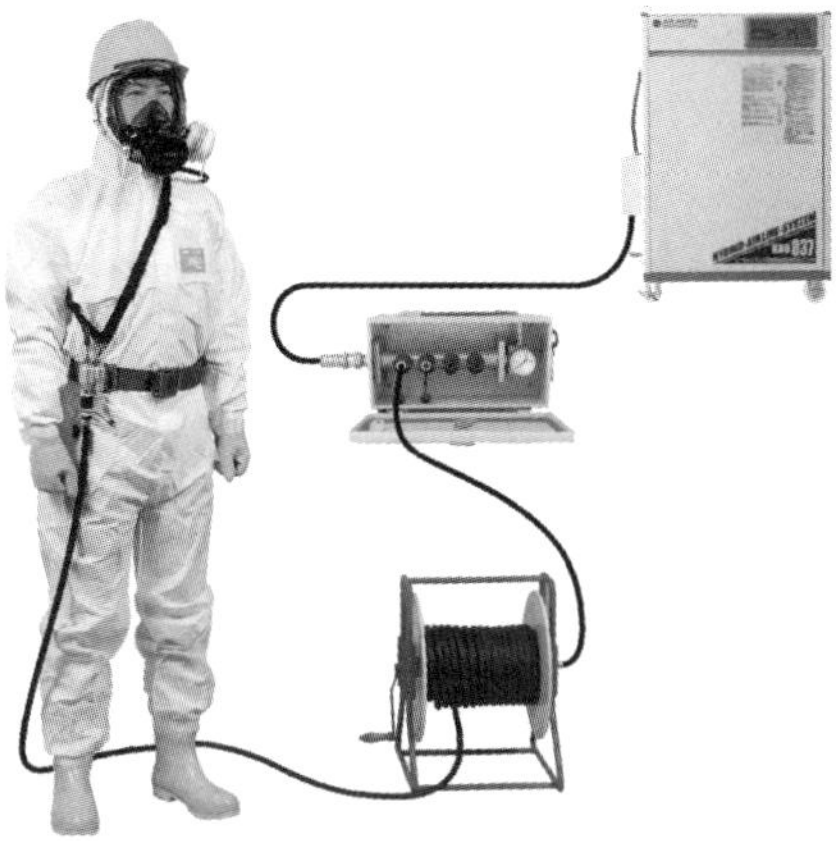

写真2-16　送気マスクの例

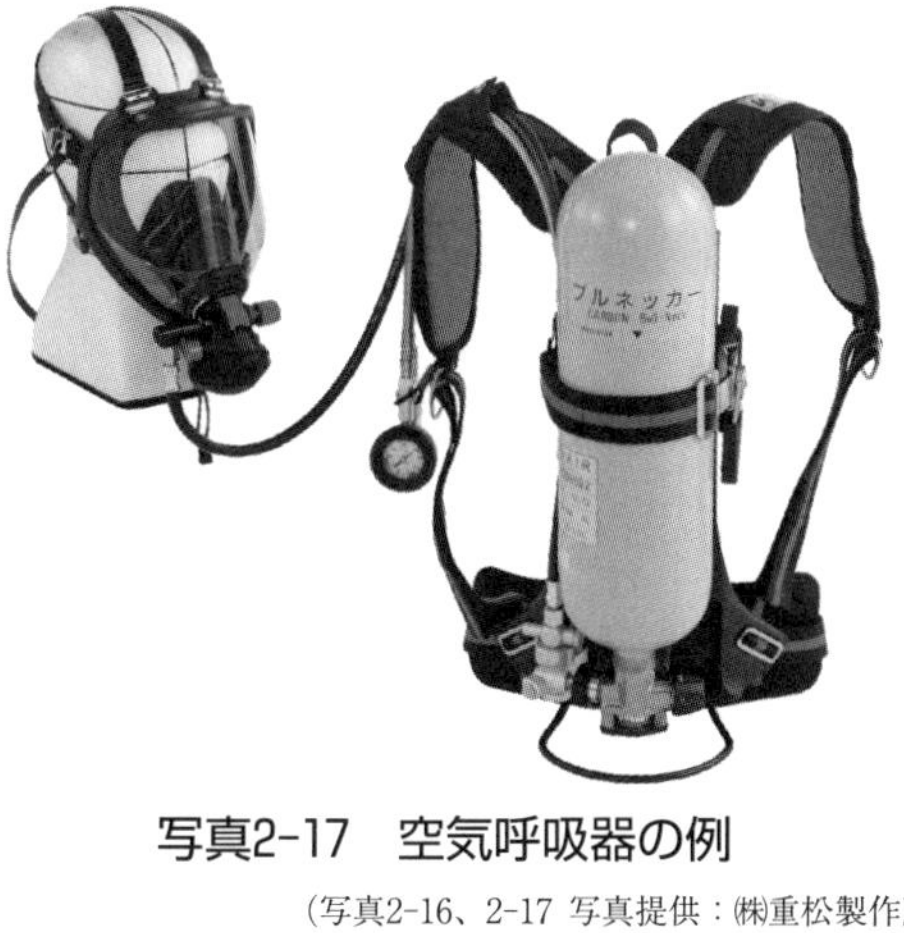

写真2-17　空気呼吸器の例

（写真2-16、2-17 写真提供：㈱重松製作所）

送気マスクと空気呼吸器の違い

送気マスクは、作業環境外にある空気源からホースを通して供給される空気を呼吸に使います。

空気呼吸器は、着用者が携行する高圧空気容器（以下、空気ボンベ）から供給される空気を呼吸に使います。

送気マスクは、空気の供給が途絶えることが無ければ、連続して長時間使用することができます。しかし、ホースを使用するため、行動の範囲が制限されます。

空気呼吸器は、空気ボンベを着用者が携行するため、行動の範囲は制限されません。しかし携行する空気ボンベに充てんされている空気量の分しか使用できないという時間的な制限があります。

送気マスクの種類

送気マスクには、ホースマスクとエアラインマスクがあり、使用する空気源の違いによって区分されています。大気圧と同じ空気を供給するものをホースマスクといい、エアコンプレッサー等の圧縮空気を供給するものをエアラインマスクといいます。

複合式エアラインマスクは、エアラインマスクと空気呼吸器の両方の機能を持っているもので、通常の作業はエアラインのホースから供給される空気を使用し、何らかの原因で空気の供給が途絶えた時に、あらかじめ用意された空気ボンベに供給源を切り替え、空気呼吸器として避難するために使用します。これについては、ＪＩＳ Ｔ 八一五三（送気マスク）の中の一つの種類として規定されています。

空気呼吸器の種類

空気呼吸器には、デマンド形とプレッシャデマンド形の二種類があります。デマンド形とプレッシャデマンド形はいずれも着用者の呼吸に合わせて面体内に空気を供給する機能を持っています。

デマンド形とプレッシャデマンド形の違い

デマンド形は、着用者の吸気により面体内が陰圧（環境空気の気圧より低い状態）になった時に、面体に空気が供給されます。

プレッシャデマンド形は、着用者が吸気した時も面体内を陽圧（環境空気の圧力より高い状態）を保つように、面体内に空気が供給されます。

面体内が常に陽圧になっているため、顔面と面体の接触面に隙間ができても、外気が面体内に侵入することを防ぐことができるため高い防護性能を確保することができます。

このプレッシャデマンドの機能を備えたものは、呼吸用保護具の中で最も防護性能が高いとされています。

空気呼吸器の使用時間

空気呼吸器の使用時間は、空気ボンベに充てんされている空気量に依存します。この空気量は、空気ボンベの内容積と充てん圧力によって異なります。また、着用者の呼吸量によっても使用時間は変化します。一般に、作業が激しい場合、熟練度の低い着用者の場合などには、呼吸量が多くなり、使用時間が短くなります。

緊急時給気切換警報装置

エアラインマスクに接続する装置として、緊急時給気切換警報装置があります。事故などで、通常使用している空気源からの空気供給が停止又は極端に少なくなった場合、空気源を別に用意してある空気ボンベに切り替え、警報を発して周辺作業者に事故を知らせるというものです。この装置が接続されている全面形面体をもつプレッシャデマンド形エアラインマスクは、安全性が非常に高いとされています。

事前の確認、日常の点検等

送気マスク・空気呼吸器は、着用者の生命・健康に大きく影響する環境で使用されるものであることを、十分に認識する必要があります。

呼吸用保護具に添付されている取扱説明書などで、使用上の注意事項などを事前に把握しておくことは言うまでもありません。また、空気源の確保、使用前点検・日常点検なども十分に行う必要があります。不明な事項については、曖昧なままにせず、必ず製造業者などに問い合わせ、明確にしてから使用しなければなりません。

他の保護具との併用

送気マスク・空気呼吸器を使用する時、多くの場合、保護帽、防護衣や保護めがねなどとの併用となります。複数の保護具を併用する場合は、保護具の装着順等を考慮し、相互に干渉しないようにしなければなりません。

送気マスクを使用していた船体の塗装作業者の有機溶剤中毒（通達より）

清浄な空気が供給される送気マスクは、防毒マスクより、安全な呼吸用保護具と思われていますが、顔面と送気マスクの面体との間に隙間が生じたことや、空気供給量が少なかったことなどが原因と思われる、船体の塗装作業での有機溶剤中毒による労働災害が発生しました。

それを踏まえた通達（平成二五年一〇月二九日基安化発一〇二九第一号「送気マスクの適正な使用等について」）が発出されたので、送気マスクの適正使用に役立てて頂きたいと思います。通達の内容をまとめてみました。

一　防護係数に応じた適切な選択
・防護係数は、労働者ごとに実測したものを用いるのが原則。
・ＪＩＳ　Ｔ　八一五〇の指定防護係数は、実測できない場合に用いる。
・防護係数が作業場の濃度倍率と比べ、十分に大きいものを使用する。

二　面体等に供給する空気量の確保

・十分な防護係数を得るために空気供給量を多めにする。
・有害でない空気を供給するために、清浄空気供給装置等を使用する。
・ろ過フィルターの定期的な交換をする。

三　ホースの閉塞などへの対処
・たばねたホースを伸ばす過程でラセン状になったホースは給気が止まることがあるので、十分な強度のホースを使用する。
・監視者を配置し、ホースの折れ曲がり等が無いように監視させる。
・タイヤで踏まれないようにする。
・給気停止時の警報装置を設置する。
・ＩＤＬＨ環境（Immediately Dangerous to Life or Health：生命及び健康に直ちに危険を及ぼす環境）では、複合式を使用する。

四　作業時間の管理及び巡視
・長時間の連続作業を行わないように、時間制限を定め休憩をとらせる。
・夏季の船体の塗装区画内部等は、高温となり有害物質の蒸発量が増し、ばく露濃度が増大することに留意する。

五　緊急時の連絡方法の確保

・単独作業を行う場合は、緊急用のブザー等を備える。

六　使用方法に関する教育

・装着方法、密着性の確認方法の教育を行う。

複数の作業者が同時に送気マスクを使用して塗装作業を行う際には、監視者を置いて常に新鮮な空気量の供給が正常に行われているかを監視する体制が大切です。

5　保護帽

頭部を保護するための帽子は、広く一般的に保護帽といわれており、作業者の頭部を保護するための保護帽も、作業者用の保護具という観点から「保護帽」といっています。ＪＩＳなどでは「安全帽」ともいわれてきましたが、一般的には、法令で規定されている「保護帽」と呼んでいます。

この「保護帽」は、厚生労働省の「保護帽の規格」に適合し、型式検定に合格しているものでなければ使用することができないと定められています。したがって、労働安全衛生規則で、着用が義務付けられている作業場所で使用する「保護帽」は、検定合格標章が貼付されていなければなりません。

現在ほどではないにせよ、昔から高所での作業は行われてきており、保護帽は作業者の命を守る保護具として使用されてきました。保護帽の歴史を見てみましょう。

保護帽の変遷

一九一八（大正七）年	アルミニウム製安全帽　足尾銅山で使用
一九三二（昭和七）年	鉱山用保安帽（ファイバー製安全帽）製造販売
一九五一（昭和二六）年	フェノール樹脂（ベークライト）製安全帽製造販売
一九五三（昭和二八）年	「鉱山保安帽」ＪＩＳ Ｍ 七六〇八　制定
一九五四（昭和二九）年	ＦＲＰ製安全帽製造販売
一九五八（昭和三三）年	Ｍ 七六〇八「保安帽」と改称（昭和四五年廃止）
一九六〇（昭和三五）年	低圧ポリエチレン樹脂（ハイゼックス）製安全帽製造販売
一九六一（昭和三六）年	熱可塑性樹脂（ＰＣ、ＡＢＳ、ＰＥ）製安全帽製造販売
一九六四（昭和三九）年	ＪＩＳ Ｂ 九九〇七「乗車用安全帽」規格制定（昭和四五年廃止）
一九七〇（昭和四五）年	日本安全帽工業会　設立
	ＪＩＳ Ｔ 八一三一「保安帽」規格の改正・制定
	ＪＩＳ Ｔ 八一三四「荷役用安全帽」規格制定（昭和五二年廃止）
	ＪＩＳ Ｔ 八一三五「電気用安全帽」規格制定（昭和五二年廃止）

一九七二（昭和四七）年	ＪＩＳ Ｔ 八一三三「乗車用安全帽」規格改正 「絶縁用保護具等の規格」告示
一九七三（昭和四八）年	消費生活用製品安全法（通産省、製品安全協会）施行 乗車用安全帽（特定製品）、自転車用安全帽、野球用安全帽ほかスポーツ関連の安全帽などが認定製品として性能、安全基準が設けられ、Ｓ・ＳＧ商品（現在はＰＳＣ・ＳＧラベル貼付）として市場に出回る（同時期に道路交通法改正により、乗車用安全帽の着用が義務づけられる）
一九七四（昭和四九）年	「保護帽の規格」告示（厚生労働省）
一九七七（昭和五二）年	ＪＩＳ Ｔ 八一三一「安全帽」規格改正（Ｔ 八一三一、Ｔ 八一三四、Ｔ 八一三五の三規格を統合して、安全帽と改称）
一九八二（昭和五七）年	ＪＩＳ Ｔ 八一三四「自転車用安全帽」規格制定
一九九五（平成七）年	製造物責任法（ＰＬ法）施行
一九九七（平成九）年	ＪＩＳ Ｔ 八一三一「産業用安全帽」と改称（ＩＳＯと整合）
二〇一五（平成二七）年	ＪＩＳ Ｔ 八一三一「産業用ヘルメット」と改称

昭和初期、カッパ型の愛称で親しまれ、炭鉱・鉱山を中心にひろく愛用された。

写真2-18　鉱山用保安帽（ファイバー製安全帽）

カッパの愛称で親しまれた保護帽

わが国の保護帽の誕生は、一九三二（昭和七）年の鉱山用保安帽（ファイバー製安全帽、**写真2-18**）にまでさかのぼります。これは薬液に紙を浸して滲み込ませ、積層硬化（バルカナイゼーション）させたバルカナイズドファイバーという素材を用い、これに漆（うるし）を塗ってから型で抜いて、プレスして作ったものでした。水に触れると次第に膨潤してやわらかくなってしまいます。主に炭鉱や鉱山で使用されていたようです。重さは、わずか二三〇グラムで、頭部が波打っているため通気が抜群で、耐電性もあります。素材は紙なので、現在からみれば防護性能は低いものでしたが、使用済みになれば現場に捨てても問題がない環境にやさしい製品でした。

軽量で涼しいと好評であったが耐電性がないため、合成樹脂製に押されていった。

写真2-19　軽合金ヘルメット

軽量で涼しい軽合金製保護帽

戦後間もなく市場に登場したのが軽合金製の保護帽（写真2-19）でした。アルミニウムはそのままでは弱いので合金を使い、平板を一〇回以上もプレスしながら、次第にしぼって作成するものです。軽合金は軽量で涼しいという利点があり、また、経年劣化もなく、安定した材質として広く用いられました。軽合金製の保護帽は耐電性がないことが欠点で、次第に合成樹脂製の保護帽に押されていきました。軽合金製は、長く使える（リテイン）、リデュース）、材料として再利用しやすい（リサイクル）などから、最近では環境面で見直されるようになり、復活の兆しもあります。

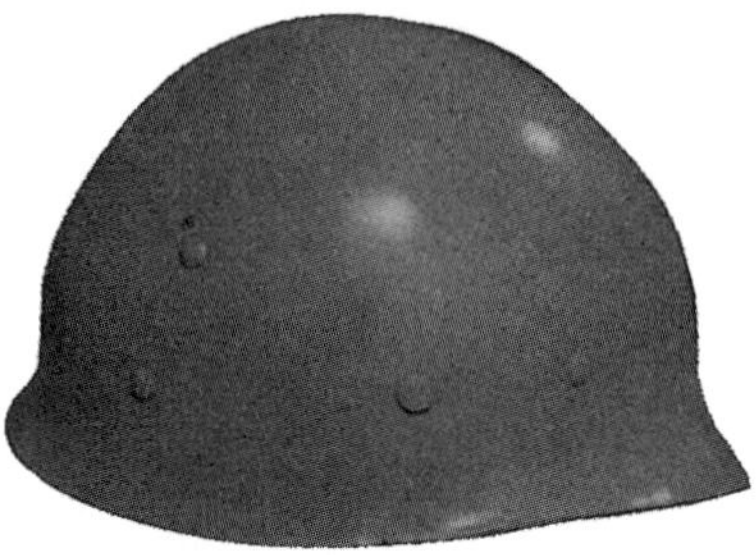

戦後、進駐軍が鉄兜の下に着用したものの放出品を洗浄・修理したもの。ここから、MP（ミリタリーポリス）型と呼ばれるようになった。

写真2-20　ベークライト製MP型ヘルメット

ベークライト（フェノール樹脂）帽

戦後、進駐軍がかぶっていた鉄かぶとには、中に内帽（ライナー）として、ベークライト帽（**写真2-20**）が着装されていました。これ自身にそれほど耐衝撃強度はありませんが、綿帆布に浸して重ねてゆくと、丈夫な材料になります。ベークライト（フェノール樹脂）は電気絶縁性が高く、比重も軽いので、電機部品に多く使われてきました。熱硬化性樹脂なので、水に触れても膨潤して軟化することがありません。

ポリエステル樹脂製保護帽

その後、ポリエステル樹脂とガラス繊維を合わせた材質であるＦＲＰ製（ファイバー・レインフォースト・プラスチック）の保護帽（**写真2-21**）

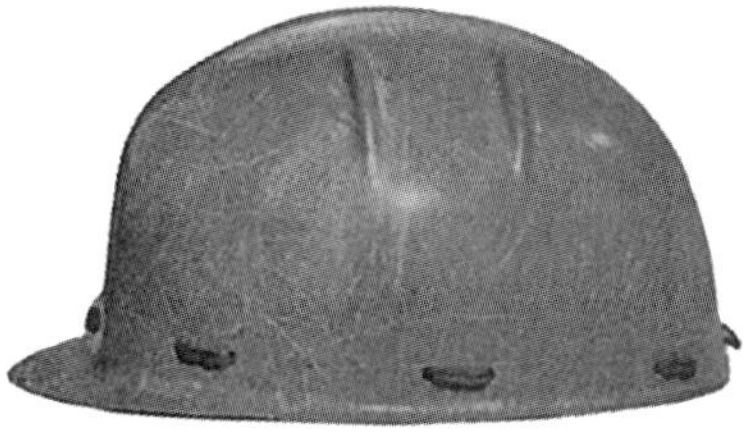

FRP（繊維強化プラスチック）は機械的強度に優れ絶縁性もある。以後、素材の主流となり現在に至る。

写真2-21　FRP ヘルメット

が開発されました。ポリエステル樹脂そのものにはそれほど強度はありませんが、ガラス繊維に浸潤させると強度が出て、最適な材質となります。熱硬化性樹脂で耐熱、耐寒性があり、電気的にも低電圧なら十分絶縁性があります。さらにＦＲＰは、化学的に安定しており、有機溶剤やガソリンなどにも強く、安心して表面加工ができます。そのため、自由に着色でき、保護帽にマークやネーム等を付けるのに大変便利な素材です。現在は保護帽の素材の主流となっています。カラフルな製品が多く登場しており、白地に絵を施したものまで売られています。

ポリエチレンなどの熱可塑性樹脂は、耐電性に優れ、軽量のため欧米でも普及している素材。以後、ポリカーボネート（ＰＣ）樹脂やＡＢＳなどの素材が使われ、これら熱可塑性樹脂製ヘルメットは、今や、熱硬化性樹脂ＦＲＰと双璧をなすほどに市場に浸透している。

写真2-22　ポリエチレン製保護帽

ポリエチレン樹脂製保護帽

ポリエチレンという樹脂は、塩化ビニルとともに世界で最も普及している汎用プラスチックです。すでに一九六〇（昭和三五）年にはポリエチレン樹脂製の保護帽（**写真2-22**）が市販されており、特に高圧の耐電性を求める事業所で使用されていました。耐候性が良くないといわれていたポリエチレンですが、改良を重ね、強度的にも十分に型式検定を超えるものとなりました。また、経年劣化しにくいことがわかり、広く普及するようになりました。

ポリエチレンは比重が大変軽く、耐電性にも優れており、溶剤にも格段の安定性を備えています。マークやネームを付ける印刷加工が難しいのが難点ですが、有機溶剤やガソリンなどに対しては大変強い性質を持っています。したがって、化学工場などで広く採用されています。

ＡＢＳ樹脂製保護帽

ＡＢＳという樹脂は、アクリルニトリル、ブタジエン、スチレンの共重合体です。成型の際の樹脂の流れがとてもよく、加工がしやすい素材であり、価格的にも比較的安いので、家電製品や自動車など広く用いられています。以前は耐候性が弱いのが欠点でしたが、最近はかなり克服されてきました。

表面が美麗で、加工もしやすいため、市場でも多く受け入れられています。また、大分軽くなっています。表に鋲の出ない作り方なので、高電圧用の耐電帽として使えます。ただし、有機溶剤やガソリンなどにやや弱いうえ、融点が高くないので、高熱作業などで用いると、変形するという事故も起きており、高熱環境には不向きです。

ポリカーボネート樹脂製保護帽

ポリカーボネートは、強度が大変強く、無色で透明度が高いのが特長です。分子量が大変大きく、それが強度の高い理由ですが、成型する際には流れが悪くて作りにくいのが欠点です。

　この樹脂が、保護帽の材質として市場に登場したのは一九六三（昭和三八）年頃で、表面が美しく、内装を付ける鋲や紐が表面に出ていないことが市場に大きな衝撃を与えました。

　強度、耐電性が十分で、耐候性でもＡＢＳ樹脂にくらべ、より安定した実績を示しています。透明性が高いのを生かして、広い視野を確保できる、つばだけを透明にした製品も見られます。

　さらに透明性と高い強度を生かして、めがねやシールドなどにも広く用いられています。

保護帽の種類

　災害から作業者を守る保護具には、危険の種類に応じた十分な性能がなければなりません。作業者が現場で使用している保護帽については、国が一定の基準に基づいた検定（型式検定）を行っています。

　国の基準では、災害の種類に応じて、保護帽を以下の三つの用途別に分類しています。
①　物の飛来・落下によるけが　↓　飛来落下物用保護帽

表2-12　保護帽の種類

使用区分	構 造	機 能
飛来落下物用	帽体、着装体及びあごひもを持つもの	上方からの物体の飛来又は落下による危険を防止又は軽減するためのもの
墜落時保護用	帽体、着装体、あごひも及び衝撃吸収ライナーを持つもの	墜落による危険を防止又は軽減するためのもの
飛来落下物用、墜落時保護用兼用	帽体、着装体、あごひも及び衝撃吸収ライナーを持つもの	上方からの物体の飛来または落下による危険、墜落による危険を防止又は軽減するためのもの
電気用	定められた耐電圧性能を有し、容易にずれ、又は脱落しない構造のもの	頭部感電による危険を防止するためのもの

②　墜落・転落によるけが　→　墜落時保護用保護帽

③　感電　→　電気用保護帽

こうした災害が起こる恐れのある作業では、国の基準を満たした製品（型式検定合格品）を、きちんと使用しなければなりません。

市販されている保護帽の多くは、**表2-12**に示した複数の用途を兼ね備えています。購入する際には、必ず製品に貼ってあるラベル（型式検定合格標章、**図2-20**）で用途を確認し、作業に適した性能を備えた保護帽を選ぶ必要があります。

飛来落下物用は、頭頂部の衝撃に対する性能を重視し、墜落時保護用は前頭部及び側頭部の衝撃に対する性能を有し、兼用型は両者の性能を有しています。

労（平29・7）検	
検定合格番号	(1)H2698(2)H2699
製造者名	○○○○㈱
製造年月	29・10
(1)飛来・落下物用(2)墜落時保護用	

図2-20　型式検定合格標章の例

実際の作業現場では、飛来落下物用の着用が義務付けられている場所でも、倒壊物による危険、あるいは転倒や転落等の危険があります。このような場合には、飛来落下物用、墜落時保護用兼用を着用しましょう。感電防止のための電気用保護帽も作られていますが、多くは上記の保護帽に感電防止の機能を備えた製品が市販されています。

「衝撃吸収ライナー」の威力

保護帽には、内側に発泡スチロールでできた半球状の部品が入っているものがあります。これは、「衝撃吸収ライナー」（以下、ライナー）と呼ばれるもので、墜落した時に頭部に加わる衝撃をやわらげるための部品です。

このライナー付きの保護帽と、ライナーなしの保護帽とで、衝撃荷重を測定・比較した実験結果があります。これは、一メートルの高さからダミー人形の頭を落として、頭

写真2-23　衝撃荷重値の測定風景

にかかる衝撃荷重値を測定（写真2-23）したもので、まず保護帽をかぶっていない時の衝撃荷重は一六・七キロニュートンでしたが、ライナーなしの保護帽をかぶったものは一一・八キロニュートン、ライナー付きの保護帽をかぶったものは四・七キロニュートンと、大きく低減されました。

したがって、建築・土木作業の現場では、ライナーが付いている保護帽を使用しなければなりません。飛来落下物用には、この部品は付いていません。

発砲スチロールの衝撃吸収ライナーが暑苦しい！

墜落時保護用にはライナーが具備されていなければならないことになっており、その材質は「発泡スチロールと同等又はそれ以上」と定められています。発泡スチロール（発泡ポリスチレン）は軽くて衝撃

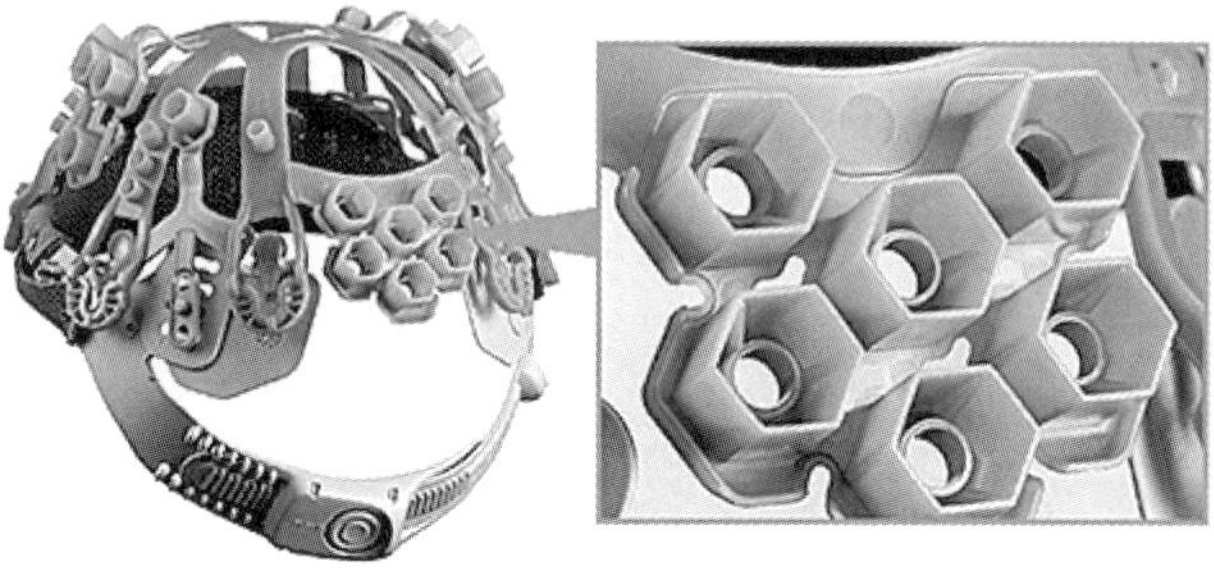

写真2-24　六角柱と円柱の衝撃吸収体を一体成形した新しい内装体：谷沢製作所製

（写真提供：㈱谷沢製作所）

吸収性能が高いという優れた特長があり、これを凌ぐ材料はなかなか見つかりませんでした。同時に作業者からは「ライナーが暑苦しくて蒸れる」という声が上がるようになりました。発泡スチロールが保護帽の帽体と人間の頭との間の狭い空間のほとんどを埋めてしまうため、通気性が悪くなり、ヘルメット内部の蒸れを生む大きな要因となります。また、暑苦しいため、作業者が勝手にライナーを外したりするようなケースも見かけました。

二〇一四（平成二六）年、蒸れの原因になる発泡スチロールの代わりに、六角柱と円柱の衝撃吸収体をプラスチック製の内装体に一体成型してライナーとした内装搭載の保護帽（「エアライト」谷沢製作所）が開発、発売されました（**写真2-24**）。

この保護帽の特長は「涼しさ」で、従来品に比べて温度上昇が遅く、さらに風が当たると、速やかに温度が下がります。真正面から秒速一メートルの風を送った時（時速三・六キロメートルの歩行相当）、帽体内頭頂部の風速を測定すると、従来の発泡スチロール製ライナーが入った商品の場合は秒速〇・一五メートルだったのに対し、新しい内装体では秒速〇・八メートルと、空気の流れが良いことが証明されました。

プラスアルファの機能

現在、保護帽の基本的な性能である耐貫通性や衝撃吸収性、難燃性などを備えたうえで、さらにさまざまな機能を加えた製品が市販されています。

屋外で長時間作業を行う職場では耐候性の優れた材質のもの、油、化学物質などを使用する職場では耐化学物質性に優れた材質、また雨降りのなかでの作業では帽体の周囲に雨垂れよけの溝付きのものや、目の前で作業する場合にはひさしの短いデザインのもの、透明なシールド面が付いたもの（**写真２-25**）もあります。

保護帽も材質、デザイン、機能面等、多くの異なる種類が作られていますから、作業条件、環境条件等を考慮して選定することが重要です。

写真2-25　多機能性（シールド面付き）保護帽

プラスアルファとして加えられている機能には、次のようなものがあります。

① 脱げ防止

保護帽は、「いざ」というときに脱げてしまっては、その役目が果たせません。従来のあごひもを改良し、さらに脱げにくくするため、あごひもの留め具のロック機構や耳ひもの位置・形状などさまざまな工夫がされています。

② 後頭部保護

墜落・転落した時には、後頭部を打つことが多いので、後頭部を保護するのに適した形をしています。

③ 蒸れ防止

保護帽に穴をあけ、保護帽の中に空気が流

写真2-26　最近の多機能性（通気孔付き）保護帽。通気孔があるため、長時間装着しても蒸れにくい

れるようになっています。（写真２－26）。

保護帽の正しい着用方法

保護帽は正しく着用することが大事です。着用方法が誤っていると保護帽としての性能を発揮することが出来ません。職場でよく見られる誤った装着例は以下のとおりです。

① かぶり方

頭の上にちょこんと乗せるようにかぶったり、後ろに傾けてかぶる、あみだかぶり（写真２－27）。このようなかぶり方では、ちょっとしたはずみで保護帽が脱げてしまいます。真っ直ぐにかぶることが大切です。

② ヘッドバンドの調節

ヘッドバンドのサイズを調節しないで着用

している場合が、しばしば見受けられます。ヘッドバンドは、各人の頭の大きさにフィットするよう調整するためのもので、これを怠ると脱げやすくなるなど正しい装着ができません。調節部が二重になっているものは、両方の大きさを調整する必要があります。

② あごひも

脱げ防止のためには、あごひもをきちっと留めることが必要ですが、暑苦しい、うっとうしいということでゆるめていたり、前のひさしの部分に掛けているものが見受けられます（**写真2－28**、**写真2－29**）。あごひもをきちんと締めていないと衝撃を受けた場合、あるいは転倒・墜落した場合に保護帽が脱げて重大な傷害を受けることになります。

保護帽も作業に合わせて適正に選定し、正しく装着（**写真2－30**）することにより、万が一の場面において保護帽の役目を果たすのです。ただ、頭にのっていればいいわけではないことを作業者に教育することが重要です。

保護帽は、使い続けていると、劣化したり、傷が生じたりします。そのような保護帽は、そのまま使用することは厳禁で、交換等の措置をとる必要があります。次に示すのは、保

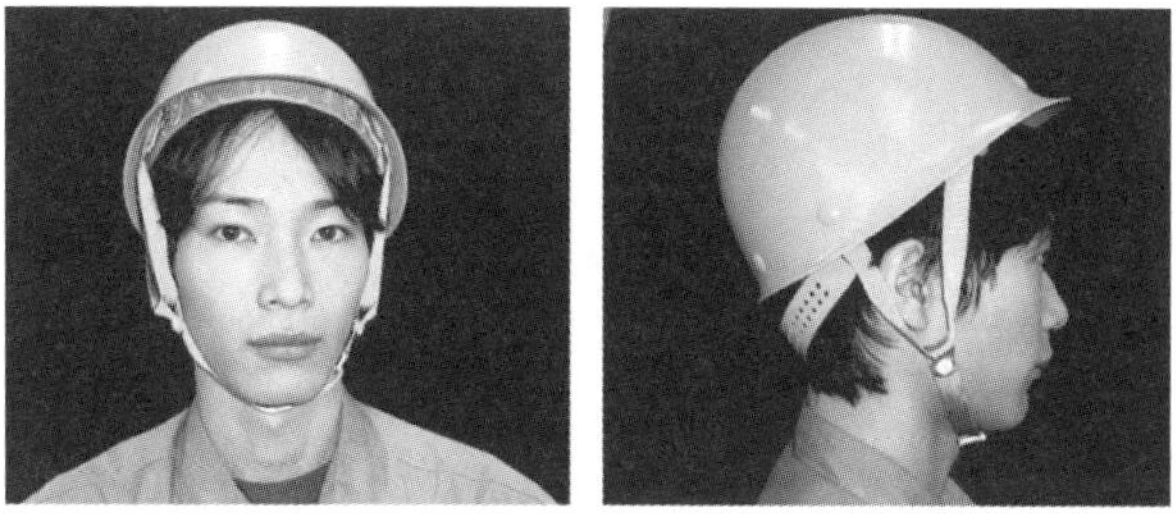

写真2-27　保護帽の悪い装着（あみだかぶり）

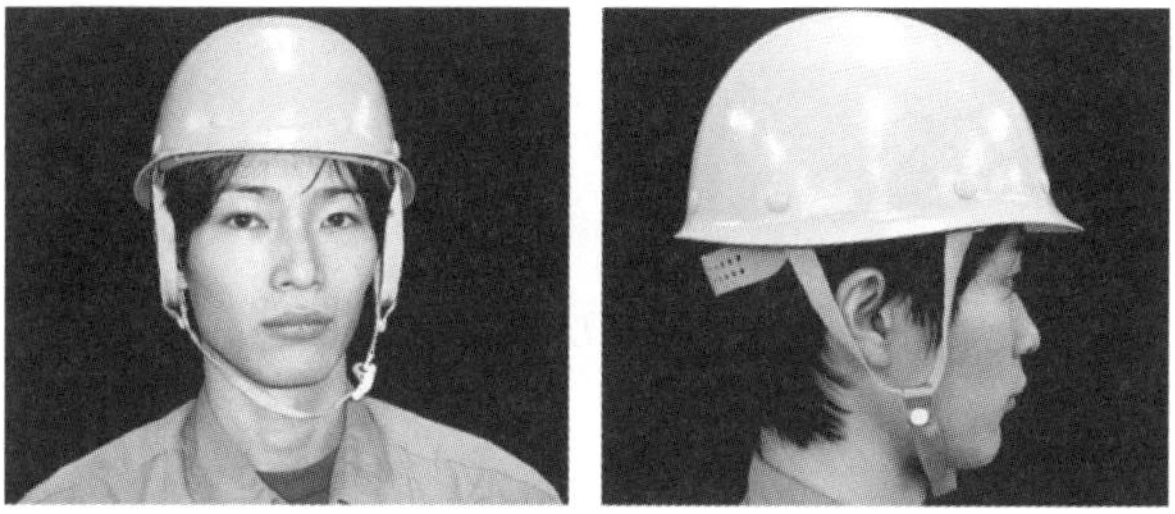

写真2-28　保護帽の悪い装着（あごひもをゆるめている）

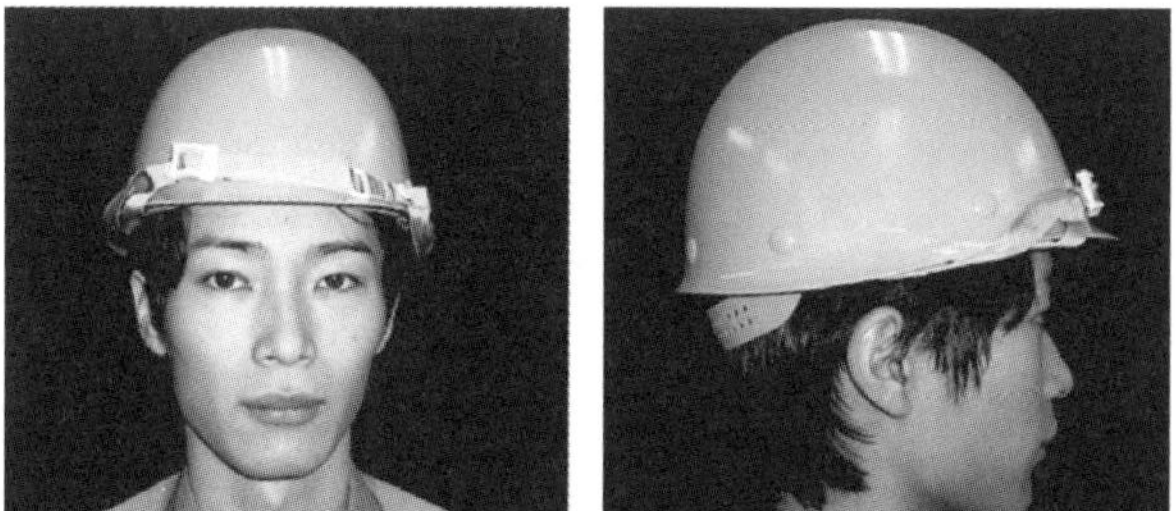

写真2-29　保護帽の悪い装着（あごひもを締めていない）

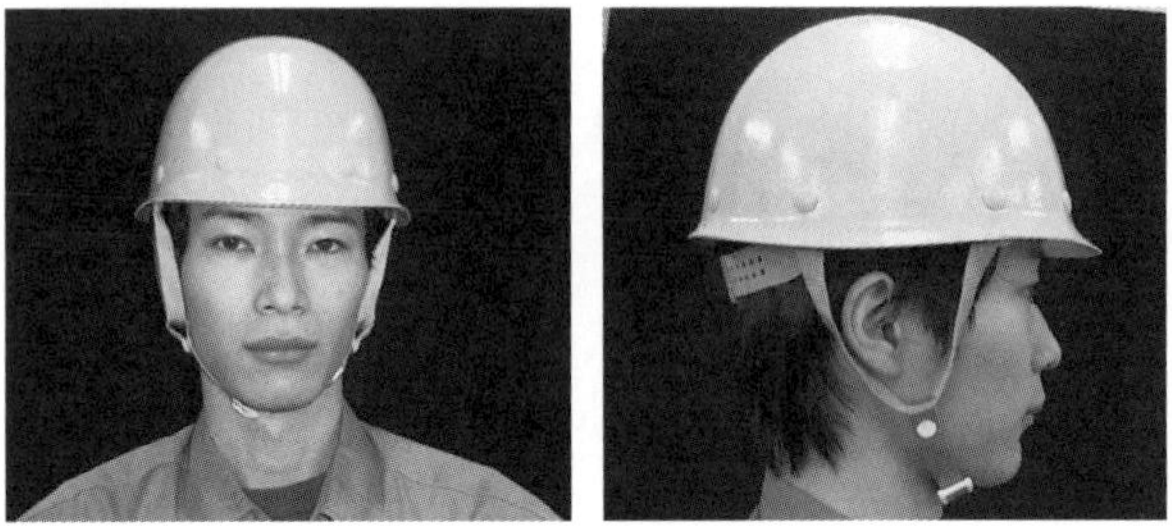

1　ヘッドバンドを正しく調節
2　真っ直ぐに深くかぶる
3　あごひもをきちんと締める

写真2-30　正しい装着

護帽を点検する際のチェックポイントです。

毎日の作業を始める前に、これらをポイントとして保護帽を点検しましょう。

保護帽点検・二〇のチェックポイント（ミドリ安全㈱『保護帽カタログ』より）

(1)　帽体（樹脂製）

①　縁に欠損又は亀裂があるもの
②　衝撃の跡が認められるもの
③　すりきずが多いもの
④　汚れが著しいもの
⑤　メーカーがあけた以外の穴があいているもの
⑥　ガラス繊維が浮き出しているもの（FRP製）

⑦　着装体取付部に亀裂があるもの
⑧　著しい変色が認められるもの
⑨　帽体と着装体の取付部に破損・滅失等があるもの
⑩　変形しているもの

(2)　着装体・あごひも
①　使用者が改造したもの
②　環ひもが伸びたり著しく汚れているもの
③　縫い目がほつれているもの
④　ヘッドバンドが損傷しているもの
⑤　汗、油等によって著しく汚れているもの
⑥　あごひもが損傷したり著しく汚れているもの
⑦　ハンモックが損傷しているもの

(3)　衝撃吸収ライナー
①　熱、溶剤等によって変形しているもの
②　著しく汚れているもの

③　きず、割れが著しいもの

また、一度でも大きな衝撃を受けた保護帽、あるいは改造された保護帽は、たとえ外観に異常がなくても交換する必要があります。このほかに、充電電路を取り扱う活線作業や活線近接作業時に使用する感電防止のための「電気用保護帽」は、六カ月に一回、耐電圧性能の検査を行うことが義務付けられています（労働安全衛生規則第三五一条）。

日本ヘルメット工業会では、プラスチックの基本性能をもとに、保護帽の交換時期の目安を示しています。交換時期の目安は以下のとおりです。

○ポリカーボネート、ＡＢＳなどの熱可塑性樹脂製の帽体　三年以内
○ＦＲＰなどの熱硬化性樹脂製の帽体　五年以内
○保護帽の中に取り付けられている着装体　一年以内

折りたたみ式の保護帽の開発

（株）谷沢製作所より新しい保護帽「Crubo」が開発、市販されました（**写真2－31**）。防災用を中心に開発された折りたたみ式の保護帽ですが、保護帽の規格「飛来落下用及び墜落

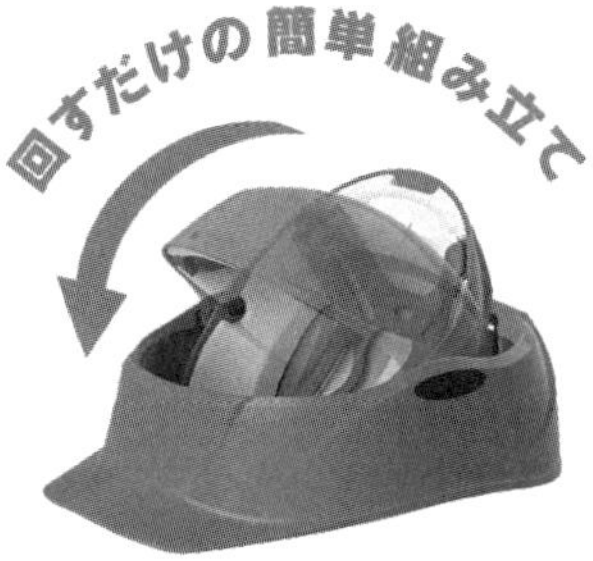
回すだけの簡単組み立て

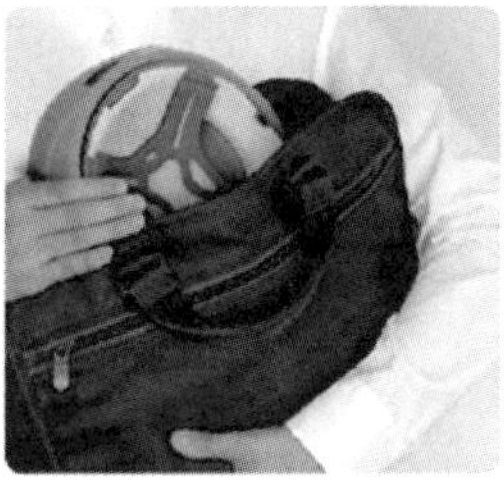

携帯しやすい極薄設計

本棚ピッタリサイズ

3 カチッと鳴るまで
回転させて完成です。
2 前方のフチを押し
回転させてください。
1 ヘッドバンドを
下げてください。
カチッ
押す

組み立て方

写真2-31　折りたたみ式保護帽「Crubo」（谷沢製作所）

（写真提供：㈱谷沢製作所）

時保護用」の国家検定合格品です。

折りたたむと極薄のため、Ａ４の狭いスペースに保管可能であり、いざといった時にはすばやく組み立てることができます。さらに、ヘッドバンドの取り付け位置を変更するだけで、頭位サイズを変更でき、子供から大人まで使用可能です。

今後、大地震などによる自然災害も危惧されています。事務所や一般家庭にも必要な保護具と思われます。

6　保護めがね

保護めがねの変遷

保護めがねは、紫外線や赤外線などの有害光線、粉じんなどの飛来物、レーザー光線などから目を守るために使われている保護具です。古くは昭和初期から終戦時（一九二五（大正一四）年頃～一九四五（昭和二〇）年頃）にかけて、当時の満州国での黄砂対策として、セルロイドの枠にガラスレンズを入れた防じんめがねが多く使われました。また、軍需用として航空機パイロットや戦車隊向けに、フレームの顔に当たる部分が布製でガラスレンズを入れた防じんめがねが多く使われていました。次ページに、その後の保護めがねの変遷を記します。

保護めがねの種類と特徴（図２−21）

①　めがね形（スペクタクル形）

主に正面や側面からの飛来物などから目を保護するために使用します。一眼、二眼の形式とサイドシールド（側板）のあるものとないものがあります。

保護めがねの変遷

一九四五（昭和二〇）年	戦後産業の復興に伴い、遮光めがねや保護めがねの需要が増える。
一九五二（昭和二七）年	「遮光保護具」ＪＩＳ Ｂ 九九〇二が初めて制定される。
一九五五（昭和三〇）年	強化ガラスレンズを入れた保護めがねが発売される。
一九六五（昭和四〇）年	硬質プラスチックCR三九レンズを入れた保護めがねが発売される。
一九七〇（昭和四五）年	ＪＩＳ改編に伴い、「しゃ光保護具」ＪＩＳ Ｔ 八一四一が制定される。
一九七一（昭和四六）年	「強化ガラスレンズ入り保護めがね」ＪＩＳ Ｔ 八一四六が制定される。
	曇り止めレンズ入りゴグルが発売される。
一九七二（昭和四七）年	「硬質プラスチック入り保護めがね」ＪＩＳ Ｔ 八一四七が制定される。
一九七六（昭和五一）年	ポリカーボネート樹脂にハードコーティングを施したレンズ入り保護めがねが発売される。
一九八一（昭和五六）年	プラスチック製ＪＩＳ遮光レンズが発売される。
一九八五（昭和六〇）年	国産初レーザ光用遮光メガネが発売される。
一九八九（平成元）年	「産業用ゴグル形保護めがね」ＪＩＳ Ｔ 八一四八が制定される。
一九九四（平成六）年	「レーザ保護フィルタ及びレーザ保護めがね」ＪＩＳ Ｔ 八一四三が制定される。 ※ＪＩＳ Ｔ 八一四六、八一四七、八一四八はその後改定により統合され、保護めがねＪＩＳ Ｔ 八一四七として制定された。

ポリエチレン製フレームにガラスレンズ入りの遮光めがね。当時は丸レンズの遮光めがねが主流であった。

四つ目防じんめがねと呼ばれたゴグルタイプ。レンズはガラス製で折りたたむことができ、コンパクトに収納できた。

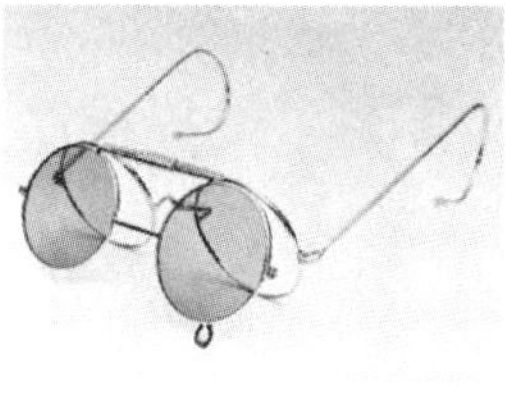

金属フレームに丸レンズ（45mm径）の入った遮光めがね。

航空機のパイロットが使っていたことで航空防じんめがねと呼ばれたゴグルタイプ。レンズはガラス製、フレームの顔当たり部分は起毛のベッチン布製。

めがね形状に側板（サイドカバー）の付いた形状の保護めがね。

ゴム枠にスポンジを接着したゴグルタイプ。現在流通しているゴグルと形状はほぼ同じ。

写真2-32　1970年ごろのカタログより

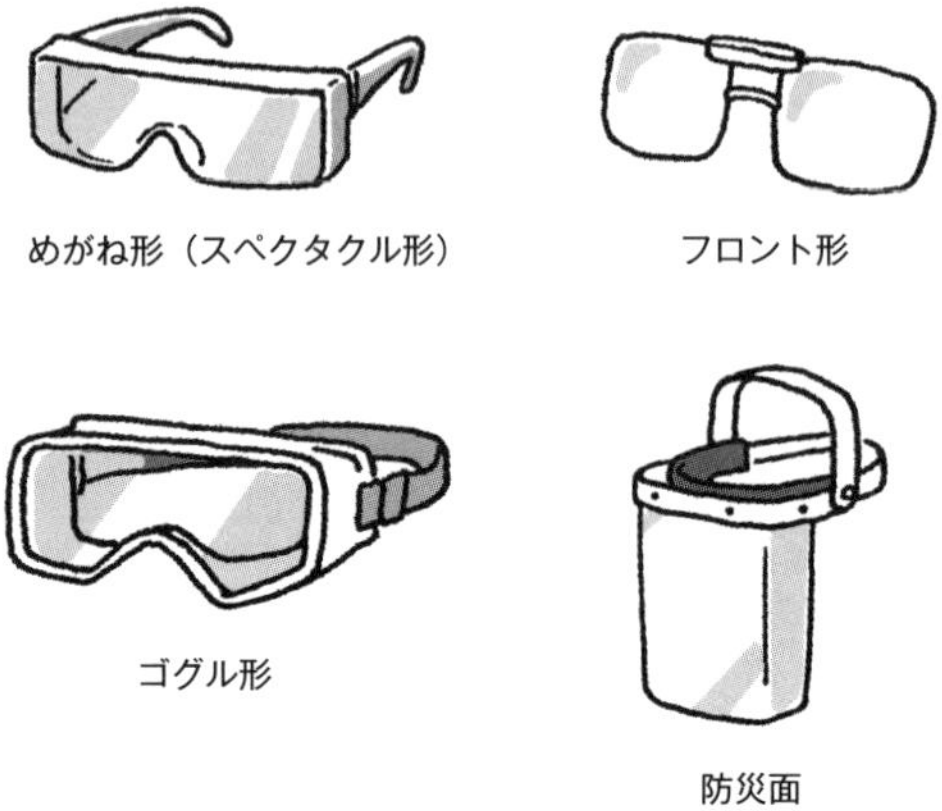

図2-21　保護めがねの種類

② フロント形

めがねの前部に取り付けて使用します。自分のめがねを保護することも重要です。自分のめがねより少し大きめが良く、軽作業における粉じん、飛来物用のめがねとして適しています。

③ ゴグル形

枠とアイピース（ゴグルのレンズはアイピースという）には、さまざまな材質があり、使用目的に合わせて選択することが大切です。ゴグルは密着度が高いので、アイピースができるだけ曇らないものを選ぶ必要があります。

④ 防災面

目を保護する前に顔全体を保護します。強

度には限界があります。

保護めがねのフレームの素材にはプラスチックとメタルがあり、レンズの素材もポリカーボネートや強化ガラスなどがあります。

作業者は自分の顔に合った保護めがねを選ぶことが大事です。この際、人の顔が左右対称でないことを考慮しなくてはなりません。多くの人は、鼻の中央から左右の目の瞳孔の中心までの距離や、左右の耳の位置が違います。そのため、スペクタクル形のめがねを選定する際には、鼻のあたりの部分とつるの合わせ方をうまく行い、ぐらつかないようにかけることが必要です。

めがねを正しく装着するためには、鼻と両耳の三点で均等に支えます。最近では、鼻部の圧迫を少なくし、鼻と耳にかかる重さの調節が可能な鼻のあたりの部分調整や、つるの長さを顔に合わせたり、レンズの角度を調節する機能がついているものもあります。

こうした機能や装着感の向上を目指すことは、保護めがねの装着率を上げることにつながり、保護具の目的にもかなう、望ましいことといえます。

サイドシールド付きでレンズはポリカーボネート製

金属片、あるいはコンクリート片などの飛来物から目を守るために保護めがねを選ぶ時は、以下の二点に気を付ける必要があります。

まず、事情が許す限り「サイドシールド付きのめがね」の使用を心掛けるべきです。目の災害のほとんどは、横の隙間から異物が侵入して被災しています。これは、金属などの飛来物に限らず、塗料などの薬品の飛沫、溶接作業時に発生する有害光線（紫外線、赤外線など）も同様に横から侵入して被災します。サイド、あるいは上下の隙間をふさぐためにさまざまな工夫を凝らしためがねが市販されていますが、サイドシールドだけは必須条件です。そして、ＪＩＳマークの入ったレンズを必ず選ぶことです。レンズが割れていたり、傷がついていては、目を守るどころか、かえって目を傷めてしまうことにもなりかねません。ちなみに、現在市販されているレンズの中で最も耐衝撃強度が強いのは、ポリカーボネートをベースにしたプラスチックレンズです。

また、矯正用の度付きめがねを掛けている人も多いと思いますが、そのような方は、「ゴグル」あるいは「オーバーグラス」（**写真2-33**）をめがねの上に掛ける必要があります。度付きめがねのレンズには、作業用として使うには強度が十分でないものもあるからです。

フレーム幅調整、テンプル角度調節が５段階可能でフィット性能が高いオーバーグラス。

レンズには衝撃性能の高い成型レンズを採用。顔当たり部には柔らかいエラストマークッションを採用し、フィット感の良いゴグル。

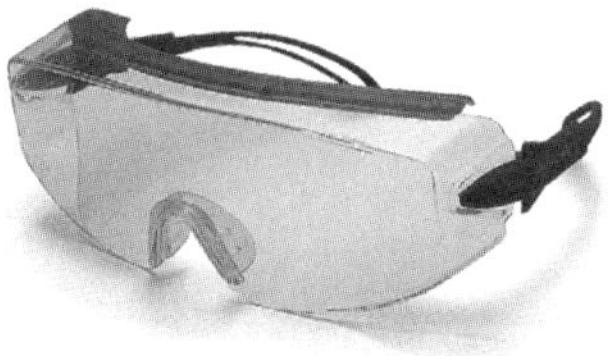

ソフトタッチのひさしが付いたオーバーグラスタイプ。

過酷な環境下でも曇りに強いVFコートレンズ使用。ロックレバーを回して外すだけでレンズ交換可能。

モダン部曲調整可能でいろいろな顔面にフィット。耳部の痛みを緩和、こめかみの圧迫を軽減するなど、人間工学を追及したメカニズム。

ナイロン製フレームで熱、薬品に強い。コンパクトなアイカップでスタイリッシュな遮光めがね。

写真2-33　最近の保護めがね

（写真提供：山本光学㈱（上段）、㈱理研オプテック（中段）、㈱トーアボージン（下段））

レンズはキズをつけないよう丁寧に取り扱いましょう

レンズを磨く時は、キズをつけないために表面についた異物をまず水で洗い落とし、それから柔らかい布などで拭きます（自然乾燥しなければならないものもあります）。また、保護めがね等を置くときはレンズやアイピースが下にならないようにし、保管、収納は必ず専用のケースを使うなど、キズをつけないよう注意します。眼病の予防のため、ときどきアルコールで拭いて消毒することも求められます。

なお、フレームやレンズ・アイピースが強い衝撃を受けた場合や、洗っても落ちない汚れやキズ、亀裂、ガタツキなどの異常がある場合、また新品時にはなかった違和感を感じた場合などは、新しいものに交換することが必要です。

7　防音保護具

防音保護具の種類

防音保護具とは、強烈な騒音を発する作業場で、作業者の聴覚障害を防止するために使用する保護具です。防音保護具には、「耳栓」と「耳覆い（イヤーマフ）」があります。

耳栓とは、外耳道に挿入することにより騒音を遮音する構造の保護具です。日本工業規格として低音から高音まで遮音するＪＩＳ第一種型と、主として高音を遮音し、会話域程度の低音を比較的通すＪＩＳ第二種型があります。ＪＩＳ第二種型は、耳栓をしても会話がある程度可能ですが、会話域の周波数騒音が大きい作業場では、十分な遮音効果を期待できないことになります。

耳覆い（イヤーマフ）は、耳全体を覆うことにより遮音する保護具で、硬質プラスチックのカップで耳殻の外から覆う構造になっています。

次ページに、防音保護具の変遷を示します。

防音保護具の変遷

一九五五（昭和三〇）年

ＪＩＳ Ｂ 九九〇四「防音用耳せん」が制定された。

一九六六（昭和四一）年

グラスファイバー（繊維の太さは木綿わたの一〇分の一）製の耳栓（イヤーテックス）が市販された。遮音効果は一五から二〇デシベル程度であった。

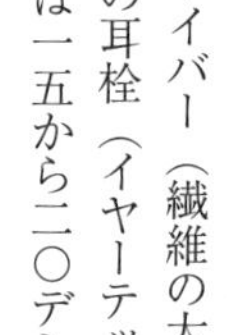

イヤーテックス

一九六九（昭和四四）年

塩化ビニール製の労研（労働科学研究所）式耳栓が各種作られた。この当時に大きさの異なる同一耳栓が作られていたことは驚きである。

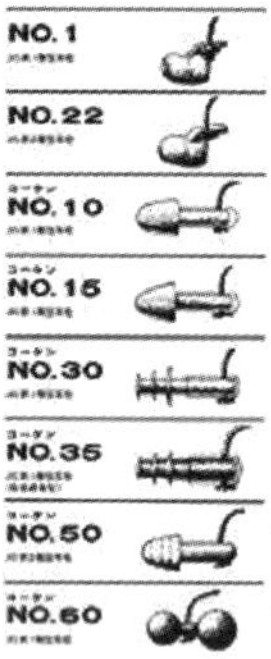

労研式耳栓

一九七〇（昭和四五）年

保安帽に取り付けたイヤーマフが開発された。

サカヰ式イヤーマフ
EM-300型

防音頭巾サカヰ式Ａ型
頭部全体を遮音性能の高い発泡体で覆い、さらに耳覆いの部分は特殊遮音板を芯にした発泡体で被覆してあり、高い遮音性能を発揮した。

一九七四（昭和四九）年	ＪＩＳ Ｔ 八一六一「防音保護具」が制定され耳覆いが含まれた。
一九八七（昭和六二）年	折りたたみ式のイヤーマフ（ベルターイヤーマフ）が市販された。
一九九四（平成六）年	ウレタン製のスポンジタイプの耳栓が市販された。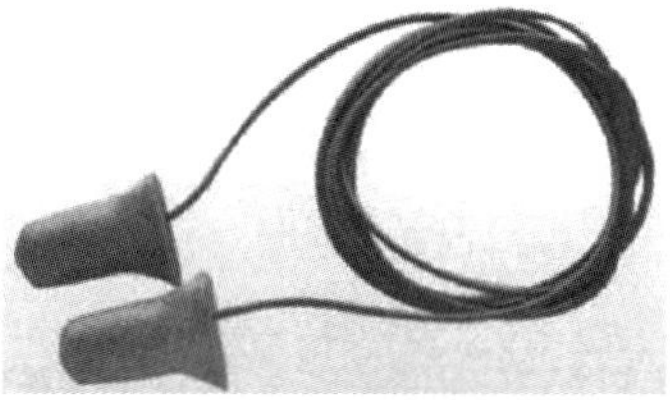

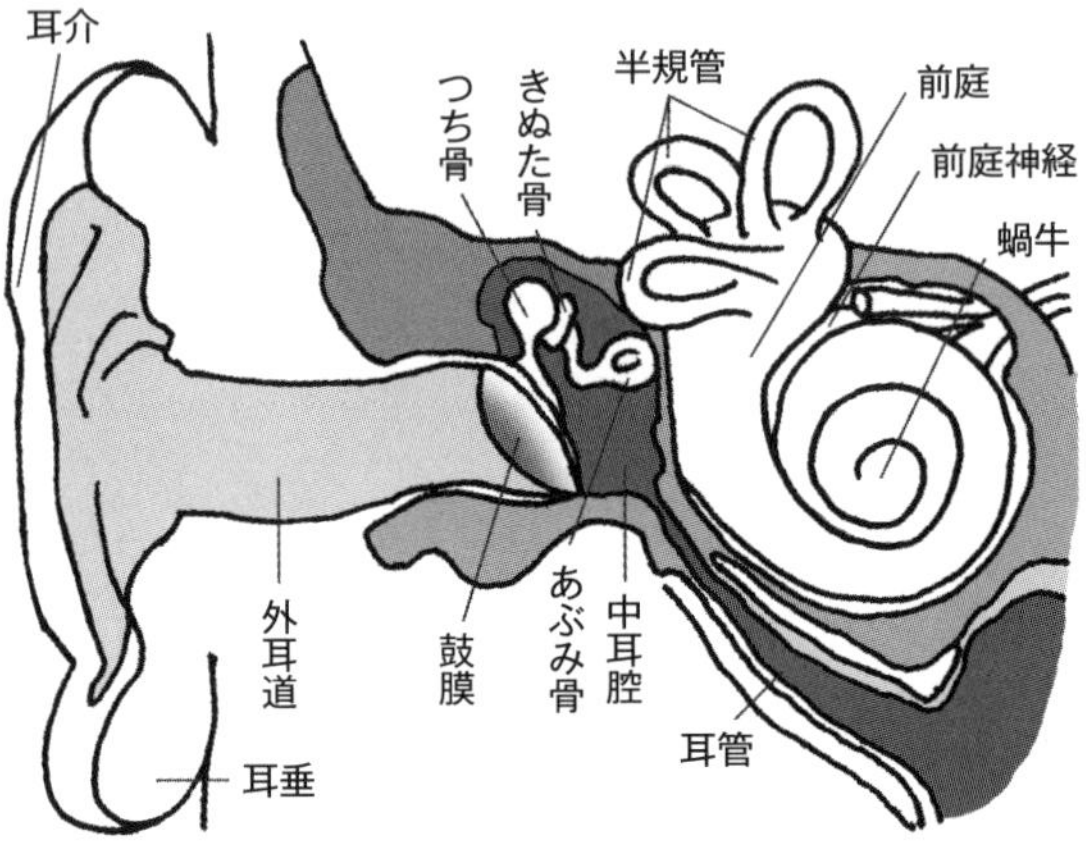

図2-22　耳の構造

耳の仕組み

よく「耳」と呼んでいるのは、顔の両側にある「耳介（じかい）」という部分で、これは複雑な構造をもつ耳全体のごく一部にすぎません。

耳は外耳、中耳、内耳の三つの部分に分けることができます（図2-22）。外耳は耳介、外耳道、そして鼓膜からできています。鼓膜の奥にある小さな部屋を中耳といい、三個の小さな骨（つち骨、きぬた骨、あぶみ骨）があり、鼓膜の振動を内耳へと伝えます。耳で一番複雑で大事な役割を果たすのが内耳で、音を聴くための蝸牛（かぎゅう）と、体のつりあいをとる前庭と半規管の三つの感覚器が隣り合っています。耳介によって集められた音の波が外耳道を経て鼓膜に達すると振動します。鼓膜の振動は、中耳にある三つの骨によって、てこの原理で強められ内耳に伝えられ、内耳では、音はリンパ液の振動に変えられ、さらに電気信号に変換され、聴神経を経由して大脳へと伝えられ、そこではじめて音として理解されます。

騒音性難聴

騒音レベル〔単位　デシベル（dB)。騒音レベルが一〇デシベル増すと約二倍の大きさに聞こえる〕が八五デシベル（すぐ近くにいる仲間にさえ大声で話しかけなければ伝わらない状況）を超える職場で長年働いていると、回復が難しい騒音性難聴に罹ることがあります。騒音性難聴は、最初耳鳴りがおこり、周波数〔単位　ヘルツ（Hz）で一秒あたりの振動数〕の比較的高い音四〇〇〇ヘルツあたりから聴力が低下し、進行するにつれて二〇〇〇～六〇〇〇ヘルツの高音域が次第に障害を受けます。さらに進むと中音域、低音域に広がり、会話（五〇から二〇〇〇ヘルツ程度）が聞き取りにくくなります。音楽は変調されて、かつ聞こえにくくなります。最初の段階では、人の話している声（五〇〇ヘルツから二〇〇〇ヘルツ）は聞き取れるため、難聴が進行していることに気づかないことが多くありま

表2-13　防音保護具の種類と遮音値（JIS T 8161）

	種類	記号	周波数(Hz)						
			125	250	500	1000	2000	4000	8000
耳栓	1種	EP-1	10dB以上	15dB以上	15dB以上	20dB以上	25dB以上	25dB以上	20dB以上
耳栓	2種	EP-2	10dB未満	10dB未満	10dB未満	20dB未満	20dB以上	25dB以上	20dB以上
耳覆い		EM	5dB以上	10dB以上	10dB以上	25dB以上	35dB以上	35dB以上	20dB以上

す。

難聴を予防するためには、以下のことが大切です。

①　音源の密閉化など労働衛生工学による騒音対策を実施。

②　改善までの応急措置として日本工業規格（JIS規格）に適合する防音保護具（表2-13）を使用する。

③　防音保護具を適正に装着する。

④　健康診断で聴力検査を受ける。

「形が決まっている耳栓」と「形が変わる耳栓」

耳栓は、一定の性能を満たしたものでなければ、難聴の予防には使えません。最近は、安眠や精神集中のための耳栓が販売されていますが、遮音性能等から保護具には適していません。もちろんプールに入る時に使う耳栓では、難聴を予防する効果は期待できません。

耳栓は、形状から大きく二つのタイプに分けられます。塩化ビニル樹脂でできた形が決まっている耳栓と、グラスウールあるいはウレタンフォームでできた形が変わる耳栓です。

形の決まった耳栓はふつう、メーカーでは同じ形状でもいくつかの異なった大きさの耳栓を製造しています。ですから、必ず何点かサンプルを取り寄せ、作業者それぞれが装着をして自分の耳に合ったものを選ぶことが大切です。

形の変わる耳栓は、細く棒状にして耳に入れると、三〇秒から六〇秒ぐらいかけて緩やかに膨張し、耳の穴を塞いでくれます。形の決まった耳栓に比べ、耳の形状により適合するため、遮音効果も期待できます。

耳栓の装着には反対側の手が重要!?

ある工場へ「保護具の取り扱い」について講演するため訪問したところ、工場長以下、一〇〇名の管理職が集まりました。すべての作業者は保護帽に同じ種類の耳栓を取り付けていましたので、耳栓の正しい装着の仕方を尋ねたところ、全員教わったことはなく、ただ耳の穴に押し込む感じで挿入しているといいます。いくら優れた遮音能力の耳栓でも、

図2-23　正しい耳栓の装着

適切な大きさの物を選び、正しい着け方を守らなければ、耳栓の効果が発揮されません。

耳栓の効果をあげるためには、図2-23のように入れる耳とは反対側の手で耳たぶをひっぱり上げ、耳の穴をまっすぐにしてから耳栓を挿入します。これは、耳の穴は曲がっているため、まっすぐにして、かつ、耳の穴を広げた状態にしているのです。

形の変わる耳栓は、着用後、耳の中で膨らむまで一分ぐらい経過してから現場に入るようにします。

耳栓は、皮膚に密着するものですから、汚れた手で触らずに、常に清潔にしておく必要があります。形が決まっている耳栓は、使用後は石鹸水、アルコールなどで汚れを落とします。形の変わる耳栓は、材料の特性上洗うことができないため、「使い捨て」になります。このため、どちらも着脱の際には必ず手を洗うなど、清潔を保つ配慮を常に心掛けます。これを怠ると、不衛生になるばかりでなく、すぐに膨らまなくなり、交換の頻度が増すことになります。

耳栓チェッカーで装着のチェック

適切な耳栓を正しい方法で装着したとして、はたして、耳栓の効果が現れているかどうか確認する方法があるのでしょうか？——この疑問に答える装置が開発され、実際に使われています。「耳栓遮音効果測定装置」（略して「耳栓チェッカー」）で、特別な遮音装置がついた部屋ではなくて、静かな事務室内等において測定が可能です（**写真２-34**）。

耳栓チェッカーは被験者にヘッドホン（遮音カップ）を装着してもらい、ヘッドホン内のスピーカーより一〇〇〇、二〇〇〇あるいは四〇〇〇ヘルツの断続的な純音レベルを選択することができ、その音を徐々に減少させ、続いて増加させて聞かせるものです。被験者は音が聞こえている間は応答ボタンを押し続け、聞こえなくなったら離します。この時の純音レベルより最小可聴音量が計算されます。そして耳栓未装着時と装着時の最小可聴音量の差が耳栓による遮音値として左右の耳別に自動的に表示されます。

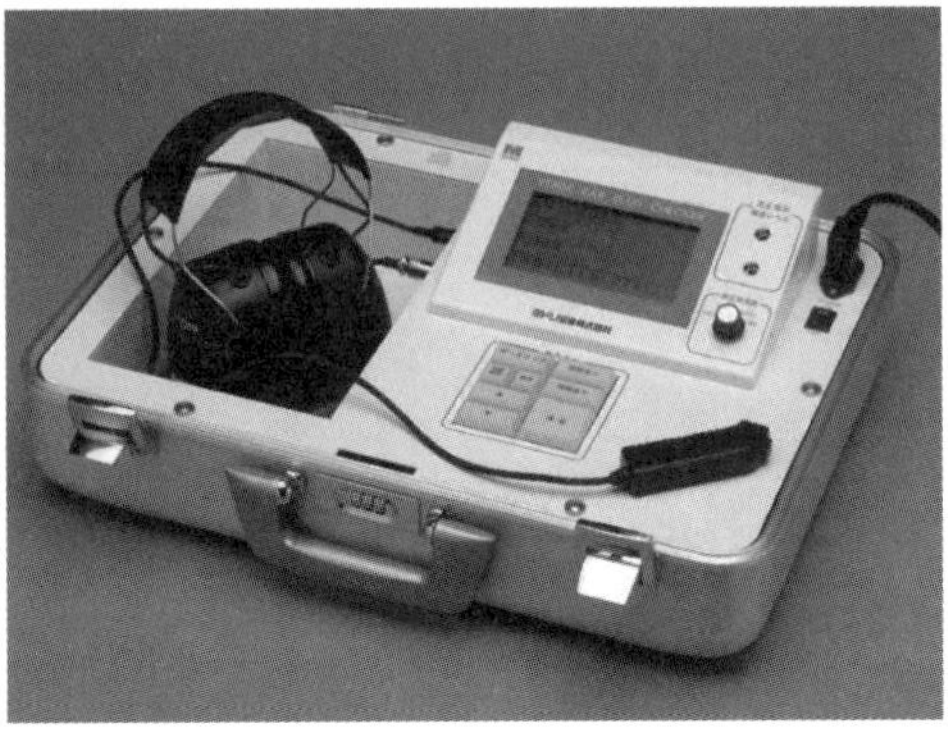

写真2-34　耳栓チェッカー（ミドリ安全(株) Verde Ear Plug Checker）

（写真提供：ミドリ安全(株)）

耳栓の遮音値測定例

ある産業医が聴力検査を行う際、作業者に通常使用している耳栓を装着させ、本装置の一号機（リオン製ＡＧ－20）で二〇〇〇ヘルツにおける耳栓の遮音値を測定した結果、図2-24のようになりました。一六七名の作業者のうち、遮音値が二五デシベル未満の作業者が三一パーセントおり、これらの作業者を対象に装着の教育、あるいは耳栓の変更を行い、全員が二五デシベル以上になりました。その時、数名の作業者からは、「日頃装着が不十分でないかと気にしていたのが、この装置を用いることにより数値で示され、さらに、正しい装着方法の指導を受けられてよかった」と好評でした。

作業現場において、騒音は有害物質によるばく

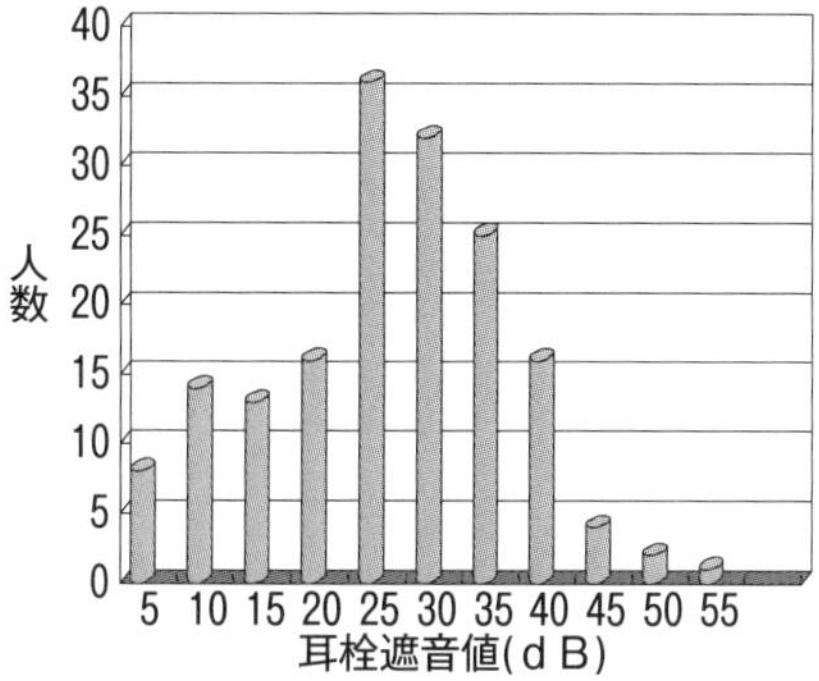

図2-24　作業者における耳栓の遮音値

露と比べ軽視されがちですが、これらの装置を利用して作業者の耳栓装着による遮音効果を測定してみてください。

そして、呼吸用保護具と同様、耳栓も作業者に合ったものを選定し、さらに装着について教育、指導を行うことで初めて保護具としての役目をなすものであることを作業者に理解してもらう必要があります。

8　安全帯

安全帯は古くは「命綱」と呼ばれ、文字どおり作業者の命を守る道具です。高所や不安定な足場上での作業など、建設現場は常に墜落・転落の危険にさらされていますから、災害を防ぐために安全帯は保護帽とともに欠かせない保護具です。

労働安全衛生法では、作業者に高さが二メートル以上の場所で作業をさせる時に着用させなければならないとしています。

安全帯の変遷

わが国では安全帯は、柱上で体を預けて使用する柱上作業用（U字つり柱上安全帯）と、一本つり用の胴ベルト型安全帯が、各々独自に発達してきました。

安全帯に関する規格類は、一九六四（昭和三九）年に制定されたＪＩＳ規格をはじめ、一九七五（昭和五〇）年に告示された労働省（現 厚生労働省）の「安全帯の規格」及び、一九七七（昭和五二）年に刊行された産業安全研究所の「安全帯構造指針」によって整備され、メーカーはこれらの規格類に基づいて製造することにより、安定した品質の安全帯を市場に供給できるようになりました。しかし、それ以後の素材の進歩や用途範囲の拡大等で、多くの種類の安全帯が製品化されましたが、これらは当時の安全帯の規格に適合していないため、すべて労働省（現　厚生労働省）の「安全帯の規格」第一一条に基づき、「規格適用除外認定品」として販売せざるをえませんでした。また日本人の体格向上や国際規格（ＩＳＯ）との整合性の問題等もあり、これらの諸事情に対応すべく一九九九（平成一一）年に産業安全研究所（現 独立行政法人労働者健康安全機構　労働安全衛生総合研究所）の「安全帯構造指針」が改定されました。

二〇〇二（平成一四）年には厚生労働省の「安全帯の規格」も二七年ぶりに改定されました。その内容は、これまでの胴ベルト型安全帯のほかにフルハーネス型安全帯が新たに規定されたことや、墜落阻止時の衝撃吸収性能を向上させたことが最大の特徴となっています。フルハーネス型安全帯は、腿・肩等を保持し、墜落阻止時の衝撃を分散することで、人体への負担を少なくしています。

二〇一二（平成二四）年には、「安全帯」と「柱上安全帯」のＪＩＳ規格が、ＪＩＳ Ｔ八一六五に統合されました。

1961（昭和36）年頃、柱上作業に用いられていたもの。麻ロープを扁平に編み込み、腰の部分に当て端を結んで使用していた。墜落防止用ではなく、作業姿勢の保持が目的であった。

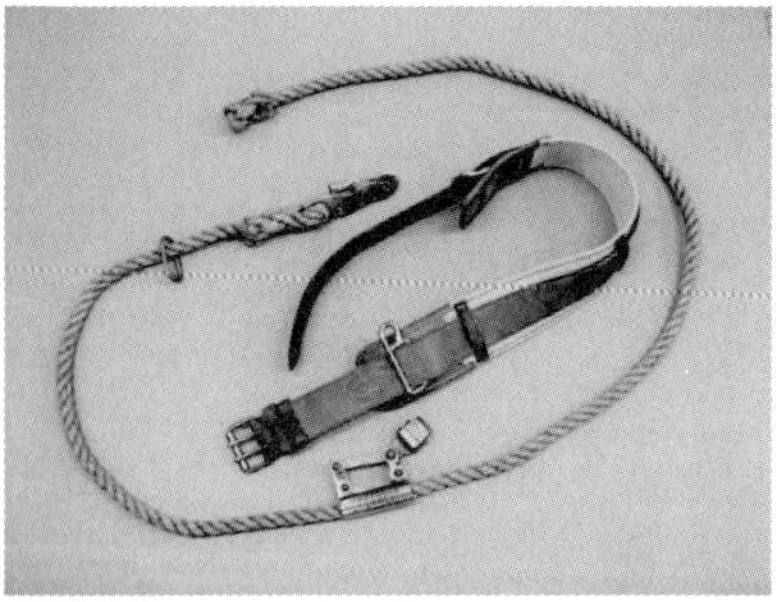

1963（昭和38）年頃の柱上安全帯。伸縮調節器を採用したもの。ロープはまだ麻ロープ、ベルトは綿でできていた。衝撃吸収性はもちろん、強度面にも問題があると思われる。

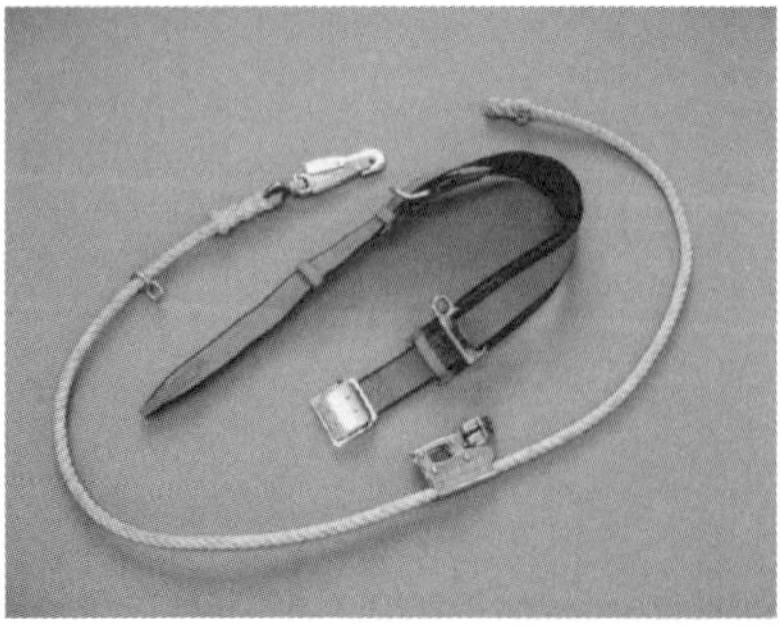

1966（昭和41）年頃の柱上安全帯。この頃よりベルト・ロープがナイロン製となり、衝撃吸収性や強度について改善された。

写真2-35　安全帯の歩み(1)

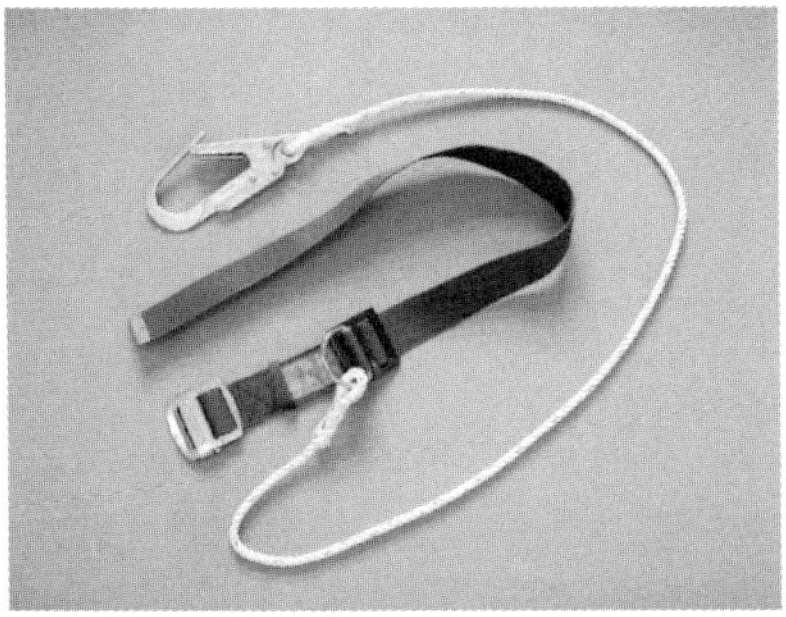

1975（昭和50）年頃の一般用安全帯。二重安全装置の大口径フック付のもので、現在主流の安全帯の原形となったもの。φ48.6の単管に直接掛けられ、使いやすくなった。

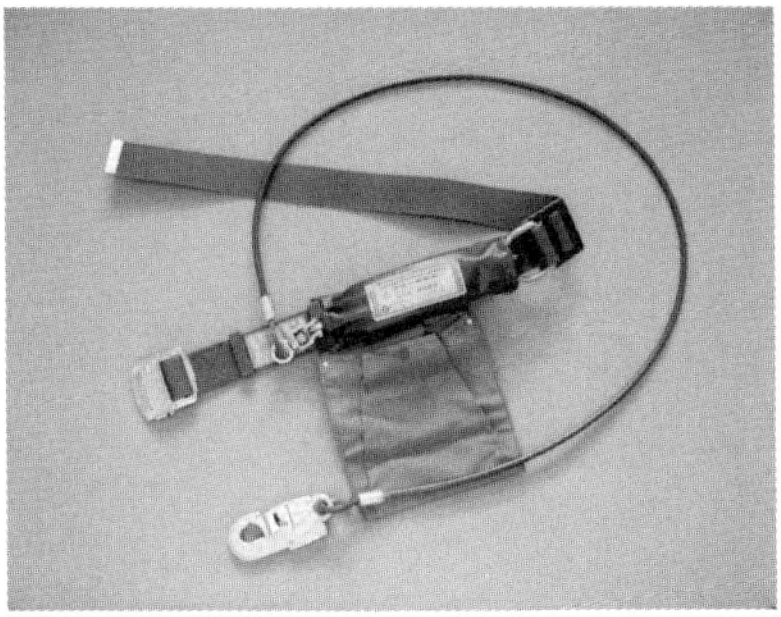

1979（昭和54）年頃の安全帯。ショックアブソーバー（衝撃吸収器）付き。この頃より衝撃吸収性を向上させるなど、より安全性を求める動きが顕著になってきた。

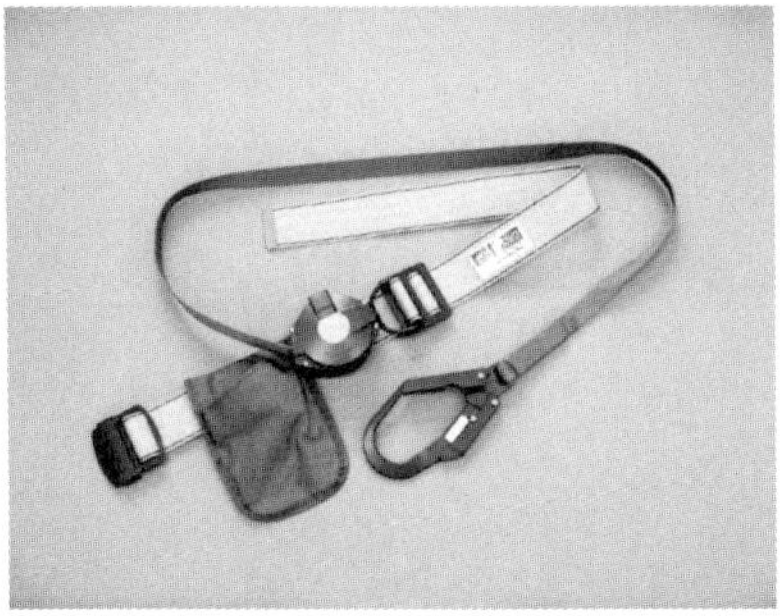

1991（平成3）年頃の安全帯。ロック装置がついた巻取り装置。落下距離を最小限にして、下部の構造物等にぶつかる二次災害を防ぐとともに、人体に掛かる衝撃も少なくなるような対策がとられている。

写真2-36　安全帯の歩み(2)

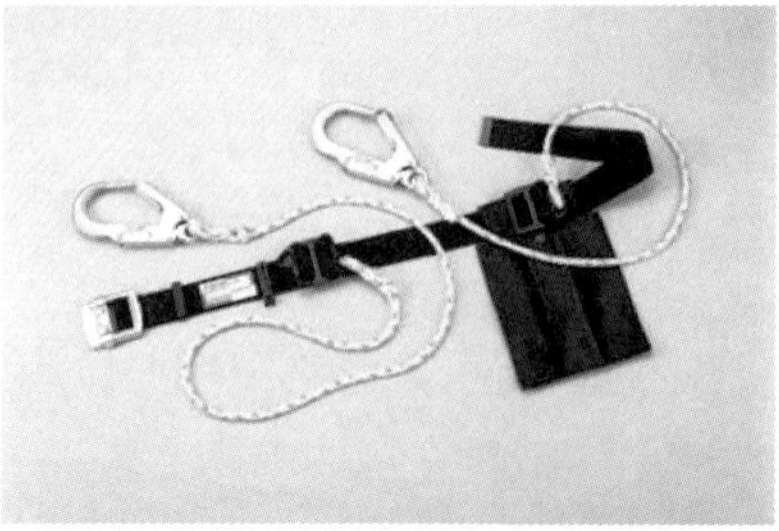

2002（平成14）年の常時接続型。通称二丁掛け安全帯（一本つり専用）。フックの掛け替えが必要なとき、一方のフックを先に掛けた後もう一方のフックを外す（絶えずどちらかのフックが掛かっている）。

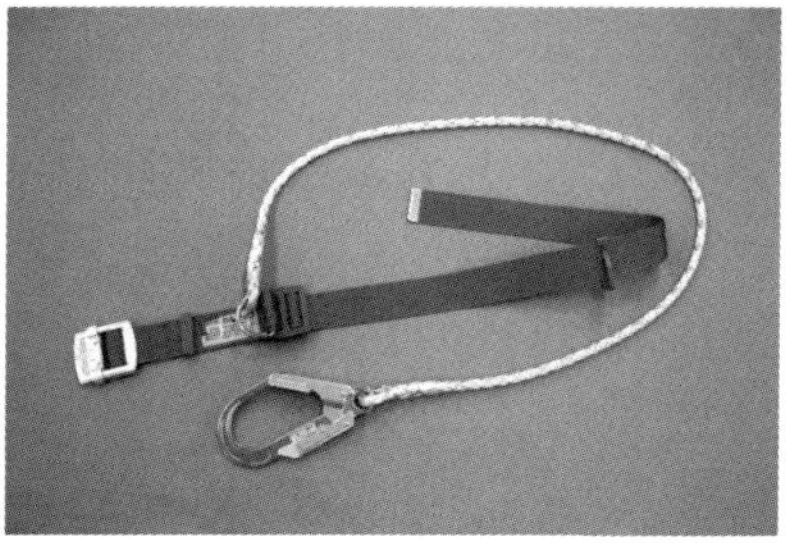

2005（平成17）年のアスベスト対策用安全帯。ロープはウレタンコーティング、ベルトは樹脂コーティングにより繊維に粉じん等が入りにくくなっている。

写真2-37　安全帯の歩み(3)

装着時前面

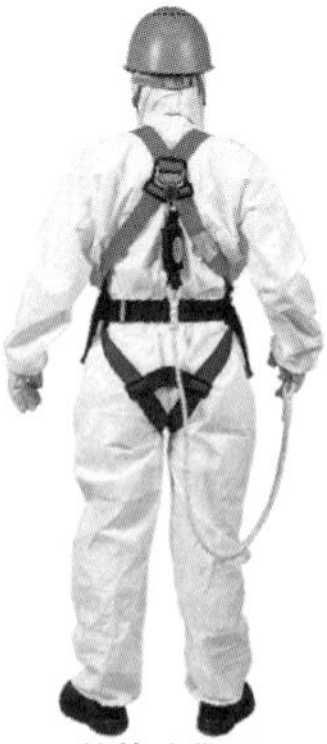

装着時背面

写真2-38　フルハーネス型安全帯

安全帯は、着用者の墜落を阻止できる十分な強度を持っていなければならず、さらに、墜落した場合の大きな衝撃を人体に伝えないための「衝撃吸収性能」も、安全帯の大切な機能です。ロープの長さや構造などは、これらの大切な性能を満たすために、きちんと設計されています。したがって、勝手に改造したり、異なる製品の部品を流用することは絶対にしてはいけません。

フルハーネス型安全帯（**写真2-38**）は、墜落阻止時に加わる大きな衝撃の力を胴ベルトや腿ベルト、肩ベルトなどに分散させるので、安全性が高いと言われています。

安全帯の正しい選択

安全帯は、必ず「安全帯の規格」に適合したものを選定しなければなりません。また、種類によって構造・機能が異なりますので、作業内容に合ったものを選定する必要があります。

安全帯の正しい装着

安全帯も他の保護具と同様に必ず取扱説明書に従って装着することが大切です。

一本つり専用安全帯を装着する時の注意すべき主なポイントは次のとおりです。

① 胴ベルトを手順に従って締めているか。

② 胴ベルトは腰骨の上で締めているか。

③ 墜落時の衝撃による背骨への負担を軽減させるため、ベルトとロープを接続するD環あるいはリールの位置を身体の横、あるいは斜め後ろにくるように装着しているか（胴ベルト型）。

④ 身体に合わせて、各ベルトの長さを調節し、ゆるみやねじれのないように装着する（フルハーネス型）。

⑤ ランヤードのフック等を背部のD環に確実に取り付けてから、ハーネスを装着する（フルハーネス型）。

⑥ 装着後、地上で実際に体重を掛けて、各部に異常がないことを確認しているか。

（参考：藤井電工㈱取扱説明書）

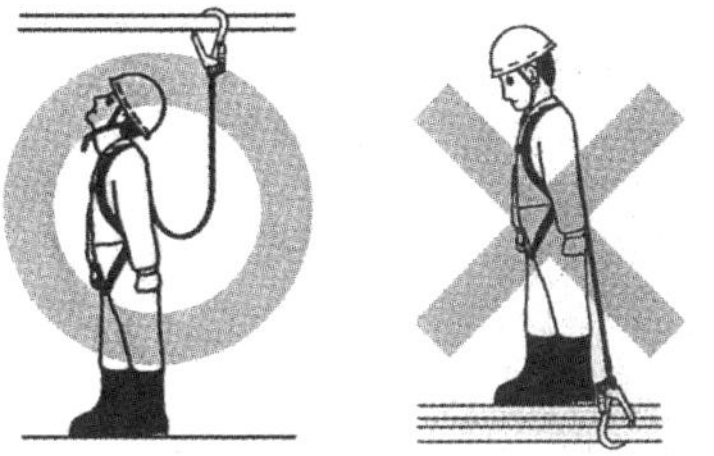

（出典：藤井電工㈱取扱説明書）

フックの位置	衝撃荷重値
腰より上方 1.0mに	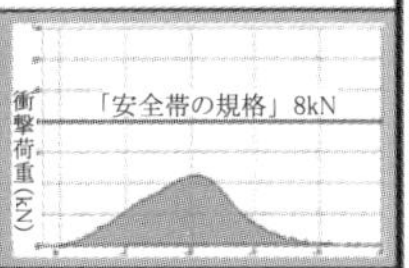
腰の位置	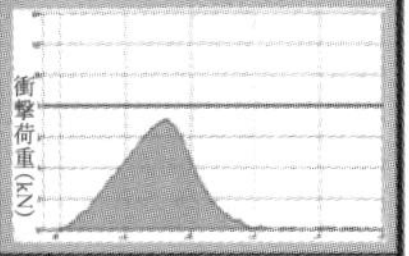
腰より下方 1.0mに	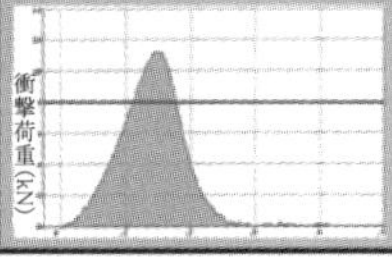

（データ提供：藤井電工㈱）

図2-25　フックは腰より上部に取り付けましょう

フックの取付け高さによる衝撃荷重の違い

フックの取付け位置が低くなると衝撃荷重値は大きくなります（図2-25・右）。特にフックを足元（腰より下方一・〇メートル）の位置に取り付けると「安全帯の規格」を大きく超える荷重が作用します。

フックの取付け位置が高くなると衝撃荷重値は小さくなります。それ故、フックの取付け位置を腰より高い位置に取り付けることにより、腰への衝撃荷重値を下げることになります。

安全帯の正しい使用

安全帯の種類によって異なる場合があるので、必ず自分が使用する安全帯の取扱説明書に従うことが必要です。以下は使用する時のチェックポイントの一例です。

① フックを取り付ける対象物は、フックが外れたり、抜けたりする恐れのないもので、墜落阻止時の衝撃に十分耐えられるか。

② ロープが鋭い角に触れないようにしているか。

③ フックを取り付ける位置は、腰ベルトより上方で、できるだけ高い位置を選んでいるか。（安全帯のフック取り付け位置は衝撃荷重値に大きく影響します。安全帯のフックの取り付け位置が高くなると衝撃吸収荷重値は低く、フックの取り付け位置が低くなると、衝撃吸収荷重値は高くなります。）

④ 墜落して振り子状態になった時、物体に衝突しないような場所にフックを取り付けているか。

⑤ 垂直・水平親綱の一スパンを利用する作業員は、必ず一人にしているか。

⑥ 一度でも強い力を加えた安全帯は、使用をやめて廃棄しているか。

⑦ 作業中にロープを使用しない時は、適切に収納しているか。

安全帯の正しい点検

日常点検は、必ず自分の使用する安全帯の取扱説明書に従って実施します。そして、交換が必要な場合は直ちに新しいものと交換します。ロープが収縮したり硬化すると、強度、衝撃吸収性能などの性能が低下します。取扱説明書に記載してある耐用年数に達した時に、新しい安全帯と交換するためには、使用開始年月がわからなくてはなりません。記憶に頼らず、胴ベルトのバックル縫製部にある記入欄に、使用開始年月を記入しておくことが必要です。

フルハーネス型安全帯の荷重分散

（公社）日本保安用品協会発行「安全の証明　ハーネス型安全帯を使用しよう‼」）

墜落阻止時の荷重分散を検証するため、墜落阻止時に加わる衝撃荷重測定システムの開発により、墜落阻止時に身体の主要部（腿・肩部）に加わる荷重測定を行いました（用いた落下体の質量八五キログラム）。

この結果より、フルハーネス型安全帯は、身体の主要部分（肩・腿部）に衝撃荷重が分散されるので、身体に優しい安全帯ということができます（図2-26、図2-27）。

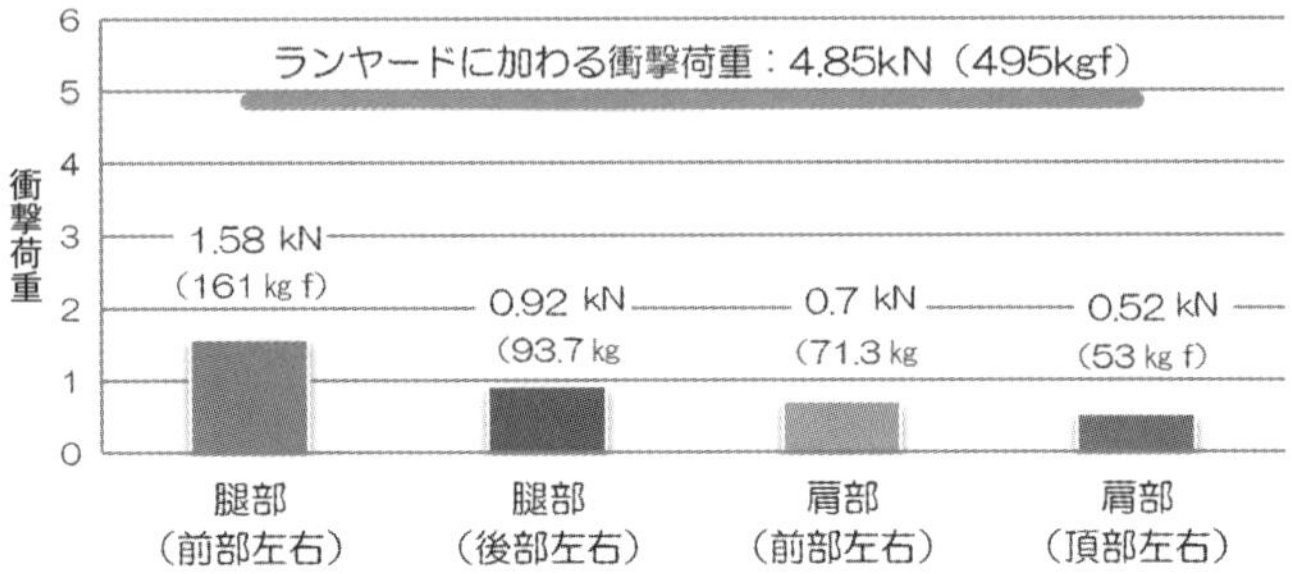

注：測定結果の値は、主要部位のみに加わった最大荷重を測定したものです。そのため、測定値の総和は衝撃荷重（4.85kN）に比べ低くなります。

図2-26　トルソー各部とランヤードに作用する衝撃荷重

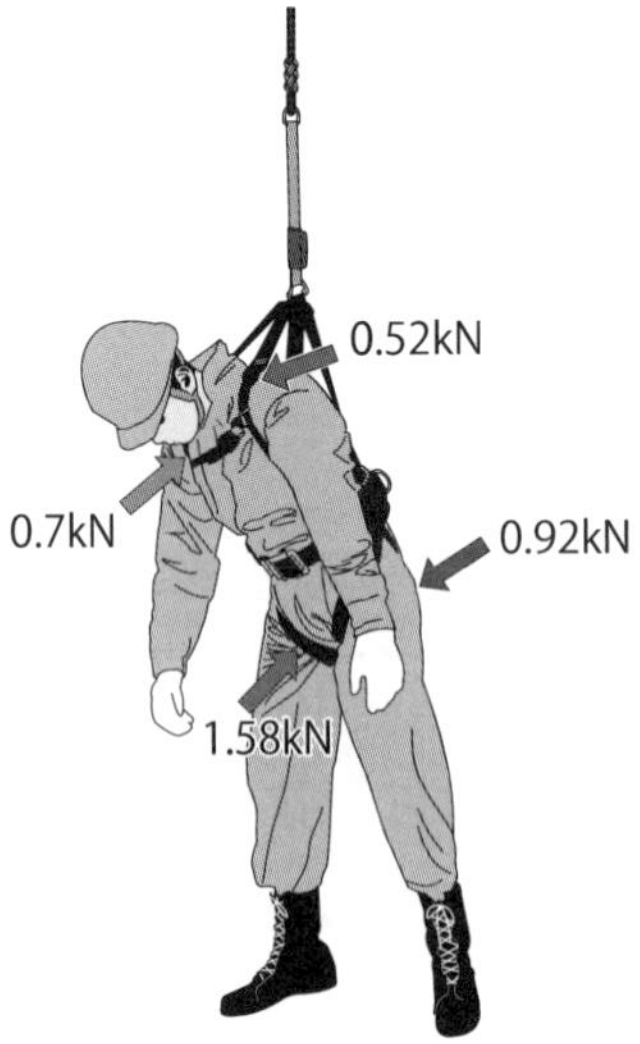

図2-27　試験結果を身体に置き換えたイメージ図

（図2-26、2-27　出典：（公社）日本保安用品協会『安全の証明 ハーネス型安全帯を使用しよう!!』より）

ショックアブソーバの有効性

（藤井電工（株）よりデータ提供）

体重が一〇〇キログラム以上の人の場合には、墜落時の衝撃力がかなり大きくなるため、必ずショックアブソーバー（衝撃吸収器（図2-28））付きの安全帯を使う必要があります。

ランヤード長さ、落下高さがほぼ同じであれば、落下時のエネルギーも同じとなります。図2-29のように、ショックアブソーバは作用時間を長くすることにより最大衝撃荷重を低減させています。

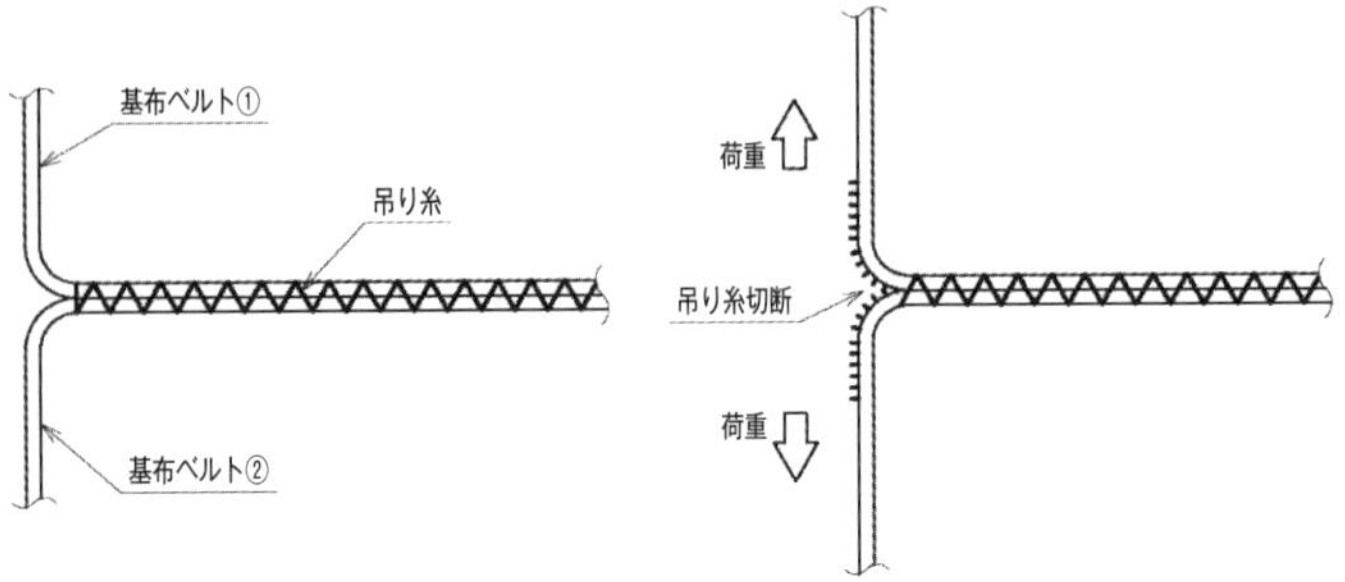

ショックアブソーバの代表的な構造は、２枚の合わせた基布ベルトを吊り糸で接合したものであり、その吊り糸の切断（解離）によって衝撃荷重を緩衝します。

図2-28　ショックアブソーバの構造と機構（例）

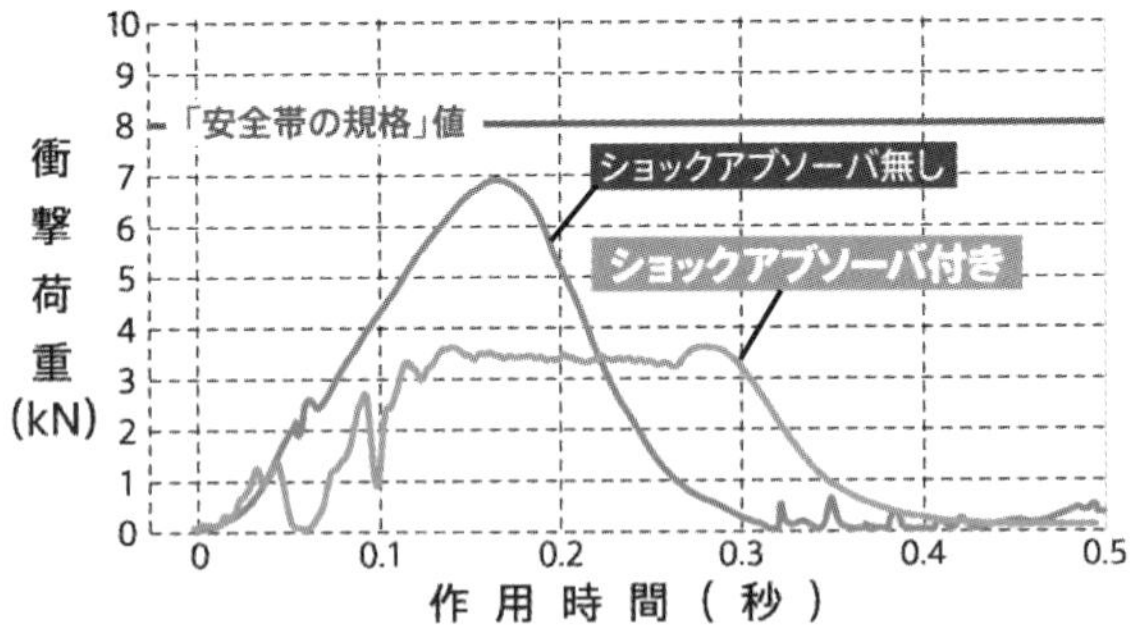

（藤井電工（株）社ロープ式安全帯での比較）

図2-29　使用状態落下試験衝撃波形

（図2-28、2-29 データ提供：藤井電工㈱）

9　化学防護手袋

化学防護手袋の変遷

戦前、化学物質を取り扱う作業で使われる手袋は、天然ゴム製の肉厚の手袋でした。一九五一（昭和二六）年に塩化ビニル製手袋が発売されると、油脂に耐える、製造が容易、好みの色がだせる、安価などの理由から、多くの作業場で使用されました。

その後、厚手より薄手タイプが、そして裏布付きが好まれ、一九六三（昭和三八）年にウレタン手袋が開発・生産され、有機溶剤取扱い用の手袋として化学工業の躍進とともに販売数が増大していきました。一九六六（昭和四一）年にはネオプレン製、一九六七（昭和四二）年にはニトリル製、一九八四（昭和五九）年にはシリコン製が市販されるようになり、現在では多くの材質の異なる手袋を使用することができるようになりました。そこで、どの材質の手袋を選定するか、これが問題になります。

化学防護手袋の選定は透過しにくい材質と作業のしやすさで

（Hiroyuki MIYAUCHI, Shigeru TANAKA, Tetsuo NOMIYAMA, Shun-ichiro IMAMIYA, Yukio SEKI：Comparison of degradation and permeation tests using four organic solvents on chemical protective gloves commercially available in Japan, J Science of Labour 80(3), 118-122p, 2004）

化学防護手袋（以下、手袋と略す）の化学物質に対する性能評価に関して、アメリカの規格（ＡＳＴＭ）及び国際規格（ＩＳＯ）では、浸透試験とともに透過試験を行うことが義務付けられています。一方、わが国の日本工業規格（ＪＩＳ）では、浸透（浸漬）試験のみでしたが、一九九八（平成一〇）年にＪＩＳ規格が改正され透過試験が加わりました。

近年のＪＩＳ規格の改正はご存知のように、国際整合性すなわちＩＳＯとの整合性を考慮して検討されています。手袋のＪＩＳ改正に関する委員会で検討した際、わが国ではＩＳＯに採用されている透過試験については誰も行ったことがありませんでした。そこで、著者が資料を見ながら装置を考案し行ったのが、わが国で初めての透過試験です。

透過試験は手袋材料の表面に化学物質が接触、吸収され、材料内部に分子の状態で拡散移動をおこし、材料の裏面（手のある面）に現れる状態を調べるものです。

使用する透過試験装置を**図2-30**に示します。二つのセルの間に手袋の素材の一部を切

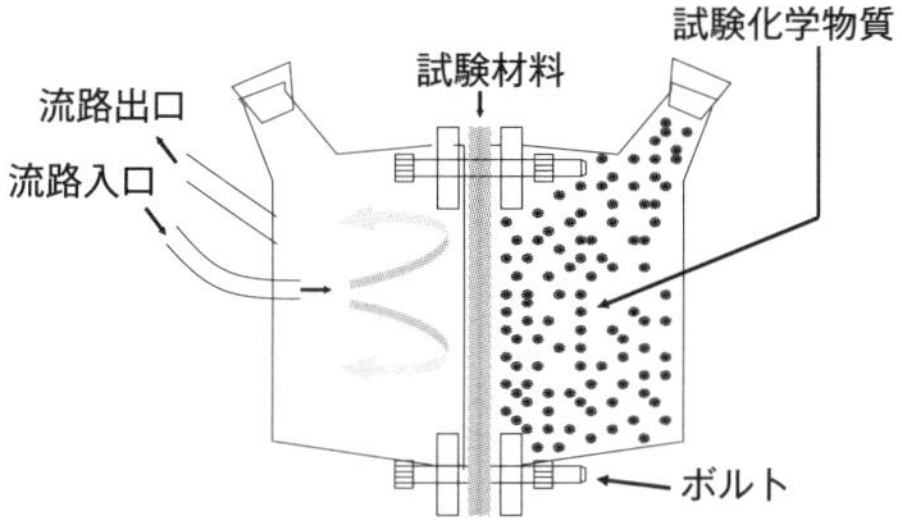

図2-30　手袋透過試験装置

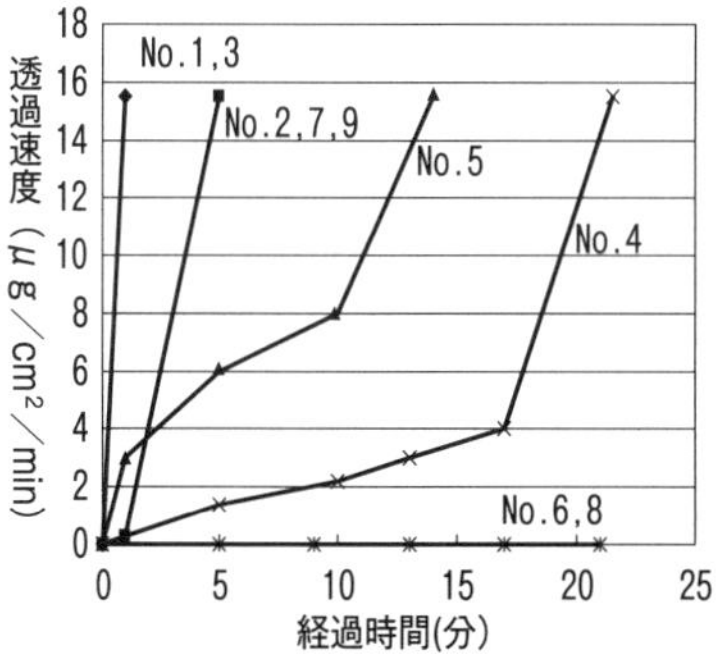

図2-31　アセトンに対する９種類の手袋の経過時間と透過速度の関係

り取ってはさみこみ、一方の隔室に化学物質を入れ、もう一方の隔室に一定流量で乾燥空気を導入し、出口側に透過してくる化学物質を経時的に測定するものです。

一例として、アセトンを用い、市販の手袋で透過試験を行った結果を示します（図2-31）。試験開始とともに九種類の手袋のうち、七種類の手袋はすぐに透過し使用できないことがわかりました。

劣化試験と透過試験のデータ比較

著者は一四種類の有機溶剤で、九種類の手袋を対象に透過試験を行い、メーカーが表示した劣化試験の結果と比較してみました（表2-14）。

これより、劣化試験でメーカーにより使用不可（×）と表示された手袋の七八パーセントは、三〇分未満で透過しました。すなわち、劣化試験で駄目な手袋は透過試験でもやはり駄目だったということです。

表2-14　手袋の有機溶剤に対する劣化試験と透過試験結果の比較（抜粋）

素材	酢酸エチル		メタノール		ノルマルヘキサン		ニトロベンゼン		トルエン	
	劣化結果	透過時間(分)	劣化結果	透過時間(分)	劣化結果	透過時間(分)	劣化結果	透過時間(分)	劣化結果	透過時間(分)
塩化ビニル	×	1	○	1	×	5	×	5	×	1
ニトリルゴム	×	20	○	130	◎	>480	×	40	△	1
ウレタンゴム	△	1	◎	1	◎	80	×	10	○	1
ハイパロン	△	40	◎	>480	×	100	×	85	×	5
ＰＶＡ	○	105	△	1	◎	>480	◎	>480	◎	10
シルバーシールド	◎	>480	◎	>480	◎	>480	◎	>480	◎	>480
フッ素ゴム	×	5	×	>480	◎	>480	◎	>480	◎	>480
ブチルゴム	○	165	◎	>480	×	1	◎	>480	△	5
シリコーン	△	1	◎	1	×	2	×	15	×	1

浸透試験結果　◎ほとんど異常なし　○影響あるが使用可
　　　　　　　△条件により使用可　×使用不可
透過時間　　　0.1μｇ／cm^2・minの透過速度が得られた時間

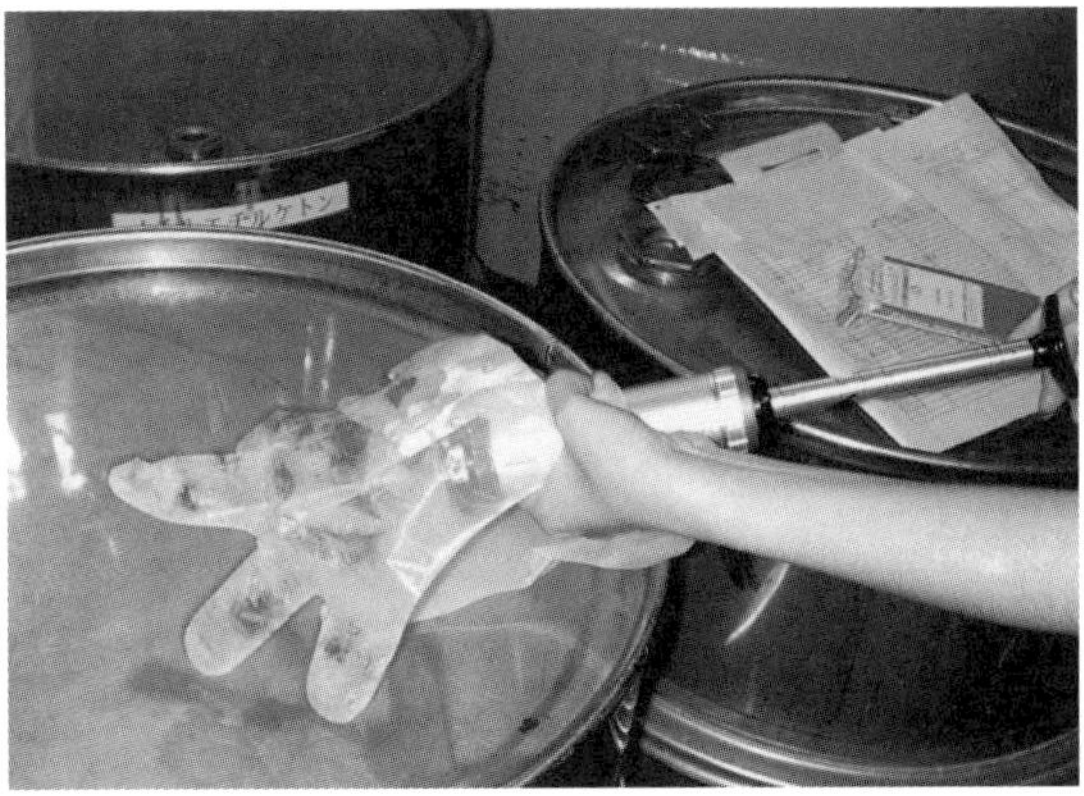

写真2-39　簡易透過チェック法

一方、劣化試験で使用可（◎と○）と表示された手袋のうち、二〇パーセントは三〇分未満で透過しました。このことは、手袋が化学物質に浸漬を繰り返して目視等では変化を確認できなくても、化学物質が分子の状態で透過して、手と接触し経皮吸収を起こす可能性があることを示唆しています。

また、産業医や衛生管理者が職場巡視した時、現場で使用している手袋の中の有機溶剤蒸気を簡易に測る簡易透過チェック法も有効です。**写真2－39**のように、使用している手袋の中に検知管を差込み、手袋の口を手で遮断してください。簡便に手袋からの透過を確認することができます。

二〇〇五（平成一七）年に手袋のＪＩＳ規格が改正され、化学物質に対する劣化、浸透、透過試験を行うようになりました。劣化（degradation）は化学物質との接触によって、物理的特性が変化する現象を調べます。浸透（penetration）は手袋の開閉部、縫合部、多孔質材料及びその他の不完全な部分などを通過する化学物質の流れを示します。さらに、透過（permeation）は材料の表面に接触した化学物質が吸収され、内部に分子レベルで拡散を起こし、裏面（手に相当する側）から離脱する現象を調べる方法です。

手袋メーカーは、化学物質に対して透過しにくい材質の開発を行うとともに、透過試験データをユーザーに公表することが必要です。そして、ユーザーは劣化、浸透とともに透過試験の結果を参考にして、作業に合った手袋を選定することが必要なのです。

簡易透過試験装置

手袋や防護服は、塩化ビニル、ポリエチレン、ブチル、バイトン、フッ素や、それらを多層にした材質の多くの製品が市販されていますが、有害な化学物質が手袋や防護服をどのくらい透過するかは、これらの材質によって異なります。そのためＪＩＳ規格においても透過試験を行うよう改正がなされました。防護服のユーザーは透過試験の結果を参考に採用する製品を選定する必要がありますが、実情はまだまだ透過試験のデータが得られていない製品も多く、ユーザーは自ら試験を行うしか方法はありません。そこで著者は、ユーザーが自分で透過試験を行うことのできる「簡易透過試験装置」を作成しました。以下に紹介します。

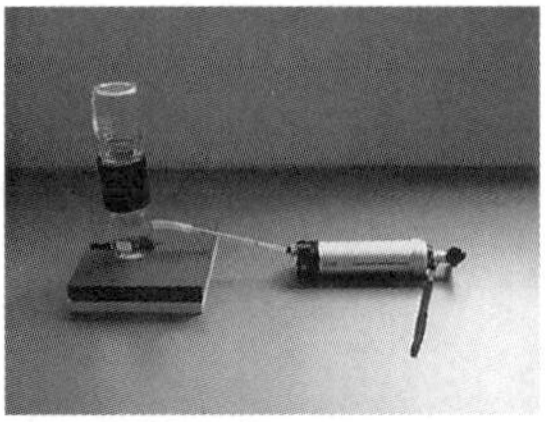

写真2-40　第１号簡易透過試験装置

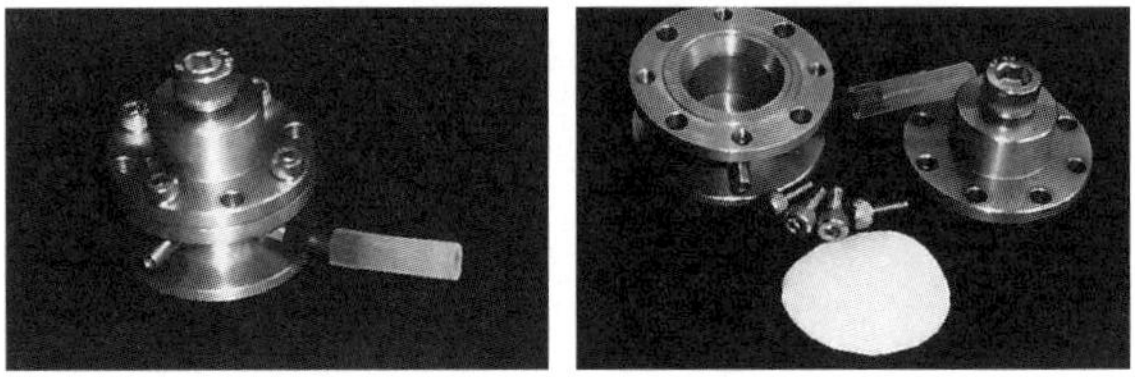

写真2-41　第２号簡易透過試験装置

写真2-40の試験装置は、二つの瓶を上下につなぎ合わせています。それぞれのつなぎ目の部分には穴があいており、その一方の蓋の内部に試験素材を挟みこみ、上部に化学物質を入れます。作業現場において化学物質の使用時間に相当する時間が経過した後、下の瓶の検知口に検知管あるいは捕集袋（テドラーバッグ）を取り付けて気体を採取し、透過してくる気体をガスクロマトグラフ等で分析します。この試験装置を用いることにより、事業場で使用する手袋、防護服が化学物質を透過するかどうかを簡便に試験でき、手袋、防護服などの選定に活用できます。

写真2-41は、瓶が倒れないようにアルミニウムで作成したものです。

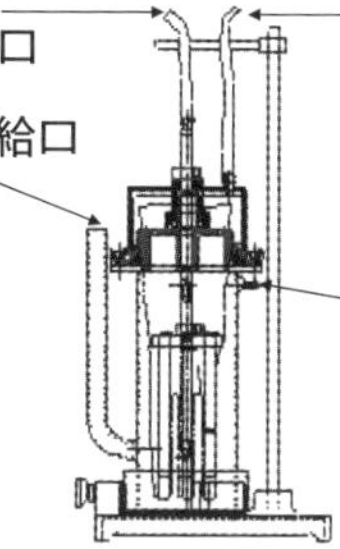

図2-32　化学防護手袋全体透過試験装置

全体透過試験装置

手袋に関しては、ＪＩＳ規格に基づく透過試験が行われてきましたが、それは素材の一部分を切り取って行う試験であり、手袋全体について行われるものではありませんでした。そのため、フィルム状の手袋では、接合部からの透過の有無についての検討が必要です。また、ディッピング製法の手袋では上下部の厚さの違いにより透過性能が異なります。

手袋について、非破壊で、製品全体を用いた試験方法を確立する必要性を痛感し、全体透過試験装置を開発しました（図2-32）。

全体透過試験を実施すると、既存の試験方法に比べ透過時間が短いという結果が得られました。手袋のユーザーは、この短いほうの透過時間を踏まえて、選定を行うことが必要です。

10　化学防護服

酸、アルカリ、有機薬品、その他の気体、液体又は粒子状の有害物質を取り扱う作業に従事する時に、化学物質の透過及び浸透の防止を目的として着用する服を化学防護服（以下、防護服と略す）といいます。最近は産業現場だけでなく、ニュース報道などを通じて一般の人の目にも触れるようになりました。

① 福島第一原発の事故の際、復旧作業にあたった作業員たちは粒子状の放射性物質によるばく露を防護するため防護服を着ていました。

② オウム真理教がひきおこした地下鉄サリン事件や、山梨県上九一色村（当時）での強制捜査の際、自衛隊員や警察官などがサリンによるばく露を防護するために、身体全体を覆った防護服を着ていました。

③ 鳥インフルエンザで汚染された鶏舎の消毒、解体を行っている作業者が防護服を着ていました。

④ 石綿を使った建築物の解体作業者が防護服を着ていました。

このほかにも、原子力発電所の定期修理保全、ダイオキシンばく露防護のための焼却炉での作業、半導体製造作業、特殊な塗料の塗布作業においても防護服を着用していました。

化学防護服の変遷

不織布（繊維を織らずに接着剤や熱処理加工などで布状としたもの）製の防護服は、一九六七（昭和四二）年に米国デュポン社がポリエチレン一〇〇パーセントのフラッシュスパン製法の不織布「タイベック」を開発したことから始まりました。それがわが国に入ってきたのは、一九七〇年代初頭でした。軽く、強く、耐有害物質浸透性、透湿性があるという特徴を持ち、米国では限定使用（使い捨て式）防護服の素材として大量に使われていました。日本でも限定使用防護服として市場に出されましたが、当時は防護服を着用するという意識に乏しく、汚れの激しい作業と放射性粉じんに対する防護に使用されたに過ぎませんでした。

一九八〇年代後半には、アスベスト含有建材を用いた建物の解体・改修工事において保護衣の使用を徹底するよう国から指導があったことや、アスベストの有害性等について広く報道等もなされたことなどから、アスベストの除去、封じ込め、囲い込みの作業に大量に不織布製限定使用防護服が使われるようになりました。フラッシュスパン不織布だけでなくＳＭＳ（スパンボンド・メルトブロー・スパンボンド）素材も採用されました。

二年後には、より強力な防護のためにコーティング素材、ラミネート素材による防護服が提案されるようになりました。一九九三（平成五）年には最高の防護であるレベルＡ（米国ＥＰＡ基準）の限定使用防護服が日本に紹介されました。当時消防、警察にはリユーザブル（再使用可能）の防護服が一部配備されていたため、限定使用防護服は見向きもされませんでしたが、一九九五（平成七）年三月の地下鉄サリン事件をきっかけに徐々に配備されるようになりました。

二〇〇〇（平成一二）年秋には、ダイオキシン問題が起き、その後、ＳＡＲＳ（重症急性呼吸器症候群）の流行、鳥インフルエンザの発生、また二〇〇五（平成一七）年夏からのアスベストばく露防止に関する規制強化や、アスベストによる健康被害が次々と明らかになったことなどにより、不織布製防護服の需要は飛躍的に増大しました。その間、素材の開発も進み、防護に加えて防護服内にこもる熱によるストレス軽減のために、透湿性フィルムと不織布を貼り合わせた素材が市場に出まわるようになりました。

防護服着用の目的は、有害化学物質が皮膚に接触することの防止と有害物質を作業環境外へ持ち出さないことですが、有害性が見えにくいことから、単価の安いものを使う傾向

写真2-42　化学防護服の種類

にあります。防護性を主眼におくのはもちろんですが、着用を進めるためにも作業者への身体ストレスがより少ない防護服を選択する必要があるでしょう。

綿の作業服と化学防護服の違い

通常使用している綿の作業服と防護服との違いを、粉じんとガス、蒸気状物質（有機溶剤など）とに分けて考えてみます。

粉じんが作業服に付着しにくいかどうかは、生地の表面の平滑性で決まります。綿の作業服は織物の表面の凸凹が際立っているため、粉じんが付着しやすく、離脱しにくいといえます。これに対して、**図2-33**の顕微鏡写真を見てもわかるように、防護服では表面がフラット（表面平滑度が高い）なため、粉じんが表面に付着しても簡単に脱落します。さらに**図2-33**より、普通の綿の織物では縦糸、横糸が交差してできあがっているため、およそ五〇マイクロメートル以上の間隔があり、細かい粒子の粉じんがこの織物の隙間から内部に侵入したり、この隙間の中に残留しやすくなっています。それに対し防護服では、〇・五マイクロメートルから一〇マイクロメートルの極細繊維がランダムに絡み合ったシートを形成しているため、細かい粉じんが侵入しにくいことがわかります。メーカーのデータ

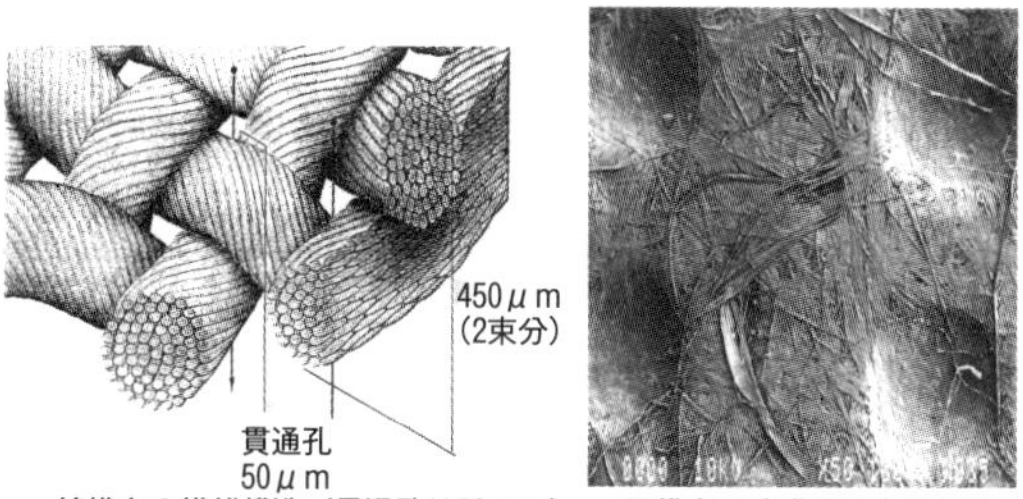

綿織布の繊維構造（貫通孔は50μm）　不織布の防護服の表面形状

図2-33　防護服の表面形状

ですが、防護服の粉じん捕集実験がされ、〇・三マイクロメートルの粒径に対して九九パーセント以上の捕集率、すなわちバリアー性を示すものもありました。

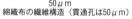

ダイオキシンの通達（平成一〇年七月二一日基安発第一八号「ごみ焼却施設におけるダイオキシン類の対策について」）では、保管に関して、ダイオキシン類の吸着した粉じん等で汚染された作業服等は、二次発じんの原因となることから、当該作業服等はそれ以外の衣類等から隔離して保管させ、かつ、当該事業場からの持出しは行わせないこと、とあります。すなわち、有害性の高い粒子状物質を使用する際には、持出しや洗濯などの二次発じんによるばく露防止のため、使い捨ての防護服の装着が重要なのです。

一方、ガス・蒸気状物質として有機溶剤が作業服からどのくらい透過するかを調べた実験があります。通常の綿の作業服で有機溶剤蒸気の透過率を調べるために、服の外側と下着の各部位八カ所に直径六センチメートルの活性炭のフェルトを取り付けて作業を行ってもらいました（写真2-43）。そして、各部位における（内側／外側）に付着した有機溶剤量の割合を求めました。

綿の作業服では、夏では五〇～六〇パーセントの透過率を示しました。冬の作業服は厚手であるため透過率が低くなりましたが、それでも四〇パーセント近い値を示しました（図2-34）。五名の作業者を対象に混紡の作業服と化学防護服（タイベックF）での同様の透過率測定を行った結果、混紡の透過率が五〇パーセント前後であったのに対し、化学防護服は五パーセントと一〇分の一に減少しました（図2-35）。

綿、混紡の作業服では、高い濃度の有機溶剤蒸気が皮膚まで到達しているのに対し、防護服は防護できることを示唆する結果でした。

写真2-43　作業服の外側と内側に活性炭フェルトを装着

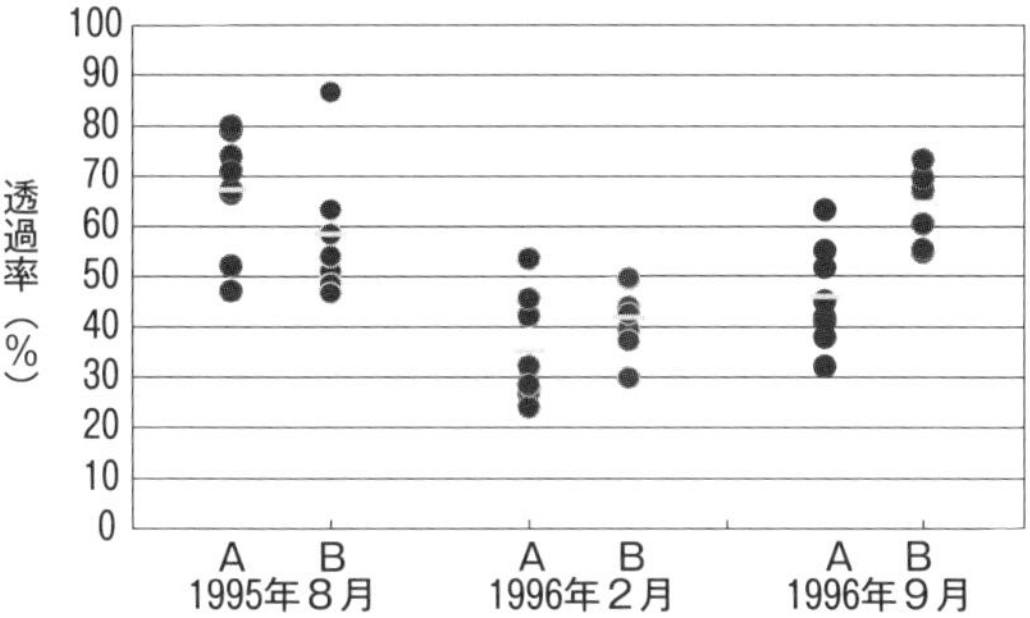

図2-34　一般作業服における有機溶剤蒸気の透過率

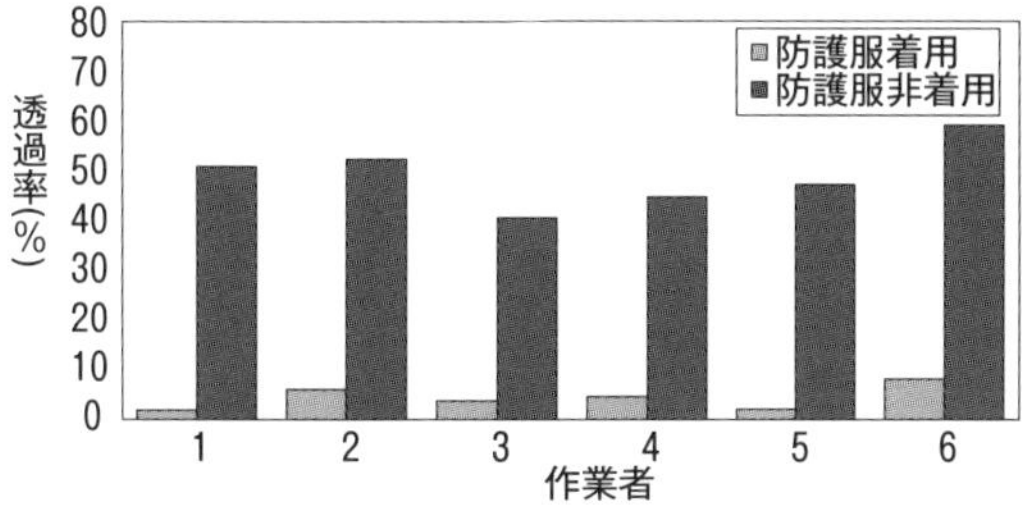

図2-35　一般作業服、化学防護服による有機溶剤の透過率

防護服とＪＩＳ規格

防護服にはＪＩＳ規格（ＪＩＳ　Ｔ　八一一五）があり、化学物質に対しての性能評価は化学防護手袋と同様に、浸透試験のほかに透過試験が新たに加わりました。この透過試験は、前述の化学防護手袋の項でも説明したとおり、服材料の表面に化学物質が接触・吸収された後、材料内部に分子の状態で拡散・移動を起こし、材料の裏面に現れる状態を調べるものです。

有害性の高い粉じん、あるいは、経皮吸収が大きく健康影響が危惧されるような化学物質を取り扱う際には、作業服ではなく、対象の化学物質に対して浸透、透過しにくい材質で、かつ、作業がしやすい防護服の使用を検討する必要があります。

11　高視認性安全服

わが国の路上で働く作業者の人対車両事故は、最近の二〇年間において、二〇〇一（平成一三）年の一六七八件をピークに、二〇一〇（平成二二）年まで毎年一〇〇〇件を超えていました。この事故の原因は路上で働く作業者が車両の運転手に認知されない、また認知した際に回避できないことにあります。これは「視認性」によるものです。

高視認性安全服は視認性（目で見た時の確認のしやすさ）の高い生地と、再帰性反射材（入射した光が再び入射方向へ帰る特殊な反射性能を持ったシートや布）を効果的に使って安全性を確保する服です。二〇一五（平成二七）年にＪＩＳ Ｔ 八一二七として規格化されました。日中は周辺とのコントラストによる視認性を発揮する蛍光生地と、夜間は車両のヘッドライトに反射して人が存在することを認知させる再帰性反射材の面積によってクラス分けされた規格です。

高視認性安全服はリスク度合いによって三つのクラスがあり（表2-15）、構成する蛍光生地と再帰性反射材、複合機能素材の「目に見える材料の最小面積」によってクラス分けされています（図2-36）。また、視認性安全服には、すべての方向に高視認性材料を使用

表2-15　3つのクラスに分類（JIS T 8127：2015　高視認性安全服 附属書Aより抜粋、一部改変）

<table>
<tr><th colspan="2">リスクレベル</th><th colspan="2">クラス1</th><th>クラス2</th><th>クラス3</th></tr>
<tr><td rowspan="2">リスクレベルに関連する要因</td><td>移動体の速度</td><td colspan="2">時速30Km 以下</td><td>時速60Km 以下</td><td>時速60Km 超え</td></tr>
<tr><td>道路使用者のタイプ</td><td colspan="4">作業活動中の受動的な者</td></tr>
<tr><td colspan="2">製品特性</td><td colspan="2">・昼間及び夜間の視認性
・全方向からの視認性
・形状認識に適したデザイン
・昼間及び夜間に必要な面積、並びに色度及び輝度</td><td colspan="2">・昼間及び夜間の視認性
・全方向からの視認性
・形状認識に適したデザイン
・胴部を一周する
・昼間及び夜間に必要な面積、並びに色度及び輝度</td></tr>
<tr><td colspan="2">道路など使用者の状況・環境</td><td colspan="2">・作業従事者の視認性が昼夜・いかなる天候時においても必要とされる。
・作業者は移動体の侵入に注意を払わず仕事をしている。
・移動体から作業者は、十分な距離を確保している。</td><td>クラス1を超えるリスクレベルの作業環境であり、次の要素が追加される。
・移動体の近接にて作業する可能性がある。</td><td>クラス2を超えるリスクレベルの作業環境であり、次の要素が追加される。
・移動体の速度及び狭められた視界の両方、又は一方の状況にさらされている。</td></tr>
<tr><td colspan="2">目安となる想定着用者の例</td><td colspan="2">駐車場／サービスエリア／倉庫内、工場内などの環境下での作業者</td><td>一般道路上の作業者／公共事業作業者／配送作業者／各種調査・検針作業者／交通警備／整理従事者</td><td>高速道路上の作業者／公共事業作業者／線路上作業者／緊急事態活動職員／空港路上作業者</td></tr>
<tr><td rowspan="2">目に見える素材の必要最小面積(単位；㎡)</td><td>蛍光素材</td><td>0.14</td><td rowspan="2">蛍光色の再帰性反射材 0.2</td><td>0.5</td><td>0.8</td></tr>
<tr><td>再帰性反射材</td><td>0.1</td><td>0.13</td><td>0.2</td></tr>
</table>

移動体：作業者が著しく高められた車両、建機など

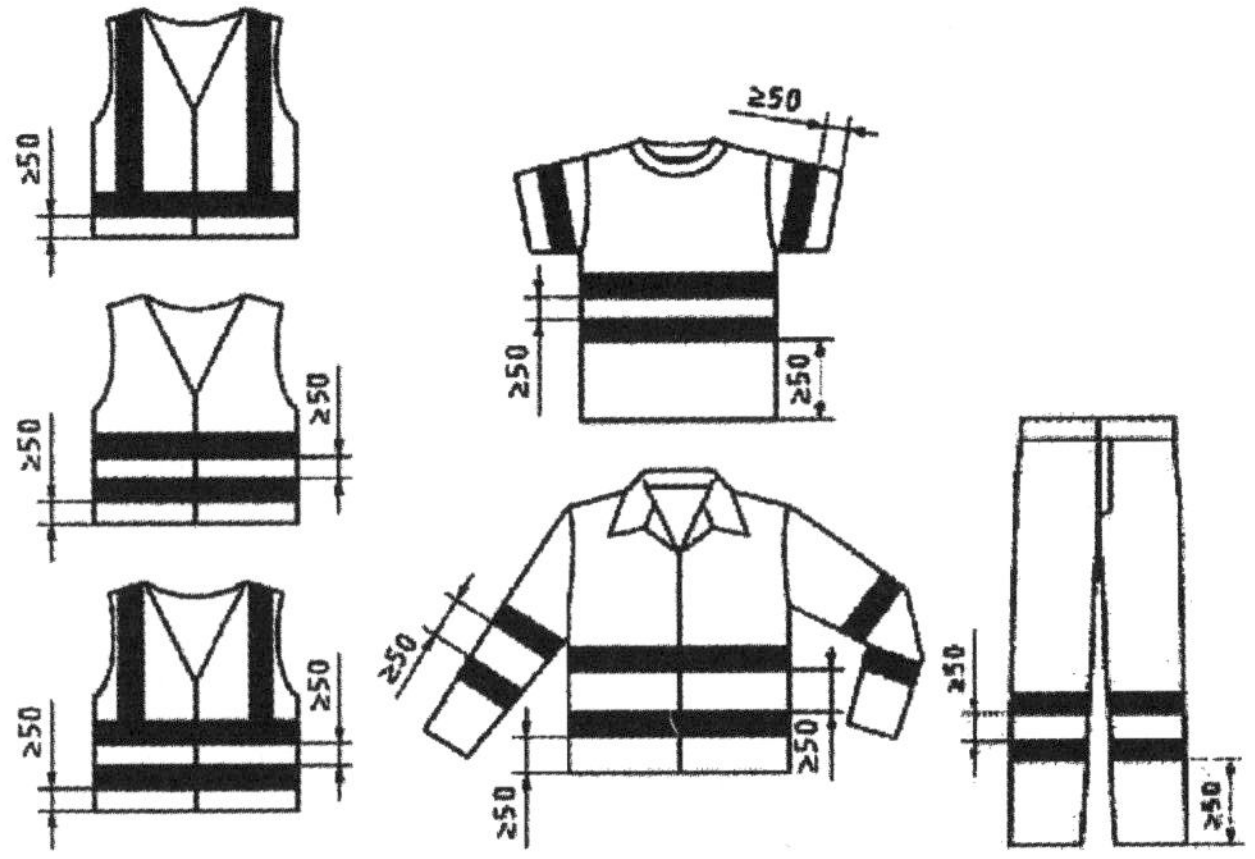

高視認性材料の最小面積でクラスを特定

図2-36　高視認性安全服
（JIS T 8127：2015　高視認性安全服 図1～3より抜粋）

する必要があります。車が着用者のどの方向から走ってくるかは予見できないからです。

そのため、水平方向の帯状の再帰性反射材及び蛍光生地が胴部、脚部、腕部を一周していることが重要です。

この規格によって、路上作業者の事故リスクが低減された結果、一人でも多くの生命が守られ、また同時に車両運転者が安心して運転ができることが期待されます。

12　安全靴

安全靴は、「つま先に鉄板が入っている重い靴」と思われているかもしれません。もちろん、現在でもそういう安全靴もありますが、最近の安全靴は性能の向上とともに軽く疲れにくく、より履きやすいものへと変わってきています。

安全靴の変遷

戦後まもなく、草履に中古タイヤや板をつけた板裏草履を扱っていた草履店主が、日本鋼管（現ＪＦＥスチール）から「足に重たいものを落としてもつぶれない、貨車にはさまれても足がつぶれない安全な靴を作れないか」との要望を受け、新しい靴の製造への挑戦を始めました。最初は成功しませんでしたが、当時の労働省の安全課長野口三郎氏が米国から持ち帰った安全靴を見て、一九五一（昭和二六）年に初めて安全靴と呼べるものを完成させました。**図2-37**は、某金属工場における安全靴の年度別支給状況と足部災害件数の推移です。

一九五二（昭和二七）年以降、安全靴の支給数を年々増加させたところ、足部災害件数

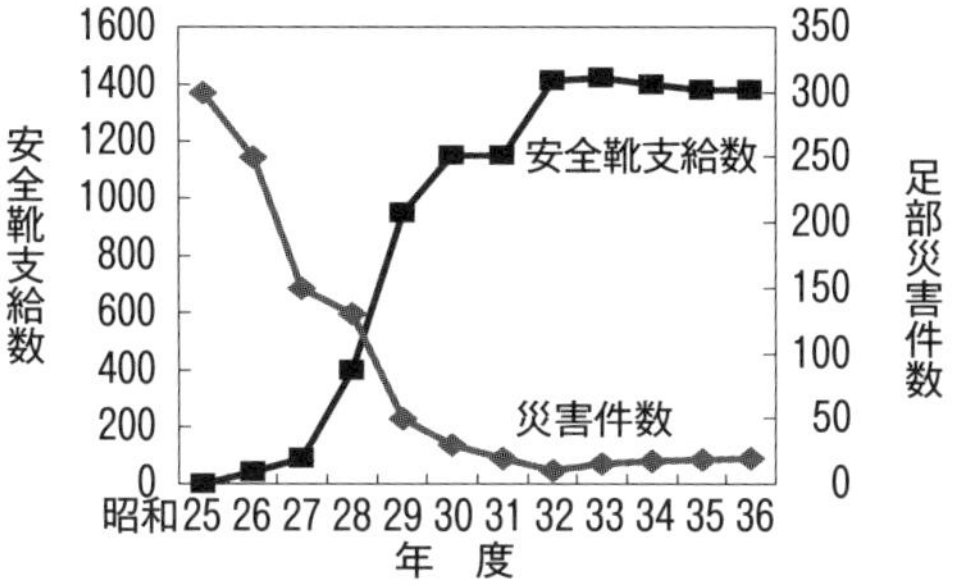

（資料:安藤正『安全保護具ハンドブック』中央労働災害防止協会、1971）

図2-37　ある金属工場における安全靴の年度別支給状況と足部災害件数

は急速に低下してきたことがわかります。これは安全靴の普及とともに、足部の災害が減少したことを示す貴重なデータです。

一九五七（昭和三二）年、安全靴についての初めてのＪＩＳ規格「グッドイヤウェルト式かわ製安全靴」（ＪＩＳ Ｓ 五〇二八）が制定され、安全靴に対する認識が高まりました。高度成長の時代には、各産業界の要求する各種作業条件に適合した安全靴の多品種化が進み、メーカーは安定供給の需要に応え、各産業に安全靴が普及定着するようになりました。

一九七二（昭和四七）年に労働安全衛生規則が制定され、安全靴の使用が義務付けられました。（労働安全衛生規則第五五八条「事業者は作業中の労働者に、通路等の構造又は当該作業の状態に応じて、安全靴その他の適当な履物を定め、当該履物を使用させなければならない。」）

その後、商業、サービス業など第三次産業でも安全管理に取り組むようになり、ファストフード店等での飛散した油による滑り対策に安全靴が使用されるようになるなど、使用範囲の広がりとともにさまざまな安全靴が開発されています。また、女性用安全靴の着用も増加してきました。

安全靴にはどのような機能が必要か

安全靴には爪先保護のために必要な先端部の強度の他に、かかとにかかる衝撃を吸収するためのクッション性能、そして転倒防止のための耐滑（滑りにくい）性能が必要です。これらの性能を兼ね備え、品質が一定の水準に達していると保証された「ＪＩＳ合格品」、あるいは「ＪＩＳ相当品（ＪＩＳに準じた爪先の安全性能を満たし、かつ靴底がゴム又は発泡ウレタンで、甲被が牛クロム革でない製品）」を選択しなければなりません。

また、高所での作業が多い場合には、どのような体勢でも違和感を感じないように、甲部は動きやすい柔軟な材質であること、さらにくるぶしを安定させることができる「編み上げ」タイプを選ぶ必要があります。

安全靴の選び方

⑴　ＪＩＳ規格（ＪＩＳ Ｔ 八一〇一）を踏まえて選ぶ

安全靴のＪＩＳ規格は、一九九七（平成九）年に、従来四つ（革製安全靴、総ゴム製安全靴、足甲安全靴、発泡ポリウレタン表底安全靴）に分類されていたものが一つに統合されました。この規格では、その作業区分に応じて三つの種類に分けられており、物体の落下による危険性という角度から考えると、その選定の目安としては**表2‐16**のようになります。

このＪＩＳには付加的性能による種類として、耐踏抜き性、足甲プロテクタの耐衝撃性が改正され、さらにかかと部の衝撃エネルギー吸収性が追加されました。この選定の目安はおおよそ**表2‐17**のように考えられます。

表2-16　安全靴の作業区分による種類選定の目安

作業区分	記号	実際の職場で想定される状態（腰の高さから落下する危険がある）	作業例
重作業用	H	14kg までの荷重	鉱山、鉄鋼業、運輸業
普通作業用	S	10kg までの荷重	機械工作、運輸、建築
軽作業用	L	4kg までの荷重	金属加工、電気製品組立、化学品選別

表2-17　安全靴の付加的性能による種類選定の目安

付加的性能	記号	実際の職場で想定される状態	作業例
耐踏抜き性	P	底部から釘などの鋭利なものを踏み抜く危険がある場合	建設、機械加工
足甲プロテクタの耐衝撃性	M	10kgまでの荷重が腰の高さから落下する危険がある場合で、主に甲部の保護を必要とする場合	重量物取扱い作業
かかと部の衝撃エネルギー吸収性	E	かかと部からの突き上げ感を感じて疲れるような場合	歩行時間が長い作業

さらに、後述するように労働安全衛生規則第二八六条の二で、静電気帯電防止用安全・作業靴（ＪＩＳ Ｔ 八一〇三）の使用について定められています。

(2) 健康面も考慮して選ぶ

最近、腰痛、内臓疾患などの発病に、長い時間履いている靴の形状や重さ等がかかわっているると考えられるようになりました。安全靴も作業安全のみでなく、健康面からも選定に配慮が必要です。

安全靴は、作業に該当するＪＩＳ規格を踏まえるとともに、サイズ、ウイズ（足囲サイズ）、デザイン、重量等自分の足に合った安全靴を選定する必要があります。通勤靴より長い時間使用する靴であることを考慮して、適切な選定を行う必要があります。

安全靴を選定する際の注意点を以下にあげます。

① 普通に立った状態で足を入れ、全体のフィット感をチェックする。足に圧迫感があったり、どこかが当たったりする場合は、サイズ又はウイズを上げて再度チェックする。

② 靴ひもを締めないで足をぎりぎりまで前に移動させ、かかとに人差し指が軽く入る

かを確認する。

③ 靴ひもを締め、つま先を保護する先芯の後端部に親指のくびれた部分がくることを確認する。

④ 足の一番広い部分と、靴の一番広い部分が合っていることを確認する。

⑤ 歩いてみて、足に強い圧迫感がないことを確認する。

静電靴チェッカー

冬などの時季にドアのノブに触れた瞬間にバチッと痛みを感じることがあります。これは蓄えられた静電気が人体を通して放電されるときに発生する現象です。合成繊維や合成樹脂の製品は電気を通さないので、発生したその場所に蓄えられ電圧が高められていきます。これが「帯電」で、電気が蓄えられた物体を「帯電体」といい、人体も帯電体になりえます。周囲に引火性や可燃性の物質があると、人体から発生した静電気のスパークにより火災、爆発などの大惨事が生じる可能性があります。そこで、人体に発生した静電気を足元から漏洩させる静電靴を使用することが大切になります。

静電靴は靴底のゴムやウレタンの材質に導電性物質をブレンドして、人体の静電気を床

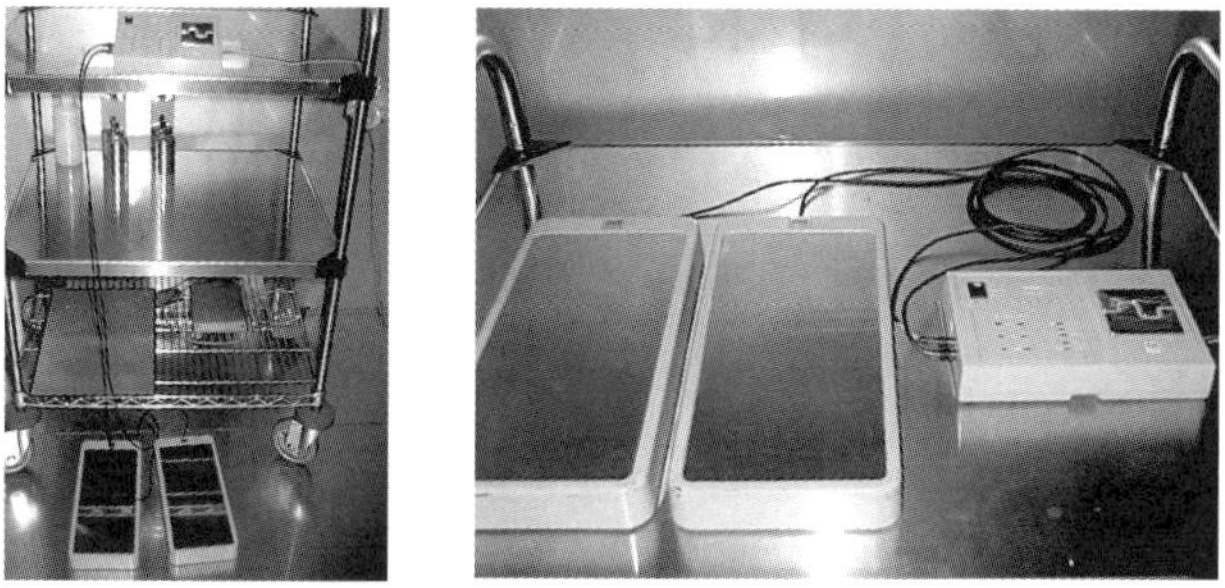

写真2-44　静電靴チェッカー

に漏洩させる特長を有します。

写真2-44は、静電靴が正常に機能しているかを確認する静電靴チェッカーです。この装置は計測部と靴側電極部からできています。作業者は電極部の上に乗り、計測部のタッチパネルにさわると、若干の電圧が印加され、電気抵抗値がＪＩＳＴ八一〇三（静電気帯電防止靴）を満たしているかを測定します。電気抵抗値が高すぎても低すぎても静電靴としての要件を満たしません。適合しているかどうかは、「ピッ」という音とともに良否判定ＬＥＤに表示されます。

労働安全衛生規則の改正による静電靴の着用

一九九六（平成八）年四月より、労働省（現 厚生労働省）は労働安全衛生規則第二八六条の二を改正し、引火性の物の蒸気、可燃性のガス又は可燃性の粉じんが存在して爆発又は火災が生じる恐れのある場所については、静電気帯電防止作業服とともに、静電気帯電防止用作業靴を着用させるなど、労働者の身体、作業服などに帯電する静電気を除去するための措置を講じなければならないことを定めました。

作業者自身の静電気により、爆発や火災の危険がないか、作業場に引火性、可燃性の物がないか作業環境をチェックするとともに、そのような危険が潜んでいる場合は、静電靴の使用と静電靴チェッカーの活用を検討する必要があります。

13　プロテクティブスニーカー（プロスニーカー）

プロテクティブスニーカー（以下、プロスニーカー）は、日本安全靴工業会の数社が発起人となり、二〇〇一（平成一三）年八月八日に日本プロテクティブスニーカー協会規格（以下、ＪＰＳＡ協会）として制定されました。その背景には、一九九七（平成九）年頃からワークショップやホームセンターを通じて海外で生産された先芯入りスニーカーが販売され、市場に出回るようになりました。このスニーカーは、安全靴が定着しづらかった個人買いの市場を中心に受け入れられ、普及していきましたが、販売されている商品にはあたかもＪＩＳ規格に合致する製品であるかのように標記されていながら、靴のつま先部や剥離強度において、必要とされる強度を有していない製品が多く見受けられました。そこで安全靴メーカー数社によって、同協会が発足され、ＪＩＳ規格をベースとし、必要とされる強度を明確にし、それを団体規格としたのです。その後、二〇一〇（平成二二）年六月に日本保安用品協会（以下、ＪＳＡＡ）による第一号制定の規格（認定規格）となりました。

プロスニーカーは、ＪＩＳ規格製品ではないため、「安全靴」とはいえませんが、甲被に

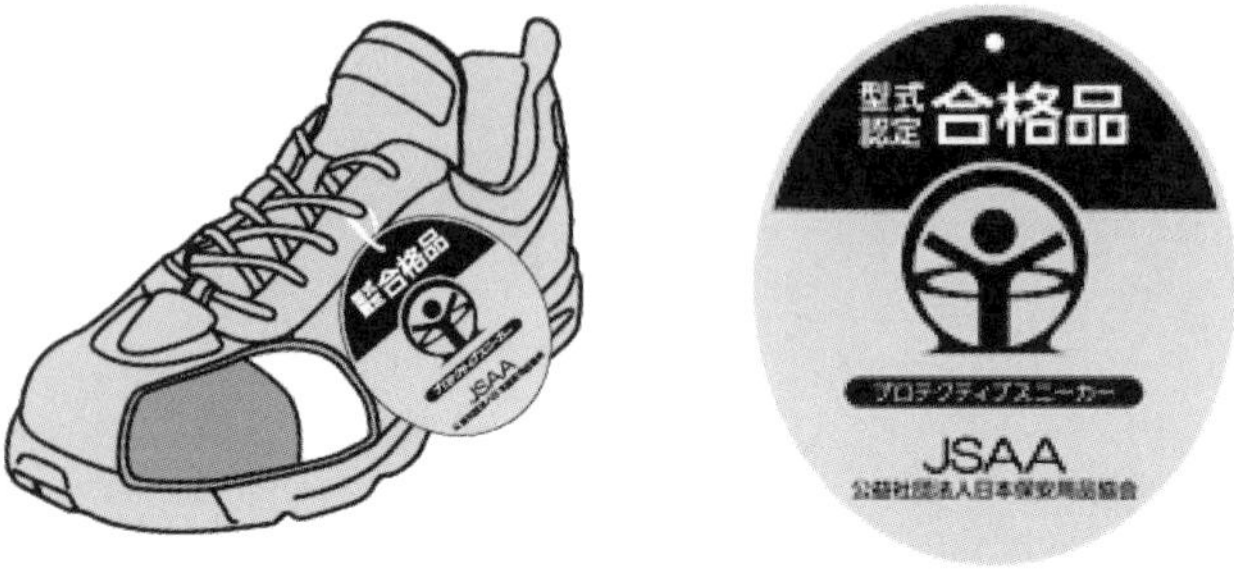

プロスニーカー　　　JSAA型式認定合格証明票

図2-38　プロスニーカーとJSAA型式認定合格証明票

人工皮革やビニルレザークロスを使用し、つま先に金属や硬質樹脂製の先芯を装着することで、着用者のつま先を保護する安全性を持ったＪＳＡＡ認定規格を備えている商品であり、主に軽作業分野で使用されています。

二〇一七（平成二九）年一一月には規格改定が予定されています。主な内容として①プロテクティブスニーカー規格の中に「プロテクティブスニーカー」と「プロテクティブブーツ」の二種類が存在するようになります。今までの軽作業靴を代表するスニーカータイプだけではなく、ゴム長タイプ、高所用仕様等の長物タイプも今後、規格の範疇となります。アッパー素材では、革製、人工皮革製、ビニルレザークロス製の三種類から、革製、人工皮革製、合成皮革製、編物製、プラス

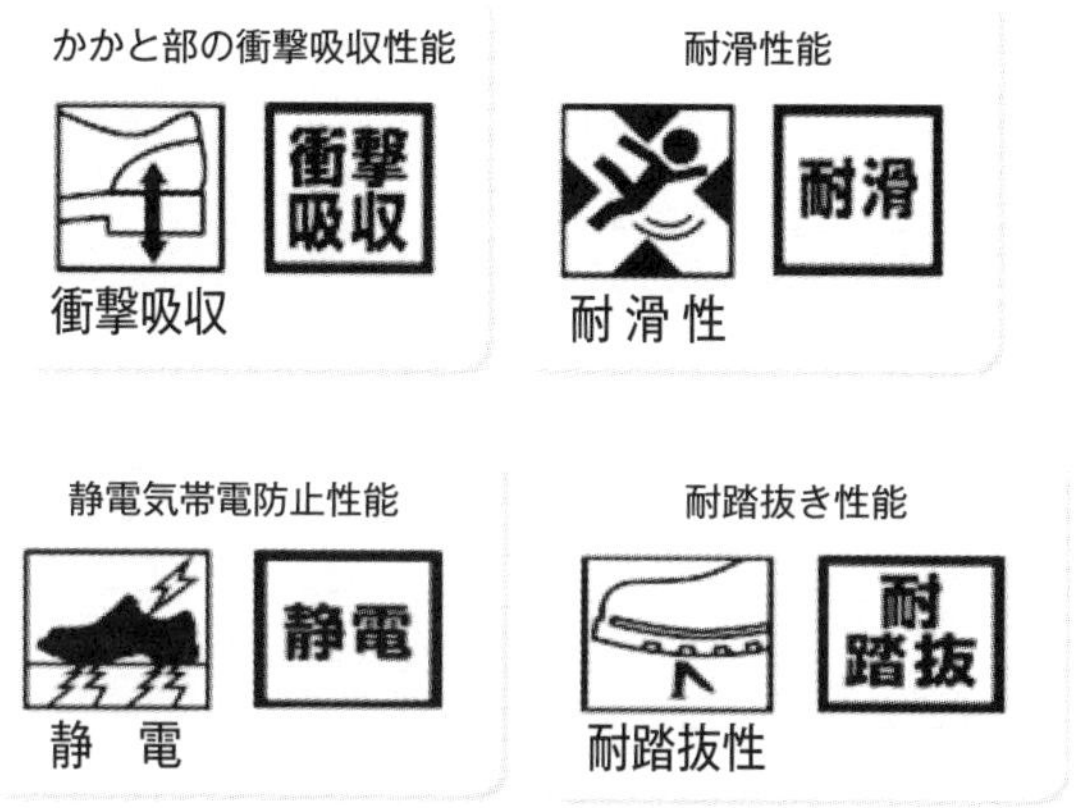

図2-39　付加的性能を表すピクトマーク

チック製、ゴム製の六種類に広がります。そして、今まで素材によって試験方法が異なっていましたが、試験方法を統一し明確にしました。

付加的性能を有するプロスニーカー

付加的性能を有するプロスニーカーは、ピクトマーク（図2-39）が小箱に標記され、かつ、靴のベロ裏もしくは、靴内足部に取り付けされています。

プロスニーカーは、甲被材として加工しやすく軽い人工皮革やメッシュ材が主に利用されており、牛革製の安全靴に比べデザイン性に富み、軽量素材を使用した靴底が多く使用されていることから軽作業用として広く使用されています。

ＪＩＳ規格の安全靴とＪＳＡＡ規格のプロスニーカーの違い

ＪＩＳ規格品である「安全靴」、ＪＳＡＡ規格認定品である「プロスニーカー」の両方とも主として足のつま先を守る作業用の履物です。それぞれを試験、認定する機関と、製品の素材・区分や規格内容が異なります。

ＪＳＡＡ規格はＪＩＳ規格をベースに考案されました。数値上は、ＪＩＳ規格Ｓ種とＪＳＡＡ規格Ａ種、ＪＩＳ規格Ｌ種とＪＳＡＡ規格Ｂ種は類似していますが（表2-18）、靴としての耐久性はＪＩＳ規格と比較して、甲被・底材の素材の自由度がある反面、使用環境によっては底の剥がれ・摩耗や甲被の破れなど耐久性が劣る場合があります。したがって、耐久性を重視している方には、ＪＩＳ規格品である安全靴の着用がよさそうです。

表2-18　基本性能「衝撃」「圧迫」「はく離」の規格値一覧

規格		JSAA 規格		JIS 規格　T8101		
		プロテクティブスニーカー		安全靴		
等級		A種	B種	H種	S種	L種
		普通作業用	軽作業	重作業	普通作業	軽作業
耐衝撃性能	衝撃エネルギー（J）	70	30	100	70	30
	ストライカ質量（kg）	20±0.2				
	落下高さ（cm）	36	15	51	36	15
	中底と先芯のすきま(mm)	表2－19による				
耐圧迫性能	圧迫荷重（kN）	10±0.1	4.5±0.04	15±0.1	10±0.1	4.5±0.04
	中底と先芯のすきま（mm）	表2－19による				
表底はく離抵抗（N）		300以上（本革）200以上（人工皮革・ビニルレザークロス製）	250以上（本革）150以上（人工皮革・ビニルレザークロス製）	300以上（革製のみ）		250以上（革製のみ）

表2-19　衝撃試験及び圧迫試験における中底と先芯のすき間寸法規格

サイズ（足長）（cm）	すき間（mm）
２３．０　以下	１２．５以上
２３．５～２４．５	１３．０以上
２５．０～２５．５	１３．５以上
２６．０～２７．０	１４．０以上
２７．５～２８．５	１４．５以上
２９．０　以上	１５．０以上

表2-20　安全靴とプロテクティブスニーカーの規格対比表

項　目	安全靴	プロテクティブスニーカー	特　　徴
規格基準	JIS	JSAA	JIS は国家標準の日本工業規格。JSAA は公益社団法人日本保安用品協会の制定規格。
作業区分	・重作業用（H 種） ・普通作業用（S種） ・軽作業用（L種）	・普通作業用（A 種） ・軽作業用（B種）	つま先の防護性能等の安全性能や耐久性の違いにより、区分分けされている。
甲被の種類	・牛革製 ・総ゴム製	・革製 ・人工皮革製 ・ビニルレザークロス製	安全靴として規程されている牛革は、耐久性に優れている。一方、プロテクティブスニーカーに主として使用されている人工皮革やビニルレザークロスは、牛革に比べ耐久性は劣るが、甲被材としての自由度があり、多様なデザインを実現する。
製　法	・インジェクション式 ・バルカナイズド式 ・セメンテッド式	主流は ・セメンテッド式 ・インジェクション式	セメンテッド製法は、多様な靴底を使用する場合の底付方式として広く利用されている。バルカナイズド製法やインジェクション製法は、各種油や溶剤及び酸、アルカリ等の浸入を防ぐ設計が施されている。

（図2-38、図2-39、表2-18～表2-20　出典：日本プロテクティブスニーカー協会 HP）

第三編　安全衛生保護具を取り巻く新しい動き

1　保護具着用管理責任者の選任の重要性

防じんマスク、防毒マスクを使用している事業場

防じんマスク、防毒マスクを使用している事業場では、衛生管理者、作業主任者等の労働衛生に関する知識、経験を有する者のうちから、作業場ごとに保護具着用管理責任者を選任し、着用者の教育、訓練のほか、使用している保護具の点検及び保守管理をさせるように行政が指導しています（「防じんマスクの選択、使用等について」平成一七年二月七日基発第〇二〇七〇〇六号、「防毒マスクの選択、使用等について」平成一七年二月七日基発第〇二〇七〇〇七号）。

しかし、保護具着用管理責任者を選任し活用している事業場は、いまだ少ないのが実情です。前述のとおり、正しい装着方法や管理方法だけでなく、必要な作業時の保護具着用すら徹底されていない事業場が少なくないことを考えると、防じんマスク、防毒マスクのみならず、他の保護具の使用においても保護具着用管理責任者を置き、適正使用、管理を進める体制づくりを急ぐことが必要です。

有機溶剤を使用する事業場を例にとり、保護具着用管理責任者の職務を以下に示します。

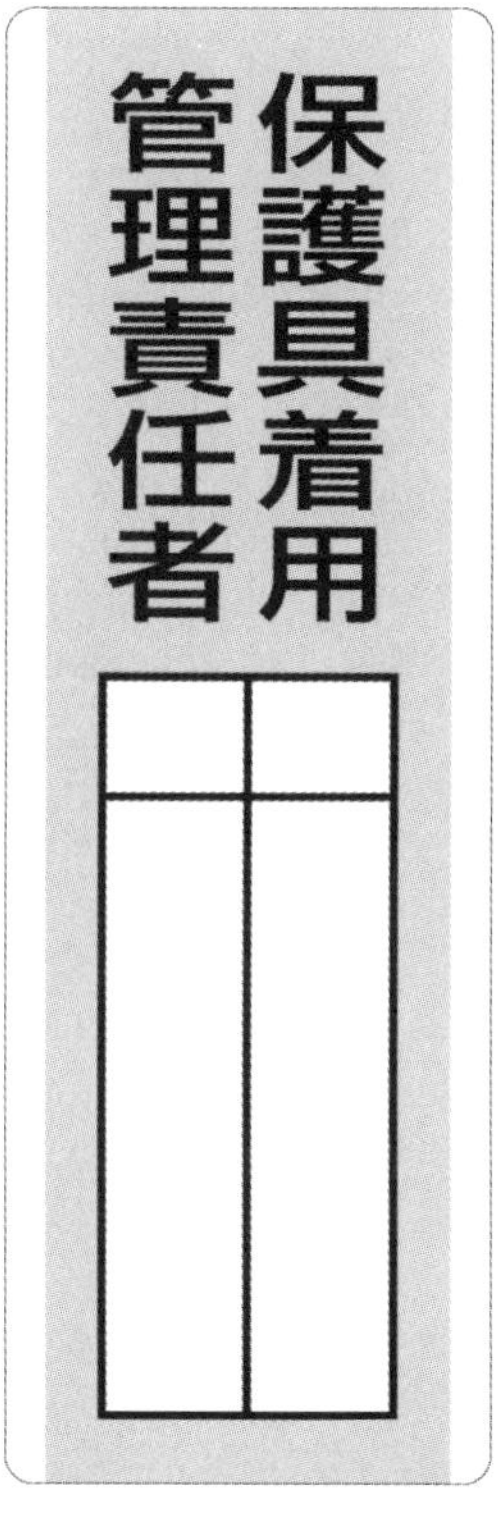

写真3-1　保護具着用管理責任者の標識

（写真提供：ユニット㈱）

そして、著者が作成した安全衛生保護具のチェックリスト集を参照して作業者の教育に活用して頂ければと考えます。防毒マスクの作業者へ教育のチェックリストを一例として記載します。（CD：二〇一六ー一七年版そのまま使える安全衛生保護具チェックリスト集、中央労働災害防止協会発行より）

(1)　**作業者の教育**

①　使用している有機溶剤の種類と有害性

②　作業者の有機溶剤濃度のばく露状況

③　保護具の有効性及び選択した理由

④　使用する保護具の機能、特徴及び使用上の注意事項
⑤　点検及び保守管理方法
⑥　緊急時の認識及び対処方法（必要がある場合）
⑦　使用に関する法令、規則等
⑧　その他必要とする項目

(2)　作業者への指導等

①　防毒マスクを着用して行う作業は、通常より呼吸器系統に負荷がかかるため、呼吸器系統に疾患がある者は、防毒マスクを着用して作業を行うことが適当であるかどうかについて、産業医等に確認すること。
②　面体を用いる場合の密着性判定の方法―密着性が悪いと防護率が低下する。作業者の顔面に密着する面体の防毒マスクを選択すること。マスク装着時には必ず密着性試験を行うように教育する。
③　保護具の着脱を迅速、確実に行う方法を指導する。
④　各部の調節方法を指導する―例えば、しめひもの締め過ぎによる面体の過度の圧迫

がないようにする。

⑤　吸収缶の交換時期を知る方法を指導する─吸収缶は、破過時間（吸収剤が飽和して吸収能力を失うようになるまでの時間）に達する前に交換しなくてはならない。

⑥　吸収缶以外の消耗品又は排気弁、吸気弁などの消耗部品の交換時期等を指導する。

⑦　有害物質が面体の接顔部から面体内へ漏れこむ恐れがあるので次のことを注意する。

・タオル等を面体と顔面の間に当てない。

・面体の接顔部に「接顔メリヤス」等を使用しない。

・作業者のひげ、もみあげ、前髪等が面体の接顔部と顔面の間に入り込まないようにする。

・排気弁の作動を妨害するような状態で防毒マスクを使用しない。

(3) 保守管理

①　マスクの清浄化と消毒を定期的に行う。

②　定期的に点検を行うこと。点検に当たっては、製造業者の取扱説明書などによることが望ましい。

③ 破損、劣化、変形、腐食、汚損などが著しく、適正な性能が得られない恐れがある時は廃棄、修理又は部品の交換を行わなければならない。

(4) **保管上の注意事項**

① 次に示す場所を避けて保管する。

・ほこりが多い場所

・直射日光又は有害光線が当たる場所

・保護具に悪い影響を与えるような高温、低温又は多湿な場所

・保護具に害を与える物質の存在する場所

② 防毒マスク用吸収缶のうち、栓のあるものは上下に栓をし、栓のないものは気密性の良い袋などに入れて、外気としゃ断して保管することが望ましい。

(5) **廃棄基準**

① 廃棄基準を定めることが望ましい。

② 廃棄基準の策定に当たっては、法令、規則などによるほか、取扱説明書及び製造業

者の提供する情報を利用することが望ましい。

③　廃棄する保護具は、廃棄品であることを明示するなど、再使用されないようにしておかなければならない。

化学防護手袋を使用している事業場

二〇一七（平成二九）年一月一二日の通達「化学防護手袋の選択、使用等について」（基発〇一一二第六号）において、事業者は、衛生管理者、作業主任者等の労働衛生に関する知識及び経験を有する者のうちから、作業場ごとに化学防護手袋を管理する保護具着用管理責任者を指名し、化学防護手袋の適正な選択、着用及び取扱方法について必要な指導を行わせるとともに、化学防護手袋の適正な保守管理に当たらせることと指導されました。事業者は、作業に適した化学防護手袋を選択し、化学防護手袋を着用する労働者に対し、当該化学防護手袋の取扱説明書、ガイドブック、パンフレット等に基づき、化学防護手袋の適正な装着方法及び使用方法について十分な教育や訓練を行うことと、化学防護手袋の使用時間（交換時期）について、化学防護手袋の取扱説明書等に掲載されている耐透過性クラス、その他の科学的根拠を参考として、作業に対して余裕のある使用可能時間をあらかじめ設定して、その設定時間を限度に化学防護手袋を使用してもらいたいものです。なお、化学防護手袋に付着した化学物質は透過が進行し続けるので、作業を中断しても使用可能時間は延長しないことに留意してください。また、乾燥、洗浄等を行っても化学防護手袋の内部に侵入している化学物質は除去できないため、使用可能時間を超えた化学防護手袋は再使用させないことと指導されています。この使用可能時間については、作業現場での化学防護手袋の使用状況によって異なることが予想され、事業場で基礎的データを作って判断することが必要であると考えます。現在、この試験方法の確立を仲間と検討し、提案したいと思っています。

今までの化学防護手袋の選択・使い方では、経皮吸収のばく露を防護することはなかなか難しいと思われます。今後、保護具着用管理責任者に化学防護手袋について勉強してもらい、化学防護手袋の性能を踏まえて、作業者の経皮ばく露状況を考慮し、適正な選択、使用、交換時期（廃棄）などについて指導できるよう期待しています。

2　保護具に関する情報支援の拡充

「化学物質の安全シート」の開発

化学物質のばく露防止措置を講じるためには、その化学物質の危険性や有害性について熟知している必要があります。そのため、国が定める六〇〇余の化学物質について譲渡・提供する際には、当該化学物質の危険性・有害性等について記された「安全データシート」（ＳＤＳ）を提供することが定められています。各事業場にとって、このＳＤＳが化学物質を取り扱ううえで欠かせない基本情報となるわけです。

しかし利用者側から見ると、ＳＤＳは数ページにまたがり、必要な情報をとっさに探すことができないなど不都合な点があります。また、記載方法が各社各様であるため、時として不十分な記載、過剰な表現に行き当たることがあり、化学物質の専門家以外には使いこなすことが容易でない一面があります。

そこで、二〇〇六（平成一八）年に事業場で用いやすい情報シートの実現を目指し、コニカミノルタビジネスエキスパート㈱（現　コニカミノルタ㈱）と共同で独自に開発した、「化学物質の安全シート」（対象は有機溶剤計四七種）を開発しました（現在は発売してお

写真3-2　CD：化学物質の安全シートのファイル
（コニカミノルタビジネスエキスパート（株）
品質環境安全部 2006年作成）

りません）（**写真3-2**）。作業者に対して、化学物質の危険有害性等の正確な情報と作業管理、作業環境管理、健康管理に必要な情報を伝達し、共有化を図ることを目的としたものでした。

(1)「化学物質の安全シート」の特徴

開発した「化学物質の安全シート」の特徴は以下のとおりです。

① 化学物質使用職場で必要と考えられる情報を「A四判一枚」の定型書式に配置

② 「人体に対する有害性の情報」は、急性影響だけでなく、慢性ばく露影響を記載し、ばく露量と関連づけて健康影響を記載

③ 管理濃度、許容濃度に加え、生物学的許容値を記載

④「法律の該当状況」は、労働安全衛生や現場の管理に必要な法律に絞って記載（労働安全衛生法、毒物劇物取締法、消防法など）

⑤労働衛生の「三管理」に則した情報として、局所排気装置の制御風速、保護具情報、特殊検診の必要性、記録保管に関する情報を記載

⑥応急処置

⑦「引火・爆発危険性の情報」は、引火性のほか、混触禁止物質、爆発事故例などを記載

⑧「保護具に関する情報」は、呼吸用保護具については吸収缶の型番と破過時間の目安、化学防護手袋は透過実験結果に基づいた有効性の高い材質名を記載

化学物質や化学製品に対して作成・配布されているＳＤＳとは異なり、Ａ四判一枚の独自の定型書式を使用し、危険有害性をはじめとする各種情報を統一された基準に基づいて記載している点が、最大の特徴でした。

有害性や健康影響に関する情報は、許容濃度の提案書などを調査し、ばく露量と関連づけて記載することとしており、簡潔な表現で健康管理上の重要点を適切に盛り込むようにしました。調査の結果、データがない場合に「データなし」と記載することも含めて、全

般的に誤解が生じにくいように配慮していました。

引火・爆発危険性情報は、常温の取扱いにおける注意事項を中心に、事故データベースなどから爆発事例や混触禁止物質を調査し、取扱いや保管時の条件を記載しました。

(2) 保護具情報について

SDS上では、保護具に関する情報は、たとえば「防毒マスク、不浸透性保護手袋着用」のように、ごく一般的な記載にとどまっています。しかし、工場などの取扱い現場では、「具体的にどのような種類の保護具を、何を基準にどのように選択すべきか」がわからないため、保護具選定時の参考情報としては活用しにくい面があります。

「化学物質の安全シート」では、この点を踏まえ、防毒マスクについては吸収缶の破過時間を参照して選定を行い、化学防護手袋は透過実験の結果から有効性が高い製品の材質名(材質が不明なものについては商品名)を記載するなど、以下のような特徴を持たせました。

① 現場で対応がしやすい親切な保護具情報を掲載した。

② 従来十分なデータがなかった物質について保護具に関する情報を充実させた。

③ 化学防護服の情報を充実させた。

④　幅広い活用につなげるため、選択の幅を広げる情報とした（品揃えの充実）。
⑤　対象は有機溶剤　計四七種である。
⑥　以下の情報について、商品名と関連付けて評価方法も含めた公開可能な情報の検討とデータを記載した。
・防毒マスク用吸収缶→破過時間、相対破過比など
・化学防護手袋→透過時間、耐劣化評価の結果
・化学防護服→透過時間

(3)　各種保護具の具体的記載

①　防毒マスク用吸収缶

「化学物質の安全シート」では、より汎用性の高い情報となるようメーカー各社の吸収缶の型番と破過データをシクロヘキサンに対する相対破過比（実測値）として掲載しました。さらに相対破過比のみの情報では、保護具の専門知識のない利用者が活用しにくいため、吸収缶の有効時間の算出の目安を掲載することとしました。また、アセトン、ジクロロメタンなどのように沸点が低く揮発しやすい物質については「低沸

点のため、破過時間に注意」という注意書きをシート内に記載し、メタノールのように吸収缶の破過が早い物質については「送気マスク推奨」のコメントを念のため記載しました。

「作業の内容によっては吸収缶を使用する防毒マスクが適さない場合もある」ことを解説書に明記し、すべての物質に対して「高温や高湿条件下では破過時間が短くなることに注意」するようシート内に明記しました。

② 化学防護手袋

商品名による記載に統一し、メーカー各社の代表的な商品について記載しました。商品ごとの透過時間（実測値）と、透過試験だけでなく浸透（浸漬）試験の結果などを踏まえたメーカーの総合評価がある場合は、その評価をあわせて記載しました。

③ 化学防護服

各社の代表的な商品名と、商品ごとの透過時間（実測値）を記載しました。

(4) 有害性情報、引火・爆発情報の見直し

有害性情報、引火・爆発の情報などについても見直しを進めました。人体に関する有害

性については、再度、各機関の許容濃度提案書、各種の有害性評価書などをひもとき、場合によっては、それらの記述の基となった文献を確認し、予防すべき影響、許容濃度設定の理由となった健康影響をより意識した、全身影響としての記載を産業医の指導の下に決定しました。

情報の少ない物質については、各国（欧州など）の化学物質規制による危険有害分類を参考にしました。また、安衛法の管理濃度のほか、経皮吸収を含めた許容濃度の記載（日本産業衛生学会、米国ＡＣＧＩＨ、ドイツＭＡＫ値）、生物学的許容値も最新の数値を収録し、作業者の「個人のばく露の把握」という観点で重要と考えられる情報を充実させました。これらの情報は、労働安全衛生推進の中核を担う産業医の方々にも十分に活用してもらえる内容のものでした。

引火・爆発に関する情報については、常温・常圧における取扱いや保管時の注意事項、事故事例を再調査、再確認しました。それらを踏まえて引火危険性、爆発危険性の有無と、引火・爆発防止のために特に注意すべき安全化対策を記載し、混触禁止物質については通常の作業現場で保管される可能性が高いと考えられる物質を中心に記載しました。

化学物質に対する保護具選定のためのケミカルインデックス

現在、一般に使用されている保護具に関する情報は不足がちで、ユーザーがいざ保護具を選定する際に困っているのが実情でした。そこで「化学物質の安全シート」に続いて、ＳＤＳの譲渡義務付けのある物質を含む約七〇〇物質を対象に、今入手できる範囲で呼吸用保護具、化学防護手袋及び化学防護服の選定について、データベースソフト「マイクロソフト　アクセス」を用いた検索システムを作成したので紹介します。

二〇一七（平成二九）年、オルト-トルイジンによる膀胱がんの発症より経皮吸収ばく露防護のための化学防護手袋、化学防護服が注目され、厚生労働省より、「マイクロソフトエクセル」でも検索できるように改良の依頼があり、作成しました。これらが十文字学園女子大学のホームページに記載されていますので、ご利用頂ければ幸いです（**写真3-3**）。

呼吸用保護具に関しては、インターネットで入手できる海外メーカーの Respirator selection guide より、物質の浮遊状態を考慮した防じんマスク、防毒マスク及びその両者の併用などを紹介しました。また、有機溶剤のばく露防護に使用される有機ガス用吸収缶の交換時期の目安として、日本のメーカーの吸収缶による約四〇物質の破過時間と、米国の研究者 Nelson らによる一二〇物質におよぶ破過時間を記載しました。化学防護手袋、

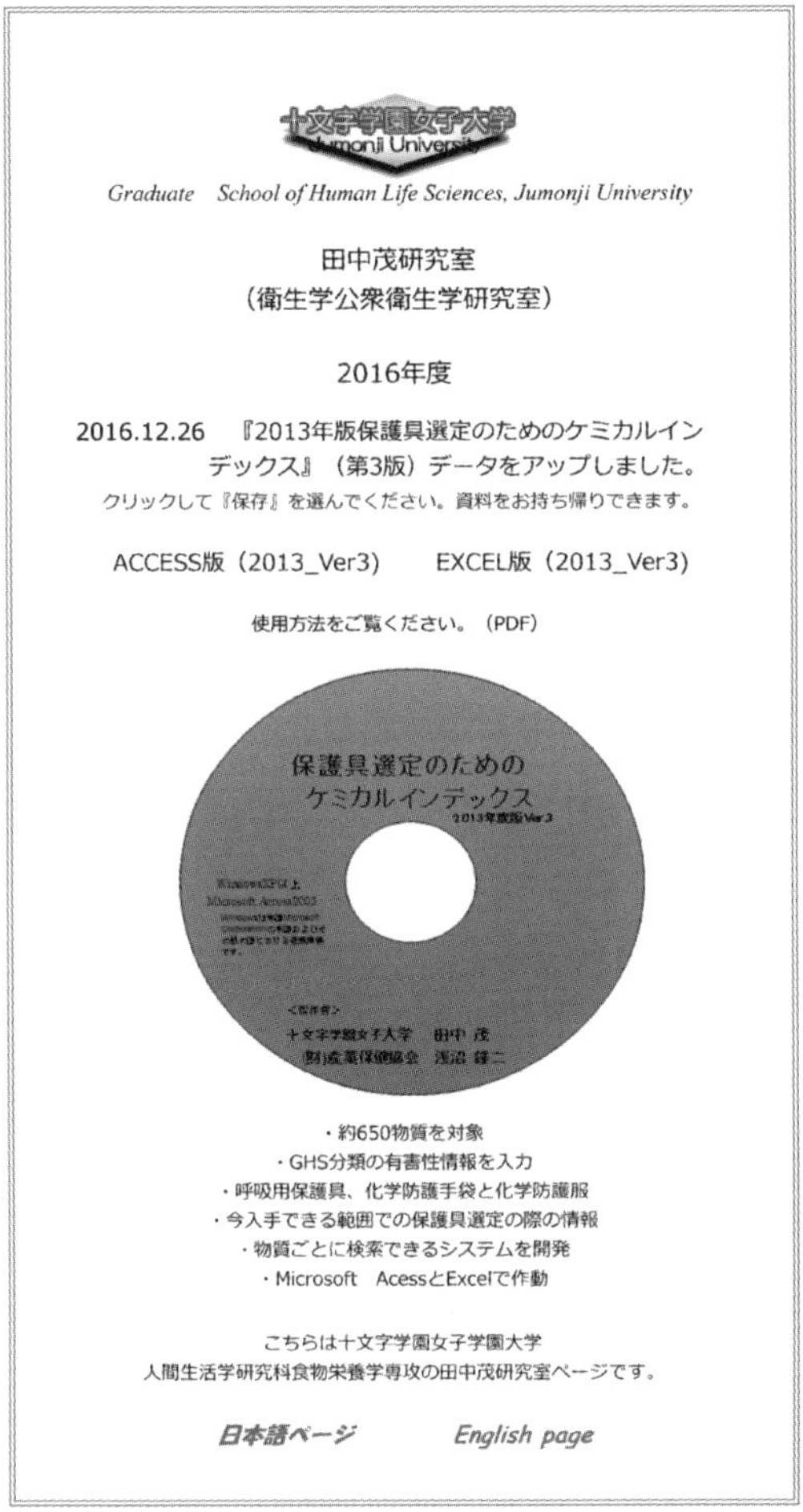

写真3-3 『保護具選定のためのケミカルインデックス』のダウンロードページ（十文字学園女子大学 田中茂研究室のホームページ http://www.jumonji-u.ac.jp/shokuei/stanaka/）

化学防護服については一九九八（平成一〇）年にＪＩＳ規格が改正され、選定の大きな基準になる透過試験の結果である透過時間を一覧に示しました。

収録した主な内容は、以下のとおりです。

・ＳＤＳ交付義務（平成一二年政令第九三号）

譲渡、又は提供する先に有害性等の情報をＳＤＳ等により通知を行う対象となる物質。労働安全衛生法第五六条で定める製造許可物質（七物質）のほか、政令で定める物質六六三物質が該当する。

・管理濃度（「作業環境評価基準」より）

・許容濃度、経皮吸収、発がん分類

・経皮吸収

・発がん分類

（以上、日本産業衛生学会のデータより）

・ＴＬＶ-ＴＷＡ、ＴＬＶ-ＳＴＥＬ／Ｃ、注釈（ACGIH による TLVs and BEIs を参照）

・ＴＬＶ-ＴＷＡ（Threshold Limit Value-Time Weighted Average）

・ＴＬＶ-ＳＴＥＬ／Ｃ（Short Term Exposure Limit/Ceiling）

・Skin
・がん原性
・ＢＥＩ（Biological Exposure Indices）
（以上、ＡＣＧＩＨのデータより）

具体的な収録内容の例を表3-1～表3-3に示します。

表3-1 「検索システム」への収録例(1)

直結小型有機ガス用吸収缶における破過時間

・*興研 KGC-10(C)　三光化学 G-31*

　試験条件として蒸気濃度 300ppm、温度 20℃、相対湿度 50%、流量 30ℓ/分で連続的に通気して、吸収缶の出口側濃度として 5ppm が得られるまでの時間を示す。

・*Nelson*

　試験条件として蒸気濃度 100ppm、温度 22℃、相対湿度 50%、流量 53.3ℓ/分で連続的に通気して、吸収缶の出口側濃度として 100ppm が得られるまでの時間を示す。(引用：Nelson, G.O. and C.A. Harder. Respirator Cartridge Efficiency Studies: V. Effect of Solvent Vapor. Am. Ind. Hyg. Assoc. J. 35(7): 391-410 (1974).)

・相対破過比

　シクロヘキサンの破過時間に対する各物質の破過時間の比を示す。使用している吸収缶に添付されているシクロヘキサンの破過曲線図より、個人ばく露濃度を推定してシクロヘキサンによる破過時間を求め、それに上記の相対破過比を乗じて破過時間を推定し、安全を考慮してその破過時間前に吸収缶の交換を行うようにする。混合有機溶剤の場合は、含有率が高い物質ではなく、早く破過する物質を対象に行うことが必要。

(参考：Shigeru TANAKA, et.al. A Study on the Relative Breakthrough Time (RBT) of a Respirator Cartridge for forty-six kinds of Organic Solvent Vapors. Applied Occup. Env. Hyg. 14(10): 691-695p 1999)

表3-2 「検索システム」への収録例(2)

化学防護手袋

Ansell製

材質	特徴
ポリエチレン/ナイロン多層フィルム	耐化学薬品性に特に優れている。厚さ0.06mm
ニトリル	機械強度に優れている。厚さ0.54mm
ネオプレン	機械強度に優れている。厚さ0.38mm
ポリビニルアルコール	裏地付き。摩擦抵抗、切創抵抗、引き裂き抵抗、突き刺し抵抗に優れている。
塩化ビニル	裏地付き。摩擦抵抗に優れている。
天然ゴム	機械強度に優れている。厚さ0.48mm
ネオプレン/天然ゴムブレンド	機械強度に優れている。厚さ0.067mm

出典：Ansell Protective Products Chemical Resistance Guide 6th Edition,（1998）

North製（現在はハネウェル社）

材質	特徴
シルバーシールド	多層のフィルムをラミネートしたもので、広範囲の化学物質に対して有効である。厚さ0.1mm
バイトン	塩素系、芳香族炭化水素に優れた手袋である。厚さ0.25mm
ブチル	ケトン、エステルに優れた手袋である。厚さ0.43mm
ニトリルラテックス	ガソリン、油脂の取り扱いに適しており、機械的強度に優れる。厚さ0.28mm
天然ゴム	厚さ0.45mm

出典：North Safety Products (1999年)

表3-3 「検索システム」への収録例(3)

化学防護服

DuPont製

製品名	材質	特徴
タイベック	ポリエチレン不織布	厚さ0.13mm。粉じん粒径0.3μmに対して99.1%の防御性能を有する保護服
タイベックC	ポリエチレン不織布＋ポリエチレンコート	厚さ0.147mm。液体化学薬品に対する保護服
タイベックF	ポリエチレン不織布＋ラミネートフィルム	厚さ0.159mm。液体化学薬品に対する保護服
レスポンダー	ポリプロピレン不織布＋ラミネートフィルム10層	厚さ8mm。化学薬品に対する保護服

(注)デュポン社の化学防護服の透過データはデュポン社のホームページ内の検索サイトより確認して使用してください。
http://www.safespec.dupont.co.uk/safespec/chemical/en/search.html
http://safespec.dupont.com/safespec/chemical/search

化学防護手袋・化学防護服の材質に関する概要

ブチルゴム
イソブチレン・イソプレンのコポリマーからなるゴム

天然ゴム
天然のゴムの木から採取した樹液に含まれるゴム成分。ゴム本体はポリイソプレンだが、天然の蛋白質や糖類等を含む。

ネオプレン
ポリクロロプレンゴム。結晶性、分子量などでタイプが区分される。

ニトリル
アクリロニトリル・ブタジエンのコポリマーからなるゴム。耐油性に優れる。

ポリエチレン
有機のポリマー中、一次構造がもっとも簡単なポリマー。結晶性・分岐構造により、高密度〜中密度〜低密度ポリエチレンに区分される樹脂。

ポリビニルアルコール
ポリ酢酸ビニルを加水分解して得られるポリマー。吸水性がある。

ポリ塩化ビニル
軟質〜硬質の樹脂。軟質塩ビの場合、多量の可塑剤を含む。

バイトン
フッ素系ゴム。ポリフッ化ビニリデン・ヘキサフルオロプロピレンなどを主体にしたコポリマー。耐熱性・耐油性に優れる。

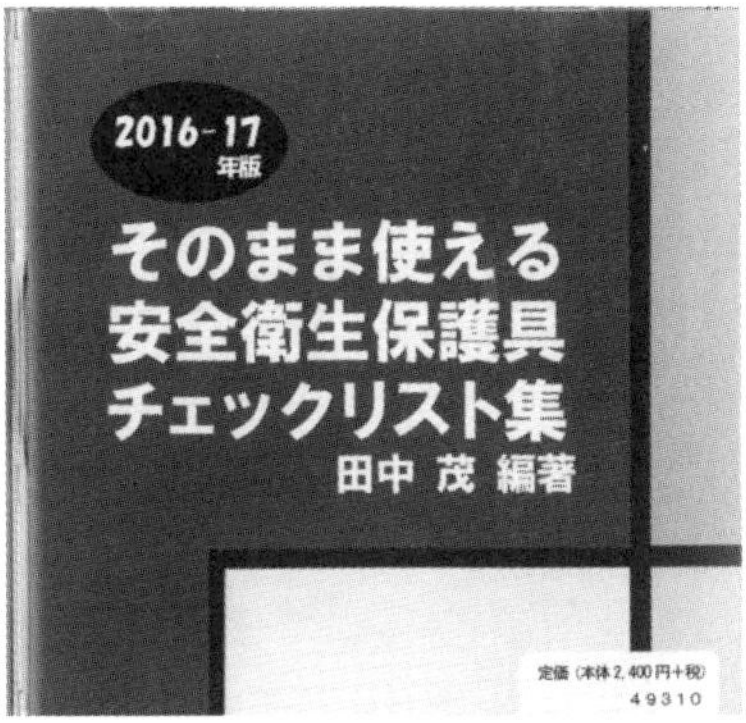

写真3-4『2016-2017年版　そのまま使える安全衛生保護具チェックリスト集』

保護具のチェックリスト

二〇〇六（平成一八）年に安全衛生保護具の使用に関するチェックリストを作成し、出版しました（田中茂編著『そのまま使える安全衛生保護具チェックリスト集』中央労働災害防止協会、二〇〇六年）。その後、二〇一四（平成二六）年の改訂にあわせてＰＤＦファイル版にし、プリントアウトして活用することができるようにしました（田中茂編著『二〇一六－一七年版　そのまま使える安全衛生保護具チェックリスト集』中央労働災害防止協会、二〇一六年、**写真3－4**）。チェックリストを通じて、保護具の選択、使用に関する現状の把握と不足箇所の確認を行い、各事業場において保護具の適正使用に関する指導、教育に活用していただくことを目的としています。

表3-4　チェックリストの例（管理者向け）

使い捨て式防じんマスク　（1／6）使用環境・条件・準備　管理者向け

作業場名：			作業名：		
点検日時：　年　月　日（　）　：			判定：良い;3　普通;2　不良;1　該当せず;／		
項目		チェックポイント	判定基準	判定	コメント
使用環境・条件・準備	1	対象作業／取扱い物質を把握していますか。	把握している。		
	2	有害物質は粉じんのみですか。	粉じんのみで、有害なガスはない。		有害なガスに対しては防毒マスク等を使用しましょう。
	3	オイルミストが粉じんと混在するか把握していますか。	把握している。		オイルミストがある場合にはDL タイプが必要です。
	4	取扱い物質の特性／毒性、危険性（爆発性含む）を把握していますか。	把握している。		SDS や原材料メーカーの情報、厚生労働省の HP、インターネット等から把握できます。
		・皮膚および目に対する警告がありますか。	警告の有無を調べてある。		
		・IDLH*は確認していますか。	確認している。		
		・ばく露限界*（許容濃度、TLV）、管理濃度*は確認していますか。	確認している。		
		・適用法令について確認していますか。	確認している。		
		・その有害物質が健康に与える障害について理解していますか。	理解している。		産業医に相談したり、厚生労働省 HP 等を参照しましょう。
	5	作業者の有害物ばく露状況を推定していますか。	推定している。		
		・作業環境測定は実施しましたか。	実施した。		
		・個人ばく露測定は実施しましたか。	実施した。		
	6	作業場の温度／湿度を把握していますか。	把握している。		
	7	酸素濃度の確認はしていますか。	確認している。		必要に応じて測定しましょう。酸素濃度 18%未満では使用できません。
	8	作業環境測定における測定結果（管理区域、管理区分）を把握していますか。	把握している。		
	9	個人ばく露濃度の測定結果を、ばく露限界と比較して評価していますか。	評価している。		個人ばく露測定結果を把握しましょう。
	10	保護具以外で作業者のばく露を防ぐことを検討しましたか。	検討した。		作業環境改善、作業方法、作業時間などの検討を実施しましょう。
			合計		
			回答項目数×3		

＊IDLH（Immediately dangerous to life or health）：NIOSH（米国国立労働安全衛生研究所）の提唱する、ある濃度レベル以上で生命と健康に危険を及ぼすおそれがある物質の限界値。
＊ばく露限界：ほとんどすべての労働者が連日繰り返しばく露しても健康に影響を受けないと信じられる環境条件の限界。日本産業衛生学会の許容濃度、ACGIH（American Conference of Governmental Industrial Hygienists）の TLV などがある。
＊管理濃度：作業環境管理の良否を判断する際の管理区分を決定するための指標。

（資料：田中茂編著『2016-17年版 そのまま使える安全衛生保護具チェックリスト集』中央労働災害防止協会、2016）

表3-5　チェックリストの例（作業者向け）

耳栓　（２／３）選び方・使い方　　作業者向け

作業場名：			作業名：		
点検日時：　年　月　日（　）　：			判　定：　良い；3　普通；2　不良；1　該当せず；／		
項目		チェックポイント	判定基準	判定	コメント
選び方	11	JIS 規格を満たしている耳栓を選んでいますか。	選んでいる。		JIS T 8161 が選定基準になります。
	12	騒音レベルに対応した耳栓を使っていますか。	使っている。		騒音レベルに対応した耳栓を使ってください。（騒音レベル－耳栓の遮音値＝85 dB 以下）となる耳栓を選びましょう。
	13	自分に合った製品を使っていますか。	使っている。		サイズの決定／フィットテストを実施し、決定しましょう。また、測定データは保管しておきましょう。
	14	皮膚がかぶれたりしない材質の耳栓を選んでいますか。	選んでいる。		
	15	イヤーマフとの併用が必要ですか。	必要か、そうでないかわかっている。		
	16	使用する保護具はすぐにわかるように分けられていますか。	すぐにわかるようにしてある。		ラベルを貼るなどして、識別できるようにしましょう。
使い方	17	取扱説明書を読みましたか。または、わかりましたか。	読んだ。わかっている。		
	18	使用前の点検を行っていますか。	行っている。		
		・耳栓は汚れたり傷ついていたりしませんか。	汚れたり、傷ついたりしていない。		
		・耳にフィットするように十分にやわらかいですか。	十分にやわらかい。		
	19	耳によくなじんでいますか。	なじんでいる。		
	20	装着したときに不快感はありませんか。	不快感はない。		
	21	すぐに落ちてしまわないように、きちんと装着していますか。	装着している。		
	22	耳栓チェッカーを使ったフィットテストを知っていますか。また、行いましたか。	知っているし、これを使ってチェックをした。		管理者に聞いてみましょう。
	23	作り直したりしていませんか。	作り直していない。		作り直しは絶対に止めましょう。
	24	装着指導を受けましたか。	受けた。		
	25	フィットテスト（耳栓チェッカー）を行いましたか。	行った。		耳栓チェッカー等を使用し、フィットテストを行ってください。
	26	耳栓をつけているときでも、緊急時の注意を聞くことができますか。	聞くことができる。		耳栓の種類を適切に選び、必要な音は聞こえるようにしましょう。
	27	作業場の騒音レベルを簡単に知ることができるようになっていますか。	知ることができるようになっている。		騒音職場であること、また、そのレベルを明示しましょう。
			合計		
			回答項目数×３		

（資料：田中茂編著『2016-17年版 そのまま使える安全衛生保護具チェックリスト集』中央労働災害防止協会、2016）

二〇一六（平成二八）年の改訂では、保護具の種類を増やし呼吸用保護具（使い捨て式防じんマスク、取替え式防じんマスク、防毒マスク、送気マスク（ホースマスク）、送気マスク（エアラインマスク）、空気呼吸器、電動ファン付き呼吸用保護具）、化学防護手袋、化学防護服、耳栓、保護帽、安全靴、保護めがね、安全帯としました。

内容は、管理者向けと作業者向けの二つに分けています。作業者向けにチェックリストの記載内容が多いのは、作業者自らが意識し、重要性を理解してもらいたいことと実際の装着、使用管理などのチェックポイントが含まれているためです。判定で記載した点数を合計した評価点が、年々上昇するように活用して欲しいと思います。

さらに、防じんマスク、防毒マスクや化学防護手袋を使用している事業場における保護具着用管理者として、作業者への教育資料の作成に使用して頂ければ幸いです。

3　「ナノマテリアル」取扱い作業にも保護具を！

十億分の一メートルの素材

近年、注目を集める新技術の一つに「ナノマテリアル」があります。「ナノ」とは十億分の一を示す言葉で、「ナノメートル」は十億分の一メートル（一マイクロメートルの千分の一）を表します。すなわちナノマテリアルとは、その大きさがナノメートルサイズである材料のことなのです。

なぜ、このナノマテリアルが注目されるかというと、同じ物質であっても、その組成単位をナノレベルにまで小さくすると、目に見えるサイズのものとはまったく違う物性を示すことがわかったからです。そこで、従来の材料にはない優れた性質を持った新材料を開発するべく、世界中で研究が進められています。

すでに、カーボンブラック、シリカ、酸化チタン、酸化亜鉛などがナノマテリアルとして生産されていて、タイヤや塗料、化粧品、医薬品などに使われています。また、次世代の材料として期待のかかるカーボンナノチューブも、ナノマテリアルの一つです。

しかし、ナノマテリアルについては、人の健康に及ぼす影響が未だ十分に解明されておらず、そのサイズの小ささゆえに、健康障害を懸念する声も出ています。一方、ナノマテリアルを取り扱う作業場では、作業環境中のナノマテリアルの濃度を定期的に測定することも求められますが、ナノサイズの粒子等を測定するには技術的な課題が山積みの状況です。

現時点では、ナノマテリアルに対するハザードも、作業者のばく露実態についても不明な点が多いのですが、労働者の健康障害を未然に防止するために、作業者のナノマテリアルへのばく露防護を検討する必要があります。そのためには労働衛生工学的な対策を実施するとともに、呼吸用保護具の選定が重要となります。

呼吸用保護具の選定

著者は、ナノマテリアル取扱い作業における呼吸用保護具の選定方法について検討を行いました。ナノマテリアル取扱い作業とひと口にいっても、取扱量の多少、装置の密閉化などの作業環境管理など、作業場によってばく露の可能性の程度は異なります。そこで、保護具の選定に際しては、作業場の状況に応じ、「指定防護係数」を踏まえて選定することとしました。

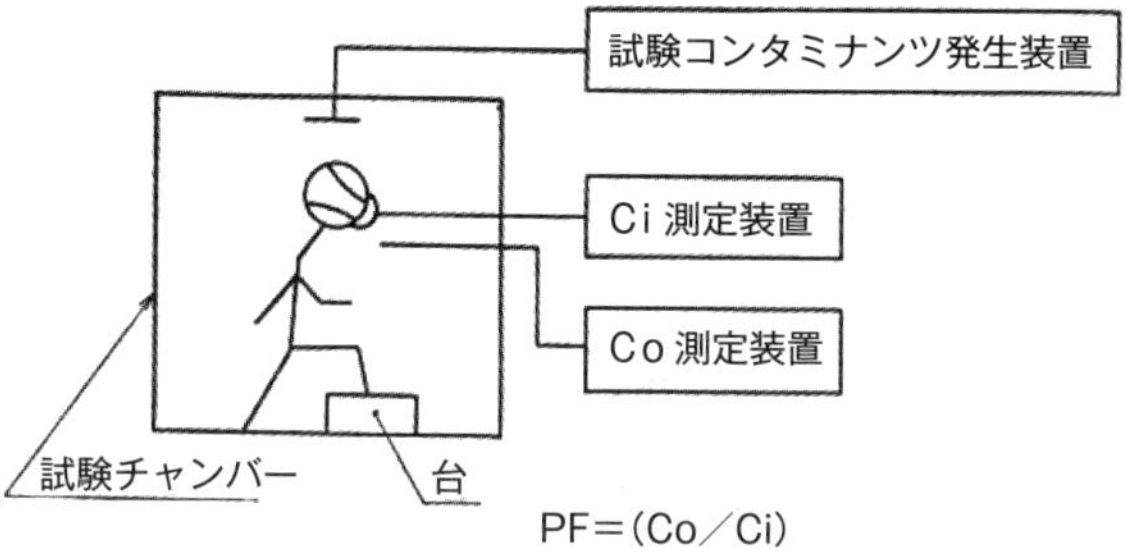

図3-1　防護係数の測定

防護係数とは、呼吸用保護具の防護性能を表す数値です。図3-1のように、粉じんなどのコンタミナンツ（有害物質）を試験チャンバー内に発散させた中に、呼吸用保護具を適切に装着して入り、マスクの外と中の濃度を測定し、防護係数を求めます。この防護係数が高いほど、マスク内への有害物質の漏れこみが少ないことを示し、作業者のばく露が少ない呼吸用保護具といえます。

作業現場において防護係数が測定できない場合は、各機関が公表している指定防護係数を利用することができます。指定防護係数は、実験室内で測定された多数の防護係数値の代表値で、訓練された着用者が、正常に機能する呼吸用保護具を正しく着用した場合に、少なくとも得られるであろうと期待される防護係数を示しています。米国、日本の機関から公表されている指定防護係数を表3-6に示します。

これらの指定防護係数を参考にして、一般の製造又は取扱い事業場や試験研究機関で、労働衛生工学的対策の整備状況を考慮して、呼吸用保護具の選定を行うこととしました。その具体的な保護具選定の流れのチャートを図3-2、図3-3に、選定結果のまとめを表3-7に示します。

検討に当たっては、作業者のばく露について問題がないことを作業環境測定等の結果から確認できない場合は、ナノマテリアルを密閉系で取り扱う場合であっても、呼吸用保護具を装着することとしました。

また、呼吸用保護具のろ過材の粒子捕集効率に関し、最近の文献によると五〇ナノメートル前後の粒径に対して捕集効率の低くなるろ過材が確認され、N95（NIOSH規格―九五パーセント以上の粒子捕集効率）あるいはS2（日本の型式検定規格―九五パーセント以上の粒子捕集効率）のろ過材の粒子捕集効率が基準の九五パーセントを下回る結果が報告されています。

国も対策の周知を図る

厚生労働省は、二〇〇八（平成二〇）年二月に「ナノマテリアル製造・取扱い作業現場における当面のばく露防止のための予防的対応について」（基発第〇二〇七〇〇四号）を発出し、対応策の周知を図ってきました。その後、有識者による検討会を実施し、その報告を踏まえて対策を取りまとめた「ナノマテリアルに対するばく露防止等のための予防的対応について」（平成二一年三月三一日基発第〇三三一〇一三号）を示し、対策の徹底を求めています。

それによると、ナノマテリアルの生体への健康影響については研究中であるものの、予防的アプローチの考え方に基づくばく露防止対策が重要であるとし、製造・取扱装置の密閉化等や局所排気装置等の設置などの設備的対策、作業環境中のナノマテリアルの濃度の測定・把握、ばく露の恐れがないことを確認できない場合の呼吸用保護具の使用などを求めています。

また、化学防護手袋やゴグル型保護めがね、化学防護服についても、同様に使用することとしています。

新素材として期待の大きいナノマテリアルですが、そこから健康被害などの悲劇を起こ

	NIOSH Decision Logic(2004)	ANSI Z88.2 (1992)[e]	ANSI (Draft revision)	JIS T8150: 2006[f]
	10	10	5	3～10[g]
	10	10	10	
	10	100	50[d]	4～50[g]
	50	100	50[d]	
	50	50	50	4～50
	50	1000[b]	1000	4～100
	25	1000[b]	1000	4～25
	25	25	25	4～25
	10	10	....	10
	50	100	....	50
	50	50	250	50
	50	1000	1000	100
	25	1000	1000	25
	25	25	25	25
	1000	50	250	50
	2000	1000	1000	1000
	10000	....	....	1000
	....	10	....	10
	50	100	....	50
	....	....	....	—
	10000	10000[c]	10000[c]	5000
	....	....	10000[c]	—

(%)] から、100／(Lm＋Lf) によって算出。

表3-6　各機関における指定防護係数の一覧

マスクの種類			OSHA 29CFR 1910.134(2006)	
ろ過式呼吸用保護具	使い捨て式		10	
	半面形マスク		10	
	全面形	N,P,R100を装着していない場合	50	
		N,P,R100を装着している場合	50	
電動ファン付き呼吸用保護具	半面形		50	
	全面形		1000	
	ヘルメット/フード		25/1000[a]	
	ルーズフィット面体		25	
送気マスク	デマンド形	半面形	10	
		全面形	50	
	一定流量形	半面形	50	
		全面形	1000	
		ヘルメット/フード	25/1000[a]	
		ルーズフィット面体	25	
	プレッシャデマンド形	半面形	50	
		全面形	1000	
送気·空気呼吸器複合式プレッシャデマンド形全面マスク			....	
空気呼吸器	デマンド形	半面形	10	
		全面形	50	
		ヘルメット/フード	50	
	プレッシャデマンド形	全面形	10000	
		ヘルメット/フード	10000	

ろ過式の防護係数は、面体等の漏れ率［Lm（%）］およびフィルタの透過率［Lf

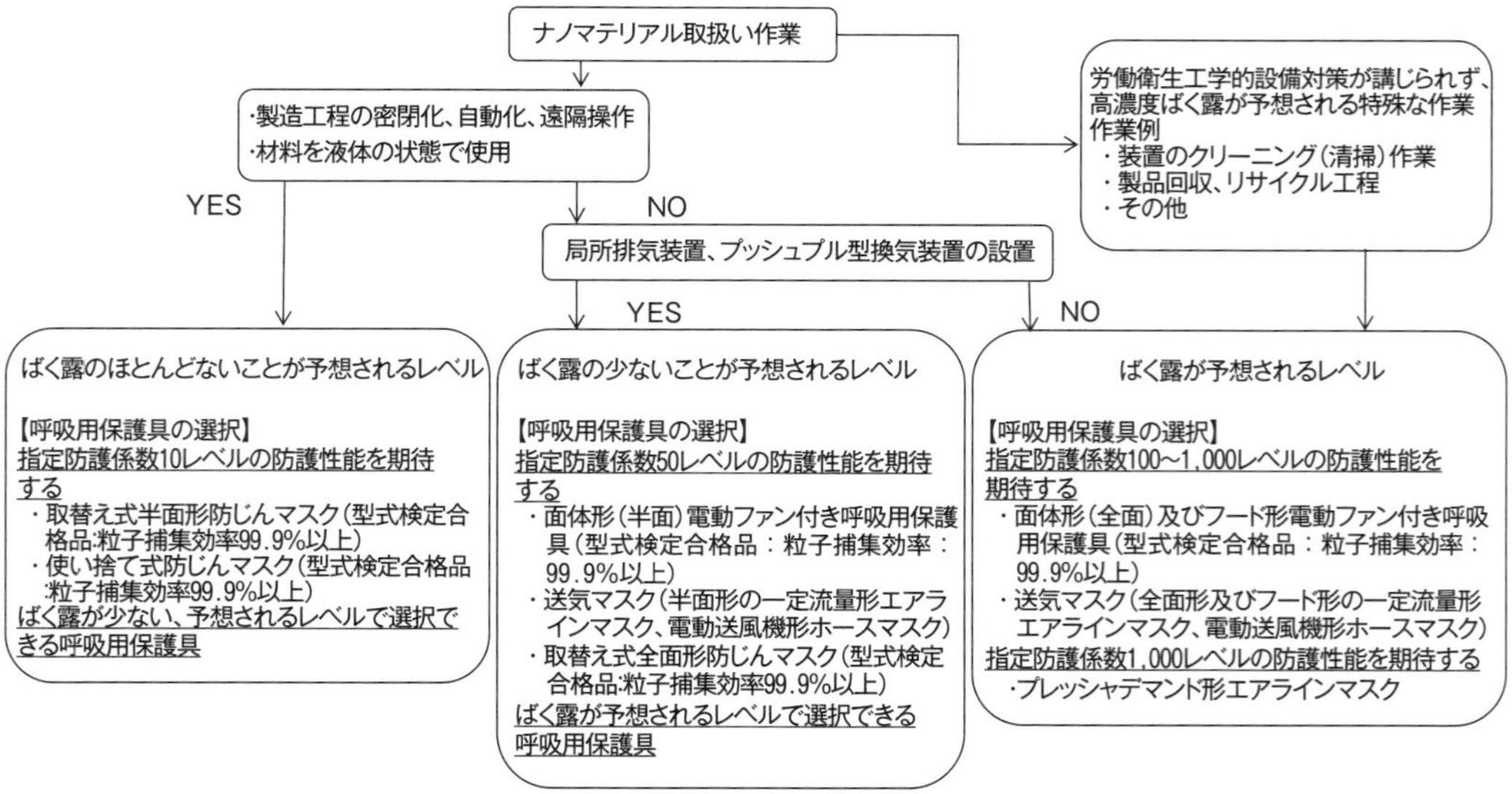

図3-2　ナノマテリアルの呼吸用保護具の選定（工場用）

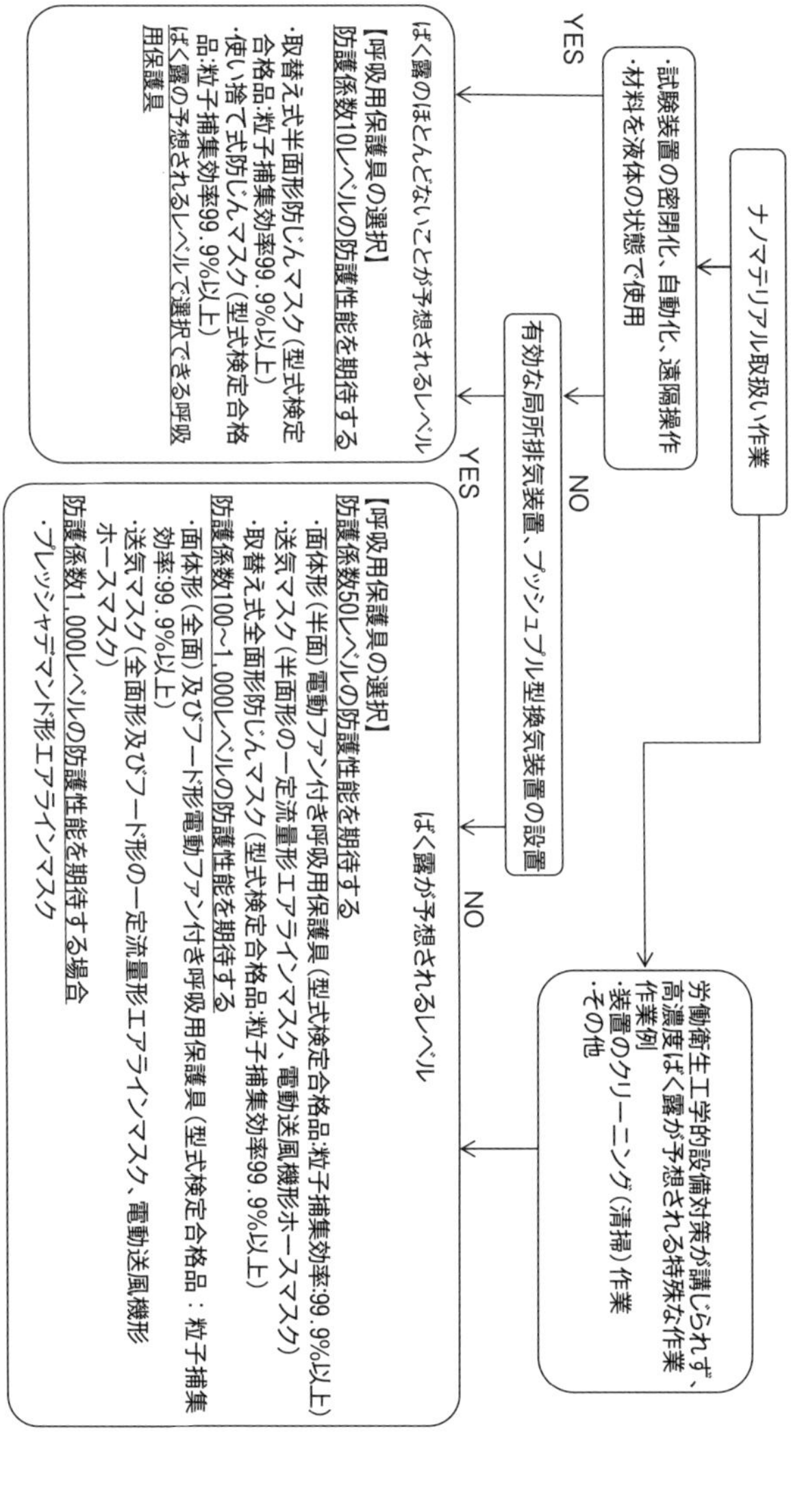

図3-3　ナノマテリアルの呼吸用保護具の選定（研究所用）

表3-7　ナノマテリアルに対する呼吸用保護具の選定（まとめ）

使用状況	密閉化、自動化、遠隔操作、液体化	局所排気装置、プッシュプル型換気装置の設置	工学的対策なし
工業生産レベル	指定防護係数10以上	指定防護係数50以上	指定防護係数100以上
試験研究レベル	指定防護係数10以上		指定防護係数50以上

ただし

環境条件	呼吸用保護具の選定
酸素濃度18%未満	送気マスク
有機溶剤、有害ガスが共存する作業	送気マスク、防じん機能を有する防毒マスク
防爆型が必要な作業	送気マスク、防じんマスク

してしまっては、せっかくの新技術が元も子もなくなります。しっかりと予防的対応措置をとっていくことが必要です。

４　新型インフルエンザの感染防止策と保護具

世界的に流行した新型インフルエンザ

二〇〇九（平成二一）年四月下旬、メキシコに端を発し、人から人への感染が確認された新型インフルエンザ（豚由来のＨ１Ｎ１型）は、瞬く間に世界中に感染が広まり、ＷＨＯ（世界保健機関）はフェーズ６（世界的大流行）を宣言しました。

新型インフルエンザの主な感染経路は、飛沫感染と接触感染です。飛沫感染では、感染した人の咳やくしゃみにより、つばなどの飛沫とともに放出されたウイルスを健康な人が吸入することによって感染します。接触感染では、感染した人がくしゃみや咳を手で押さえた後や、鼻水を手でぬぐった後に、机やドアノブ、スイッチなどに触れると、その触れた場所にウイルスが付着します。その付着したウイルスに健康な人が手で触れ、その手で目や鼻、口に再び触れることにより、粘膜・結膜などを通じてウイルスが体の中に入り感染する場合があります。

一方、感染した患者の問診や、治療を行う医療スタッフは、空気中に飛散しているウイルスを吸入する、空気感染の危険性もあわせて防護する必要があります。新型インフルンザの予防法は、手洗い、うがいの励行とともに、マスク、手袋、保護めがねの装着であるとされています。

不織布製マスクで飛沫拡散を防ぐ

マスクの種類として、厚生労働省では一般の人々に対して感染予防のために不織布製マスクを、医療スタッフに対しては米国の国家検定規格である使い捨て式防じんマスク（N95）、及び同等の性能を有する日本の型式検定規格であるDS2の使用を指導しています。

そこで、一〇名の被験者を対象に、新型インフルエンザ対策として紹介されているマスクを用いて、マスクフィッティングテスターMT‐03（六五ページ参照）で顔面と面体との漏れ率を測定してみました。測定したのは、N95（アメリカの規格。九五パーセント以上の粒子捕集効率）一種類、DS2（日本の規格。九五パーセント以上の粒子捕集効率）三種類、DS1（日本の規格。八〇パーセント以上の粒子捕集効率）一種類、さらに不織布のマスク四種類、ガーゼマスク一種類、電動ファン付き呼吸用保護具一種類です。

その結果を**図3‐4**に示します。不織布製ではすべて一〇パーセント以上であり、DS2、DS1は平均で一〇パーセント未満を示しました。N95で二二・七パーセントと高い

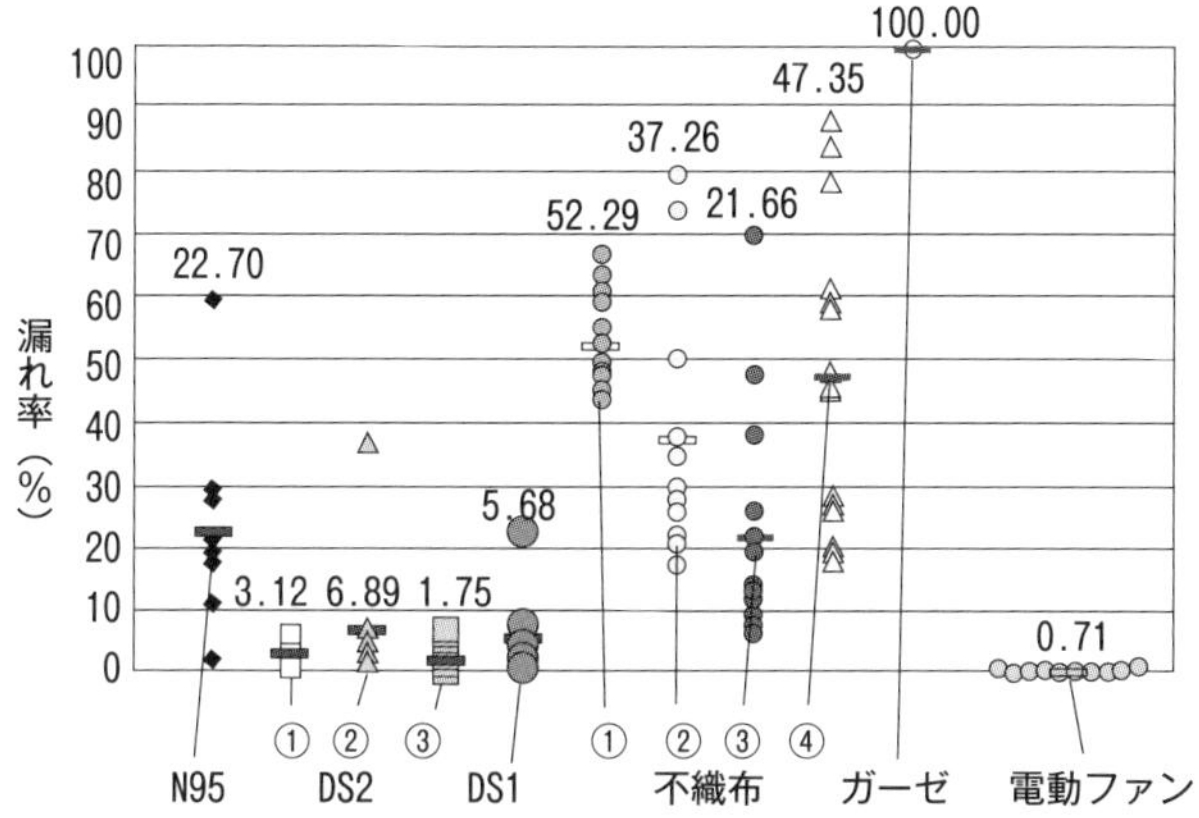

図3-4　マスクの種類別の面体と顔面との隙間からの漏れ率

値を示したのは、折りたたみ式であり、日本人にフィットしにくかったためと思われました。不織布製マスクでは、どれも平均で一〇パーセント以上を示しており、目視でも顔面と面体との間に隙間が見えることが多く、感染症予防のための効果があるのか気になりました（**写真3-5**）。

二〇〇九（平成二一）年五月二三日放送のＴＢＳテレビ「報道特集ＮＥＸＴ」で、著者のデータの一部が放映されました。その際、仙台の医療グループは飛沫感染を想定してチャンバーの中にくしゃみをして、その粒径と個数を測ってみたところ、〇・五マイクロメートル以下の粒子が多いと報告していました。となると、不織布製マスクでは小さな粒子の捕集、除去がしにくいことが示唆され、予防のための効果が危惧されます。一方、

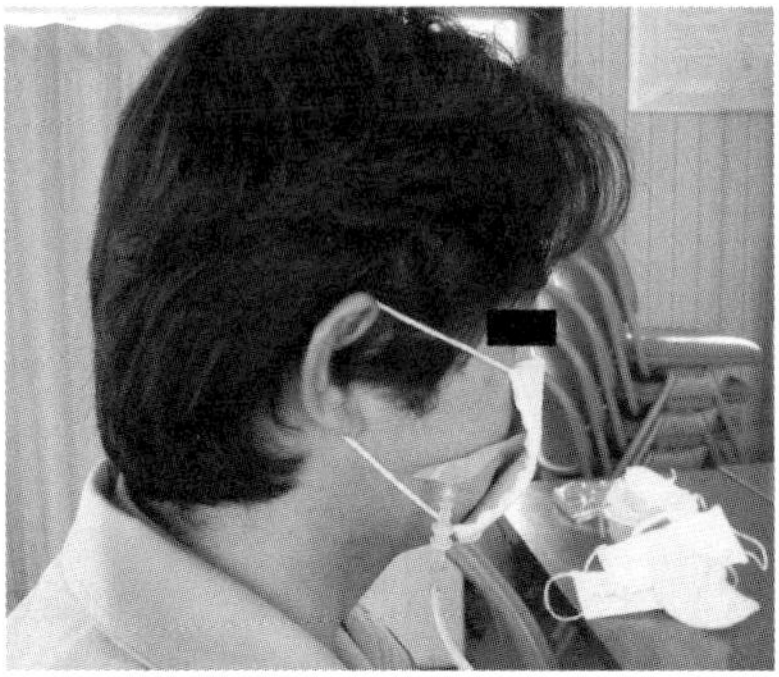

写真3-5　不織布製マスクでは、顔面との隙間が見えることが多かった

不織布製マスクをしてチャンバー内にくしゃみをすると、マスクをしない時の粒子数に比べ、五〇分の一〜百分の一ほどに少なくなることもわかりました。これらの結果より、現時点での感染症対策におけるマスクの効果を考えると、感染した患者が不織布製マスクを装着すると、周囲の人への感染を抑えるのに効果がありそうです。しかし、一般の人が不織布のマスクをしても、感染予防の効果には疑問があります（さらに調査研究が必要と思われます）。

一般企業ではＤＳ１マスクの活用も

医療スタッフは国家検定のマスクを装着することが、空気感染による防止をするために有効です。ただし、装着者の顔に合う不織布製マスク及び国家検定用のマスクを選定し、正しく装着する訓練を行う必要があります。

一般企業において、ライフラインの担当者等、緊急時の対応にあたる作業者に対しては、国家検定品のマスクの選択が望ましいと考えます。日本の型式検定規格ではＤＳ２（粒子捕集効率九五パーセント以上）の下にＤＳ１（粒子捕集効率八〇パーセント以上）のグレードのマスクがあり、ＤＳ２に比べて粒子捕集効率が若干低いものの、マスク装着の苦しさが軽減されます。ＤＳ１のマスクを活用することにより、不織布製マスクより大きな防護効果があると思われます。

なお医療スタッフは、厚生労働省の指導により、Ｎ95（あるいはＤＳ２）相当のグレードのマスクを使用することが必要です。

ゴグルで目からの感染を防ぐ

前述のように、新型インフルエンザの接触感染は、手から直接感染するのではなく、手についたウイルスが口や鼻に触れることで感染します。そこで医療スタッフは、自分の手が汚れるのを防ぐために、手袋を着用します。手袋は滅菌されている必要はなく、ゴム製の使い捨て式手袋の使用が望まれます。手袋を外した後は、直ちに流水や消毒用アルコール製剤で手を洗いましょう。

目の結膜からの感染を防ぐために、ゴグルやフェイスマスクの着用を考慮しましょう。直接的な感染だけでなく、不用意に手で目に触れることを防止でき、感染予防につながります。最近のゴグルは曇りにくくするための表面処理技術が進んでいますが、若干重いという難点があります。そのため、一般の企業で眼の防護を考える際には、スペクタクル形の保護めがね（一三二ページ参照）で装着者の顔にフィット（顔とめがねの間の隙間が少ない）するものを選定しましょう。

MERSコロナウイルス

ＭＥＲＳは二〇一五（平成二七）年に、中東地域及び韓国で感染が拡大した新型コロナウイルスです。肺炎を主症状としており、死亡率が四〇～五〇％前後と非常に高く、二〇〇二～二〇〇三（平成一四～一五）年に流行したＳＡＲＳ（サーズ）コロナウイルスとは類似しているものの異なる種類です。二〇一七年八月現在、感染者は二，〇〇〇人を超えていて、七二〇人の死亡が報告されています。

人がどのようにしてＭＥＲＳに感染するかは、まだ正確にはわかっていません。二〇一五年五月以降、韓国で患者が発生していますが、多くが韓国内の病院での院内感染によるものと考えられています。感染源の一つとして中東地域のヒトコブラクダが疑われていますが、患者の中には動物との接触歴のない人も多く含まれています。家族間や、医療機関における患者間、患者—医療従事者間など濃厚接触間での感染も報告されています。

主に飛沫感染（せきやくしゃみなどによる）といわれてきましたが、空気感染も疑われました。

二〇一五年六月二六日、韓国の聯合ニュースは多くの患者を出したサムスンソウル病院で、十七日まで防護服をつけないで患者に対応していたことを伝えました。二六日の新たな患者は医師で、同病院の医師感染者は四人になりました。全体の患者数は一八一人、死者は三一人に増えました。

さまざまな死亡率の高い感染症が次々に世界で現れて、国も医療従事者も対応に追われています。患者が感染症と疑われるときは防護服、マスク、手袋など厳重な防備が必須であると痛感します。

5 大阪の校正印刷作業場での胆管がん発症と労働衛生保護具

二〇一二（平成二四）年五月一八日、NHKは『ニュースウオッチ9』で、大阪の校正印刷作業場の元従業員五人が胆管がんを発症、うち四人は死亡していることが熊谷信二産業医科大学産業保健学部准教授（元大阪府立公衆衛生院）の調査で判明したと報じ、大変注目されました。

同年十月には一三名の発症が報じられ、二〇一三（平成二五）年三月現在の発症者数は一七名と報道されました。ある作業者は一九八八（昭和六三）年から一九九六（平成八）年の八年間作業をしていましたが、三年後の一九九九（平成一一）年に発症して二〇〇〇（平成十二）年に三二歳で亡くなりました。また別の作業者は一九九六（平成八）年から二〇〇五（平成一七）年の九年間、校正印刷の作業に携わって、二〇〇三（平成一五）年に発症、二〇〇五（平成一七）年在職中に死亡しました。その他、二七歳、三七歳、四六歳、四〇歳と大変若く、しかも八名の方が死亡した大変な症例でした。

この印刷会社は一九九一（平成三）年以前から作業を行っていましたが、九一年に校正印刷の作業場を地下一階に窓の無い形で新築しました。校正印刷とは、印刷物に適正な色

元

従業員４人胆管がん死

校正印刷　溶剤原因？調査へ

西日本の会社

西日本のオフセット校正印刷会社の工場で、1年以上働いた経験のある元従業員のうち、少なくとも5人が胆管がんを発症、4人が死亡していたことが、熊谷信二・産業医科大准教授（労働環境学）らの調査で分かった。作業時に使われた化学物質が原因と強く推測されるという。遺族らは労災認定を求め、厚生労働省は調査に乗り出した。

熊谷准教授によると、同社では91～03年、「校正印刷部門」で1年以上働いていた男性従業員が33人いた。発症当時の5人の年齢は25～45歳と若く、入社から7～19年目だった。熊谷准教授が今回の死亡者数を解析したところ、胆管とその周辺臓器で発生するがんによる日本人男性の平均死亡者数に比べ約600倍になった。

校正印刷では、本印刷前に少数枚だけ印刷し色味や文字間違いなどを確認するが、印刷機に付いたインキを頻繁に洗うので結果的に洗浄剤を多用する。洗浄剤は、動物実験で肝臓にがんを発生させることが分かっている化学物質「1、2ジクロロプロパン」「ジクロロメタン」などを含む有機溶剤。会社側は防毒マスクを提供していなかったという。91～03年当時、ジクロロメタンは厚労省規則で測定や発生源対策が求められていたが、1、2ジクロロプロパンは規制されていなかった。

熊谷准教授は「これほど高率になると、偶然とは考えられず、業務に起因している。校正印刷会社は他にもあると聞いており調査が必要だ」と話す。

元従業員らが労災認定を求めたことについて、会社側は「真摯に対応させていただいている。個人情報などもあり、お答えできない」としている。

【河内敏康、大島秀利】

上島通浩・名古屋市立大教授（労働衛生）の話　大変重要な事例で、食事など地域性の要因も含め調査が必要だ。

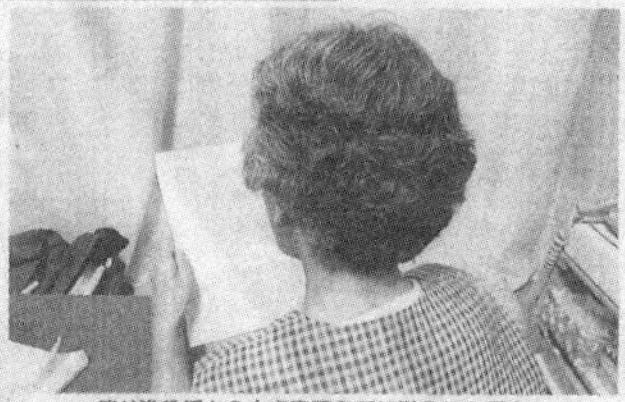

熊谷准教授から亡き息子あてに送られた調査協力依頼の手紙を見る母＝遺族宅で大島撮影

「仕事中吐き気」証言も

「元同僚が同じようながんで次々死んでいく」――。遺族らは厚生労働省に全容の解明と被害拡大の防止を求めている。

きっかけは昨年春から、胆管がんのため40歳で死亡した男性の遺族らが熊谷准教授に相談したことだった。男性は両親に「職場は有機溶剤が濃い、環境が悪い」と言い退職した。5年後に胆管がんを発症すると、両親に同僚が同様の病気で若くして亡くなっていることを明かした。

熊谷准教授は、男性が受け取っていた年賀状をもとに、31歳で死亡した同僚の兄あてに手紙を送って調査の協力を依頼。その母親から電話で「実は、兄も弟と同じ会社に勤めていましたが、4年前に46歳で亡くなった。2人とも胆管がんでした」と告げられた。

熊谷准教授が元従業員らに当たると、仕事中に吐き気がする同僚もいたなどとの証言も出てきた。遺族に病院への開示請求などをしてもらい、医学資料を集めると、5人が胆管がんにかかり、4人が死亡していた。

息子2人を失った母親は「これから働く人のために病気をなくしてほしい」と厚労省の調査の行方を見守っている。【大島秀利】

胆管がん　胆管は肝臓で作った胆汁を十二指腸に運ぶ管状（長さ約8センチ）の器官。がんは上皮からできるとされる。胆管結石との関連も指摘されるが、原因は不明。日本人男性の年間死亡率は10万人あたり10・5人（05年）で、発生率は75歳以上で最も高い。

写真3-6　元従業員４人胆管がん死を報じる新聞記事
（「毎日新聞」2012（平成24）年５月19日朝刊）

合いを出すための色見本を作る作業です。四色を用いて印刷する際には、一色印刷する度にインクを落とすために有機溶剤を十分に染み込ませたウエスで、インクの付いたブランケット（転写板）を拭き取るという作業を一日約二〇〇回程度、実施していたのです。NHKの報道では、作業場には局所排気装置が設置されておらず、作業環境の換気が悪い状況であり、呼吸用保護具は使用していませんでした。元従業員の証言として、すぐ作業ができるように有機溶剤の入ったボトルの蓋は空いた状態であったり、有機溶剤を染み込ませたウエスを作業場内で乾かしていたこともあったそうです。そのため、一九九一年の新築の建屋で作業するようになった頃より、作業場の有機溶剤の濃度が高くなり、作業者が「臭い」「吐きそう」と訴えていたとのことでした。

大阪のこの工場の労働者は約七〇名とのことであり、五〇人以上の事業場では産業医、第一種衛生管理者を選任しなければいけないのに、その当時、この作業場には、産業医や第一種衛生管理者等、労働衛生の専門家の指導がいなかったようです。今回の胆管がんの発症した校正印刷作業場のホームページによれば、恒温恒湿で、安定した高品質な校正刷りであるとしていましたが、外部の粉じん等を室内に入れたくないということで地下一階の窓無しの作業場にしたようです。

当時、多量に使用していた有機溶剤は、ジクロロメタンと一・二－ジクロロプロパンでした。すぐ乾くということで、沸点四〇℃のジクロロメタンを使用していたようです。ジクロロメタンは当時、有機溶剤中毒予防規則の第二種有機溶剤に該当し、規則に従った管理が義務付けられていました（現在は特定化学物質）。そのため、特殊健康診断や作業環境測定の実施が必要でしたが、この事業場では全くしていなかったようです。

二〇一二（平成二四）年八月三一日、独立行政法人労働安全衛生総合研究所が大阪の印刷作業場における災害調査報告書（A－二〇一二－〇二）を発表しました。研究所の技術職員が印刷作業場に出向き、事業場の協力を得て模擬的な作業を行い、作業環境測定及び個人ばく露濃度測定を実施したのです。表3－8に個人ばく露濃度の測定結果を示します。ジクロロメタンの許容濃度、及びACGIHのTLVは両機関とも五〇ppmを勧告しています。この数値に対して、模擬作業における個人ばく露濃度の平均値は二四〇ppmと、五倍近い高い数値でした。一・二－ジクロロプロパンのACGIHのTLV一〇ppmに対し、個人ばく露濃度の平均値は一一〇ppmでした。これらの測定結果より、許容濃度やTLVの勧告値を超える高い濃度下で作業を行っていたことが示唆されます。

これは印刷業だけでなく、製造業での金属の脱脂・洗浄作業においても同様の危険性が

表3-8　模擬作業における個人ばく露測定結果

・ジクロロメタン53.6%、1,2-ジクロロプロパン46.4%の混合液を使用した。

・ブランケットの拭き取り作業を3分間に1回の割合で、合計3時間12分行った。

	DCMの平均値±標準偏差（最小値、最大値）	DCPの平均値±標準偏差（最小値、最大値）
全体（A・Bエリア）	240±60ppm(130,360ppm)	110±40ppm(60,210ppm)
Aのエリア（A1～A3）	280±60ppm(230,360ppm)	130±40ppm(90,210ppm)
Bのエリア（B1～B3）	190±40ppm(130,250ppm)	80±20ppm(60,110ppm)
日本産業衛生学会許容濃度	50ppm	未設定
ACGIHのTLV-TWA*	50ppm	10ppm
U.S.NIOSHのIDLH**	2,300ppm	400ppm

＊　TLV-TWA(Threshold Limit Value-Time-Weighted Average)：8時間平均許容濃度、慢性的な中毒症状など、慢性ばく露に伴う健康影響を防止する際の指標である。ACGIHIは米国産業衛生専門家会議をさす。

＊＊ IDLH(Immediately Dangerous to Life or Health Concentration)：生命への危険や急激な中毒症状など、急性ばく露に伴う健康影響を防止する際の指標である。

あるため、二〇一二（平成二四）年一〇月に、再発防止のために特定化学物質障害予防規則の改正を行いました。**表3-9**に『労働衛生のしおり』に記載されていたジクロロメタンによる中毒事例を紹介します。

沸点が四〇℃と低いため、環境濃度が高くなるとともに、有機ガス用吸収缶を装着しても、破過時間（吸収缶の使用できる時間）が大変短いことを知らないといけないのです（四九ページ**図2-3**を参照）。

ジクロロメタンと一‐二ジクロロプロパンに対する保護具選定について、著者が作成したケミカルインデックス（二一一ページ参照）に記載されている推奨する保護具を以下に示します。

表3-9　ジクロロメタンによる中毒事例

発生年	被災者数	発生状況	発生原因
平成28	中毒１名	工場の作業場において、ジクロロメタンを含有する接着剤が吹き付けられたウレタン素材（ソファ内のクッション等）の貼り合わせ作業を行っていたところ、当該物質を吸入したため、医療機関を受診し、急性薬物中毒と診断された。	・局所排気装置未設置 ・呼吸用保護具および手袋の未着用
平成28	中毒１名	屋外で剥離剤（ジクロロメタン）を使用し、刷毛で標語が表示されていた看板の文字消しを行っていたところ、作業員が体調不良を訴えたため、医療機関を受診し、ジクロロメタン中毒と診断された。	・呼吸用保護具未着用 ・安全衛生教育の未実施
平成27	死亡２名	被災者２名は、エレベーター内部の塩ビシート剥離作業中に、扉を閉めた状態でジクロロメタンを含有する剥離剤の塗布作業を行い、急性有機溶剤中毒となった。２名ともエレベーター内部で倒れた状態で発見され、その後死亡が確認された。被災者は、有効な吸収缶を取り付けた防毒マスクを着用していなかった。	・局所排気装置未設置 ・呼吸用保護具管理不足 ・作業標準不徹底
平成24	中毒１名	汎用モーターの端子キャップ等の油等の汚れを自動洗浄および乾燥する工程において、自動洗浄槽および乾燥室がユニットになった設備の外で、端子キャップを当該設備に自動搬送する設備に取り付けられたハンガーにかけていた。有機溶剤等を洗浄槽に自動供給するためのポンプのスイッチが切られていたため、洗浄槽の中が空焚き状態となり、洗浄槽内に沈殿していた有機溶剤等が蒸発し、蒸気を吸引し中毒となった。	・設備の点検不足 ・作業標準不徹底 ・警報装置設定不十分
平成23	中毒１名	ネジの焼入れ、焼戻しを行う工場内において、バスケットに入れた製品を、ジクロロメタンの洗浄槽に出し入れする作業を行っていたところ、洗浄槽から発散し加熱されたジクロロメタンの蒸気を吸入し、中毒となった。	・呼吸用保護具未着用 ・作業標準不徹底

①　ジクロロメタン

防毒マスク：送気マスク、防毒マスク（有機ガス用吸収缶）ただし、有機ガス用吸収缶の破過時間は大変短いことをふまえて使用する。

化学防護手袋の透過時間：ポリエチレン／ナイロン多層二〇分、ポリビニルアルコール製三六〇分以上、シルバーシールド（ＥＶＯＨ）四八〇分以上、バイトン製六〇分、ニトリル製四分

化学防護服の透過時間：タイケムＢＲ／ＬＶ四三二分、タイケムＴＫ四八〇分以上

保護めがね（必要）

②　一・二－ジクロロプロパン

防毒マスク：送気マスク、防毒マスク（有機ガス用吸収缶）

化学防護手袋の透過時間：ポリビニルアルコール製及びバイトン製八時間以上

化学防護服の透過時間：タイケムＢＲ／ＬＶ及びタイケムＴＫ八時間以上

保護めがね（必要）

6　インジウム・スズ化合物に対する呼吸用保護具について

インジウムによる症例報告と二〇〇四年の行政通達

本間らは、一九九四（平成六）年より酸化インジウムと酸化スズを高温高圧で焼結したもの（以下、ＩＴＯと略す）の研磨作業に約三年間従事していた、二八歳の男性の症例を報告しました。その男性は一九九八（平成一〇）年初めに、増悪する乾性咳嗽（空せき）や呼吸困難、寝汗、食欲低下、一〇カ月間で一〇キログラムの体重減少を自覚し、某病院を受診しました。四月、胸部Ｘ線撮影で肺野のスリガラス状陰影、胸腔鏡下肺生検で間質性肺炎及び直径一マイクロメートル前後の微小粒子が確認され、その粒子からＸ線マイクロアナライザー分析によりインジウムとスズが検出され、ＩＴＯ粒子による間質性肺炎と診断されました。ステロイドによる治療が行われましたが効果なく、二〇〇一（平成一三）年四月両側気胸を併発し死亡したのです。

これを受けて二〇〇四（平成一六）年七月一三日の行政通達「インジウム・スズ酸化物等取扱い作業における当面のばく露防止対策について」（基安化発第〇七一三〇〇一号）により健康障害防止対策の徹底を求めました。当時、行政としても発生原因がかならずしも医学的に明確に解明されていない状況ではありましたが、取扱い事業場に対してばく露防止対策を早めに対応させるために、通達のタイトルに「当面の」とついた通達を出したものと考えます。この通達では、空気中のインジウムの管理すべき濃度基準を、当時のＡＣＧＩＨ-ＴＬＶの〇・一ミリグラム／立方メートル（全粉じん中のインジウムとして）としています。それ以降、二〇一一（平成二三）年までに八例の症例が慶応義塾大学医学部の大前和幸教授グループにより報告されています。

日本バイオアッセイ研究センターによるインジウム・スズ化合物（ＩＴＯ）による発がん性試験

ＩＴＯ関係事業者数社が共同出資して日本バイオアッセイ研究センターにおいて動物実験を行いました。被験物質はＩＴＯ研削粉（組成：酸化インジウム九〇パーセント、酸化スズ一〇パーセントを製造工場にて研削したもの）を〇・〇一ミリグラム／立方メートル、〇・〇三ミリグラム／立方メートル、〇・一〇ミリグラム／立方メートルの三群で、ラットを対象にした吸入ばく露を六時間／日、五日／週、一〇四週にわたって行いました。その結果、雄雌のラットとも悪性腫瘍を含む肺腫瘍の発生が認められ、ＩＴＯの発がん性を示す明らかな証拠が得られました。肺の悪性腫瘍の発生は、最低ばく露濃度である〇・〇一ミリグラム／立方メートルでも認められました。最低のばく露濃度で、腫瘍以外の病変として肺に線維化、肺胞蛋白症等の発生もみられ、これらの結果が二〇一〇（平成二二）年六月に報告されました。

インジウム・スズ酸化物等の取扱い作業による健康障害防止に関する技術指針

上記の動物実験の報告を踏まえ、厚生労働省は、健康障害防止対策を作成するための検討会を立ち上げ、その内容をふまえて、二〇一〇（平成二二）年一二月二二日付けで「インジウム・スズ酸化物等の取扱い作業による健康障害防止に関する技術指針」（基発一二二二第二号）を策定して、健康障害防止対策の徹底を要請しました。

二〇一〇（平成二二）年通達では、動物実験の結果より、吸入による肺への影響が中心であることから吸入性粉じんを対象として、当面の作業環境改善の目標とすべき濃度基準「目標濃度」はA測定結果の第一評価値及びB測定値として〇・〇一ミリグラム／立方メートルとしました。

さらに、目標濃度以下であっても日本バイオアッセイ研究センターによるがん原性試験

「ばく露が許容される濃度」の算定式

$$0.01\,\mathrm{mg/m^3}\,(\mathrm{LOAEL}) \times \frac{1}{25}\,(\mathrm{UF}) \times \frac{6}{8}\,(\text{労働補正}) = 3.0 \times 10^{-4}\,\mathrm{mg/m^3}$$

ただし、

LOAEL：日本バイオアッセイ研究センターのラットの吸入による長期がん原性試験

U　F：LOAEL → NOAEL の変換（10）、種差（2.5）

労働補正：バイオアッセイ研で実施した ITO 粉じんのばく露時間は、１日６時間。労働者（ヒト）が ITO にばく露される時間は１日８時間をふまえて８分の６の補正

の結果から算定した「ばく露が許容される濃度」を、上記の計算式に基づいて〇・〇〇〇三ミリグラム／立方メートルと設定しました。

二〇一三（平成二五）年には、特定化学物質「管理第二類物質」として規制されることとなりましたが、多くのＩＴＯ製造工場において「許容される濃度」を下回る結果まで得られていないようでした。そのため、環境改善が望まれますが、早急な対応としては、呼吸用保護具の併用でばく露を軽減させる必要があります。

すなわち、マスク内濃度を許容される濃度以下にするためには、防護係数を考慮して呼吸用保護具を選定することが必要です。

厚生労働省告示による呼吸用保護具の選定

ＩＴＯ等取扱い作業に従事する労働者には、有効な呼吸用保護具としては、ＪＩＳ Ｔ八一五三に適合した送気マスク等給気式呼吸用保護具、粒子捕集効率が九九・九パーセント以上の防じんマスク又は粒子捕集効率が九九・九七パーセント以上の電動ファン付き呼吸用保護具があります。なお、防じんマスク及び電動ファン付き呼吸用保護具については型式検定に合格したものを使用します。

呼吸用保護具の選定に当たっては、前述の防護係数等を踏まえ、作業環境測定結果から得られたＩＴＯ濃度の区分に応じて、使用しなければならない呼吸用保護具が厚生労働省告示により定められています（**表3-10**）。また防じんマスクを使用するに際しては、フィットチェッカー等を用いて面体と顔面の密着性の確認を行うことにより適切な面体を選ぶことが必要です。

表3-10　インジウム化合物を製造・取り扱う屋内作業場で使用する呼吸用保護具

（通達「平成24年12月３日付け基発1203第１号」をもとに作成）

作業環境測定結果※1	選定すべき呼吸用保護具 （以下のもの、またはこれらと同等以上の性能を有するもの※2）
300μg/m³以上	・全面形プレッシャデマンド形空気呼吸器 ・全面形圧縮酸素形陽圧形酸素呼吸器
30μg/m³以上	・全面形電動ファン付き呼吸用保護具（粒子捕集効率99.97%以上）（規格による漏れ率がＳ級であって、労働者ごとの防護係数が1,000以上であることが確認されている、大風量形のもの※3） ・全面形プレッシャデマンド形エアラインマスク
15μg/m³以上	・全面形電動ファン付き呼吸用保護具（粒子捕集効率99.97%以上） ・半面形電動ファン付き呼吸用保護具（粒子捕集効率99.97%以上）（規格による漏れ率がＡ級以上であって、労働者ごとの防護係数が100以上であることが確認されている、大風量形のもの※3） ・全面形の一定流量形エアラインマスク
7.5μg/m³以上	・半面形電動ファン付き呼吸用保護具（粒子捕集効率99.97%以上、大風量形） ・全面形取替え式防じんマスク（粒子捕集効率99.9%以上）
3μg/m³以上	・フード形またはフェイスシールド形の電動ファン付き呼吸用保護具（粒子捕集効率99.97%以上、大風量形）
0.3μg/m³以上	・半面形取替え式防じんマスク（粒子捕集効率99.9%以上）
0.3μg/m³未満	定めなし

※１　作業環境測定結果は、作業環境評価基準に準じ算出した第1評価値またはＢ測定の最大値のいずれか高いほうを指す
※２　基本的にJIS規格の指定防護係数が同等以上のもの（使い捨て式のものを除く）
※３　労働者ごとの防護係数の確認は、初めて使用させるとき、およびその後6カ月以内ごとに1回、定期に、JIS T8150で定める方法により行い、その確認の記録（労働者名・マスクの種類・年月日・防護係数の値）を30年間保存する

電動ファン付き呼吸用保護具のマスク内のインジウム濃度が「許容される濃度」以下になっているか

著者は、本当にマスク内のインジウム濃度が「許容される濃度」以下になっているかを、作業時間中、インジウム取扱い作業者のマスク外と内の粉じんを採取し、インジウム濃度の測定を行ってみました。その結果、多くの作業者のマスク内インジウム濃度が「許容される濃度」以下の結果を示していました。

さらに最近は化学物質のリスクアセスメントでリスク低減を目指し、作業者にウエアブルカメラを取り付けて、経時的な粉じん濃度の推移と映像をドッキングさせ、ばく露限界値を超える作業を確認し、リスク低減策を提案しています。

7　オルト-トルイジンの経皮吸収による膀胱がん発症

二〇一五（平成二七）年一二月一八日、新聞各社は、化学物質を取り扱う工場での膀胱がんの集団発生を一面で報じました。

厚生労働省の発表によると、五名の労働者が膀胱がんに罹患したのは染料・顔料の中間体を製造する化学工場で、労働者数は約四〇名。当該事業場より、現役の労働者四名と退職者一名が膀胱がんを発症している状況について所轄の労働局へ報告がありました。現役労働者四名は、四〇歳代後半から五〇歳代後半で、就労歴は一八～二四年。オルト-トルイジンをはじめとした芳香族アミンの原料から染料・顔料の中間体を製造する工程において、原料を反応させる作業、生成物を乾燥させ製品にする作業に従事していました。

独立行政法人労働者健康安全機構労働安全衛生総合研究所（安衛研）は二〇一六（平成二八）年一月に調査を実施しました。オルト-トルイジンの反応工程及び乾燥工程を三日間稼働した後、四日目に作業環境測定、個人ばく露測定、生物学的モニタリングとして労働者の尿中オルト-トルイジン濃度測定などを行い、六月一日に最終的な報告書を公表しました（『災害調査報告書A-二〇一五-〇七　福井県内の化学工場で発生した膀胱がんに

1　14版　2015年（平成27年）12月19日（土）

化学工場5人ぼうこうがん

「オルト－トルイジン」扱う

厚生労働省は18日、顔料の原料を製造する国内の化学メーカーの工場従業員と退職者の計5人がぼうこうがんを発症したと発表した。5人は北陸地方の工場で化合物「芳香族《ほうこうぞく》アミン」を取り扱った。芳香族アミンの一種「オルト－トルイジン」がぼうこうがんの原因物質と指摘されていることから、厚労省はオルト－トルイジンを扱う約40事業所を対象に、防毒マスクの着用など従業員への暴露防止対策と健康管理状況を調査する。（社会面に関連記事）

また厚労省は18日、芳香族アミンを取り扱う化学メーカーの業界団体、日本化学工業協会と化成品工業協会に対し、加盟社に注意喚起するよう要請。特にオルト－トルイジンを扱った労働者や退職者にはぼうこうがんに関する健康診断の受診を勧めるよう求めた。

厚労省や化学メーカーによると、メーカーは今月3日、北陸地方にある工場の従業員約40人のうち47～56歳の男性4人と、約12年前に退職した43歳の男性1人がぼうこうがんを発症したと労働局に報告した。5人の勤務歴は7年半～24年で、昨年2月～今年11月の診察で判明した。

工場ではオルト－トルイジンのほか、発がん性が指摘されるオルト－アニシジン▽2、4－キシリジン▽パラ－トルイジン▽アニリン――の計5種類の芳香族アミンを使用。ドラム缶に入った芳香族アミンの液体をポンプを使って反応器に移し、他の物質と合成して「中間体」と呼ばれる染料や顔料の原料を製造していた。発症した5人は製造作業に従事していた。

化学物質を取り扱う事業者は労働安全衛生法に基づき、空気中の濃度が有害な程度にならないようにするなど適切な管理が求められる。化学メーカーは「防じん・防毒マスクはして換気もしていた」と説明している。

芳香族アミンは他の物質との組み合わせで多様な色が合成できる化合物。芳香族アミンが原因でぼうこうがんを発症したとみられるケースがあり、1972年に一部の製造・輸入は禁止された。今回の5種類については製造・輸入禁止の対象ではなく、厚労省は今後の規制について、専門家に協議を依頼する。厚労省は会社名や工場所在地を公表していない。【東海林智、古関俊樹、阿部周一】

オルト－トルイジン　除草剤を製造する際に使われることが多いが、染料や顔料の原料となる物質を作る際も使われる。国際がん研究機関（IARC）は発がん性があり、ぼうこうがんを引き起こすと指摘している。日本化学物質安全・情報センターによると2001年時点の世界の製造量は11企業で計5万9000㌧（推定）。

職場環境調査を

中釜斉《なかがまひとし》国立がん研究センター研究所長の話　オルト－トルイジンをはじめとする芳香族アミンの一部はヒトの細胞のDNAにくっつきやすく、発がん性があることが古くから知られている。オルト－トルイジンは自然界にもごく微量に存在するが、ぼうこうがんを引き起こすほどの高濃度暴露はまれ。5人がどのような職場環境に置かれていたか調べる必要がある。

写真3-7　膀胱がん発生を報じる新聞記事
（「毎日新聞」2015（平成27）年12月19日朝刊）

関する災害調査』）。

作業環境測定や個人ばく露測定の結果、オルト-トルイジンをはじめ他の芳香族アミンもばく露限界値（許容濃度、ＴＬＶ-ＴＷＡ）と比べて大変低い気中濃度でした。また、製品に付着しているオルト-トルイジンの量も軽微でした。これらから、経気道ばく露で体内に取り込まれた量は、極めて微量であると考えられました。にもかかわらず、多くの労働者の尿からオルト-トルイジンが検出されました。作業者への聞き取り調査の結果、①多くの労働者が、天然ゴム手袋を再利用を繰り返していた、②夏場は化学防護性の無い半そでの服装で作業していた、③オルト-トルイジンを含有する有機溶剤でしばしば作業衣が濡れていたが、特にシャワー等による洗身は行わなかったなどが判明しました。天然ゴム手袋に付着していたオルト-トルイジンの量と、労働者の尿中オルト-トルイジンの増加量に関連がみられました。

以上から、手袋の再利用によりオルト-トルイジンに汚染された天然ゴム手袋の着用を通じて、長期間にわたり労働者の皮膚からオルト-トルイジンが経皮ばく露されていたことが示唆されました。

表3-11　就業前後での尿中代謝物の差と個人ばく露の測定結果

ID	主な作業内容	尿中代謝物（μg/L）	ガス状OT（μg/㎥（ppm））	製品A（μg/㎥）
A	反応作業、洗浄作業	7.8	53.6(0.012) 24.6(0.006)	ND ND
B	午前は原材料 OT の移し替え（準備作業）、母液上げ、OT ドラム洗浄、午後は洗浄容器のトルエン排出、乾燥機への移動	0	234(0.053) 54.7(0.012)	ND ND
C	第１乾燥釜からの製品Ａ取出しと洗浄作業、製品Ａ製袋作業、午後は第１乾燥で製品Ａの転倒作業（１Ｆ）、製品Ａ製袋作業	81.5	51.8(0.012) 19.1(0.004) 15.5(0.004)	49.8 1,040 626
D	午前は第１乾燥棟でフレコン充填作業、製品Ａ製袋作業、午後からは第２乾燥棟へ移動して製品Ｂと製品Ｃ製袋作業、第１乾燥棟で製品Ａ製袋作業	151.7	33.9(0.008) 108(0.025) 16.0(0.004) 15.2(0.004)	4,350 9,940 1,320 1,480
E	午前は第１反応棟で製品Ａ洗浄作業、製品Ｂと製品Ｃ製袋作業、午後は第１乾燥棟で転倒作業（１Ｆ）、製品Ｂ製袋作業	26.6	28.0(0.006) 28.4(0.006) ND	26.5 ND ND
F	午前は第１乾燥棟で回収有機溶剤処理、製品Ａ製袋作業、第１乾燥機の裏蓋の清掃、午後は製品Ａ製袋作業、第１乾燥棟で乾燥機への製品Ａ投入作業（２Ｆ）	541	104(0.024)	203

（註）OT：オルト - トルイジン、また、ガス状オルト - トルイジンと製品Ａとは個人ばく露測定結果をあわせて表記した。

出典：独立行政法人労働者健康安全機構　労働安全衛生総合研究所『災害調査報告書 A-2015-07福井県内の化学工場で発生した膀胱がんに関する災害調査』（平成28年５月）より抜粋

厚生労働省は通達を通じて指導

この結果を受けて厚生労働省は、二〇一六（平成二八）年六月二〇日に通達「事業場における発がん性の恐れのある化学物質に係る健康障害防止対策の徹底について」を発出して、経皮ばく露の防止対策を取るよう化学業界に要請したほか、新たな規制の検討が急ピッチで進められました。その結果、オルト-トルイジンを特定化学物質の第二類物質に追加する労働安全衛生法施行令の改正のほか、化学物質汚染時の洗身及び経皮吸収の恐れのある物質を取り扱う際の耐透過性の化学防護手袋・化学防護服等の使用などを義務付ける労働安全衛生規則、特定化学物質障害予防規則の改正が行われ、平成二九年一月より施行されました。

これまで、化学物質ばく露の防護対策は、主として吸入による経気道ばく露や経口ばく露について行われてきましたが、今回の事案で皮膚吸収による経皮ばく露でも重大な健康障害を引き起こすことが明らかとなりました。ですが、経皮ばく露はどのようにして起こるのか、どのようにしたら防げるのかについては、これまで重視されてこなかったことから、周知されているとは言い難い状態です。改めて、経皮ばく露や、化学防護手袋、化学防護服等の労働衛生保護具について学び、対策していかなければならないと考えます。

8　経皮吸収ばく露を防護するための化学防護手袋、化学防護服を学ぶ

化学防護手袋、化学防護服のＪＩＳ規格について

「皮膚からの吸収・ばく露を防ぐ！」（中央労働災害防止協会発行）（写真3-8）を参照しましょう。

試験内容として、「耐劣化性」「耐浸透性」「耐透過性」があります。

ａ　耐劣化性

化学物質が手袋や服の素材に接触することにより、素材に物理的変化が生じないこと。（膨潤、硬化、破穴、分解等）

ｂ　耐浸透性

化学物質が液状で、素材が浸透しないこと（ピンホール、縫い目などからの侵入がないこと）。化学防護手袋に対する試験は水を手袋に入れてポンホールを確認する水密試験で評価している。

ｃ　耐透過性

化学物質が分子レベル（気体として）で、素材を透過しないこと。

写真3-8 『皮膚からの吸収・ばく露を防ぐ！』
（中央労働災害防止協会、2017年）

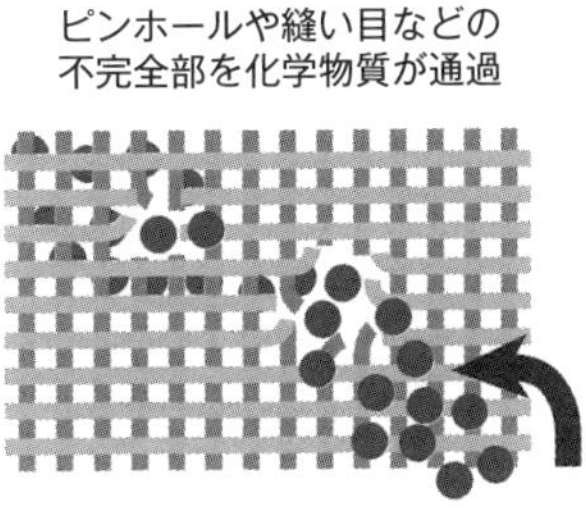

図3-6　浸透の原理

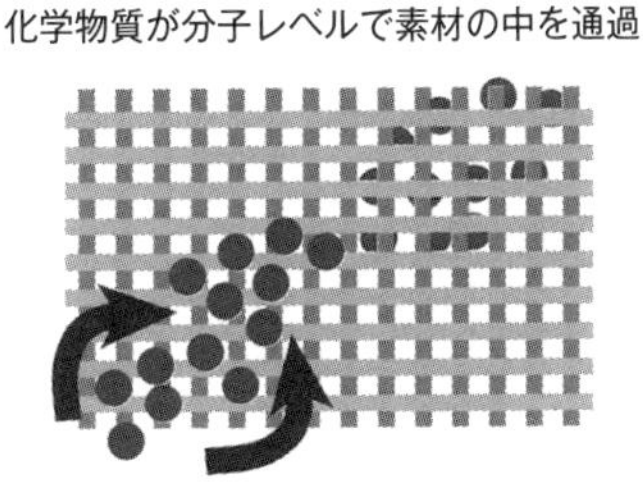

図3-5　透過の原理

（『皮膚からの吸収・ばく露を防ぐ！』（中央労働災害防止協会、2017年）15pより）

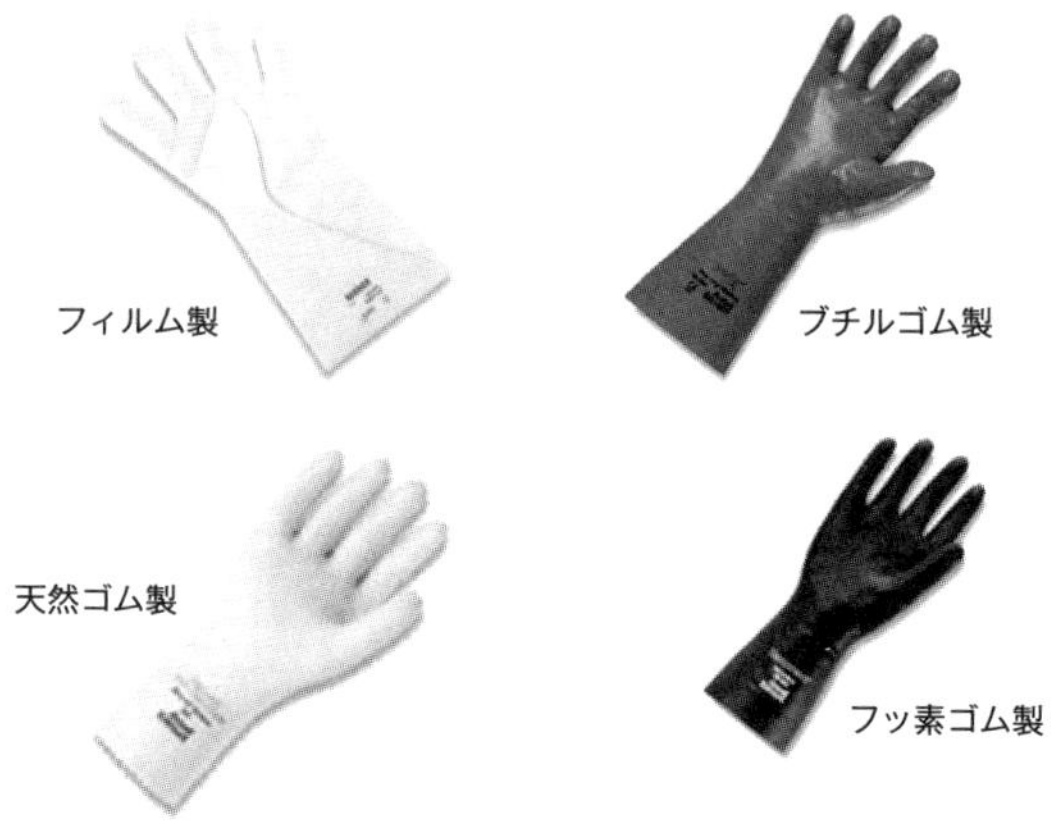

写真3-9　化学防護手袋

化学防護手袋の材質

手袋の材質としては、ゴム製（天然ゴム又は合成ゴム）とプラスチック製の二種類があり、代表的なものだけを挙げても、以下のとおり、多くの素材の手袋が市販されています。

（ア）ゴム製

a　天然ゴム

b　シリコンゴム

c　ニトリルゴム

d　ブチルゴム

e　ネオプレンゴム（別称クロロプレンゴム）

f　フッ素ゴム

g　ポリウレタン製

h　バイトン®ゴム製　バイトン／ブチル製

（イ）プラスチック類

ａ　ポリ塩化ビニル（ＰＶＣ）
ｂ　ポリエチレン（ＰＥ）
ｃ　ポリビニルアルコール（ＰＶＡＬ）
ｄ　エチレン‐ビニルアルコール共重合体（ＥＶＯＨ）：シルバーシールド、ダイローブＴシリーズ
ｅ　バリア（Barrier Ⓡ）

手袋の材質の違いによる有機溶剤の透過時間（一例）

著者が試験した手袋の材質に対する各有機溶剤に対する透過時間の一例を示します（図3-7）。

この結果からは、手袋の素材によって化学物質の透過時間が大きく異なることや、取り扱う化学物質によって手袋の素材を選ばなければいけないことが読み取れます。今までの著者の経験より、ＥＶＯＨ製は多くの化学物質に対して耐透過性能は優れているといえます。使用する化学物質に対する各手袋の透過時間については、メーカーに確認することが望ましいです。

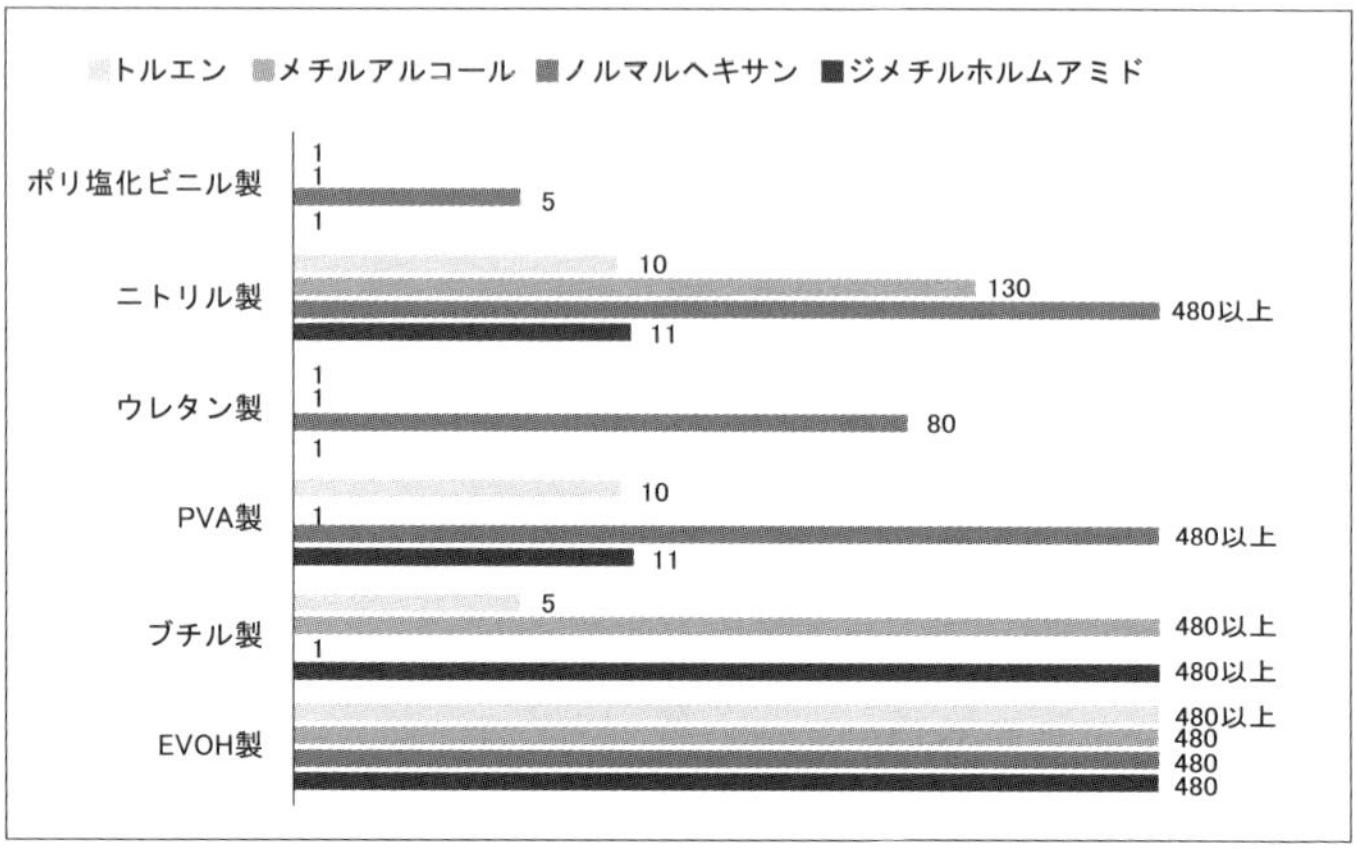

図3-7　手袋の素材別透過時間

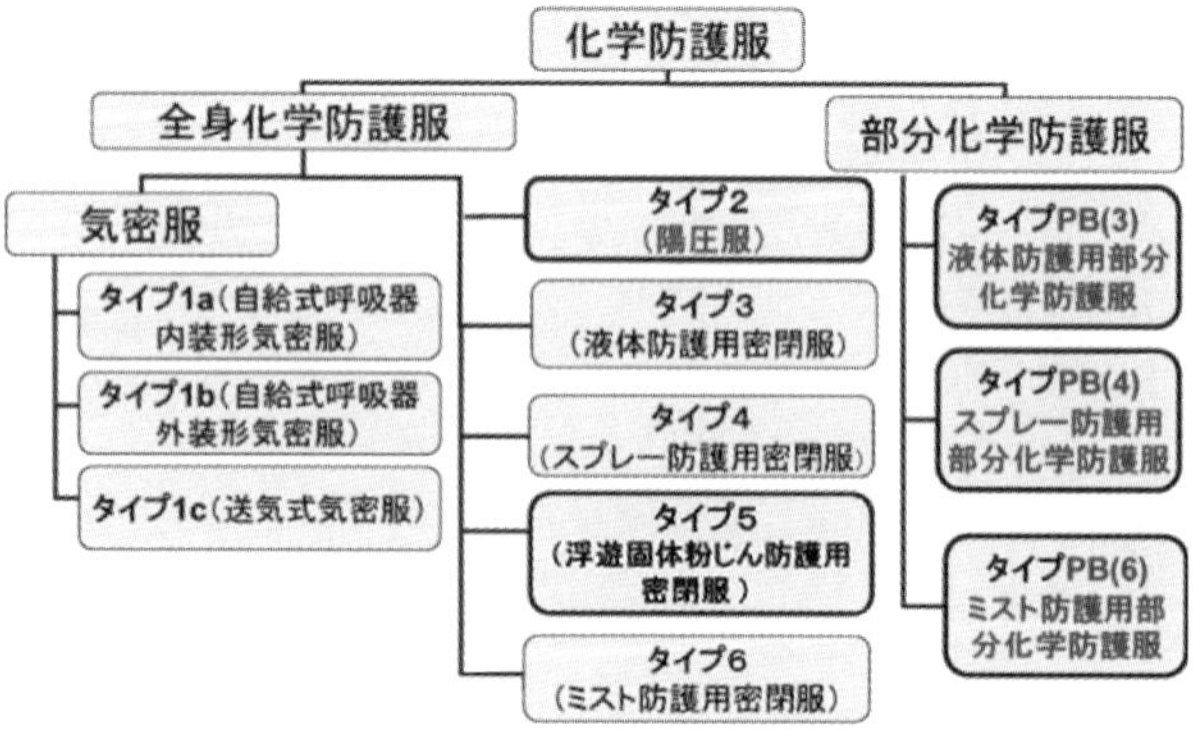

図3-8　化学防護服のJIS規格による分類

対象化学物質の中に手袋をして直接、接触するような作業があるような時には、透過時間の長い手袋を選ぶことが必要です。一方で、通常の作業で直接に対象化学物質に接触する機会がなくとも、飛沫が飛んでくる可能性があるような作業では、短い透過時間の手袋で頻繁に交換する使い方も検討してみてはいかがでしょう。

また、化学物質に対する透過は、手袋の素材に大きく起因し、素材が厚くなると透過時間も長くなる傾向があります。さらに、手袋は手の大きさや、手だけの部分と腕を含む部分の手袋等、さまざまな種類が市販されていることも参考にしてください。

化学防護服のＪＩＳ規格による分類

化学防護服は酸、アルカリ、有機化学物質、その他の気体及び液体並びに粒子状の化学物質を取り扱う作業に従事するときに着用します。ＪＩＳ規格では、化学物質の透過及び／又は浸透の防止を目的として使用する防護服について規定しています（図3-8）。防護服の素材によって、化学物質による耐透過性のデータをふまえて選ぶ必要があります。

化学防護手袋、化学防護服の選定のための情報源

化学防護手袋、化学防護服を選定する際には透過時間やその他の情報が欠かせません。そうした情報を得るための情報源には下記のようなものがあります。

①　外国のＳＤＳ

日本のＳＤＳには透過時間を踏まえて推奨する化学防護手袋についての記載は書かれていないのがほとんどですが、外国のＳＤＳには、推奨する化学防護手袋が記載されているものもあります。

②　ＮＩＯＳＨの各種資料

米国国立労働安全衛生研究所（National Institute for Occupational Safety and Health, NIOSH）から発行されている各種資料も参考になります。

③　「Quick Selection Guide to Chemical Protective Clothing」

著者がよく使用している書籍「Quick Selection Guide to Chemical Protective Clothing, 6th Edition」（Wiley, 2014）には、約一、〇〇〇種類の化学物質に対し、二七種類の化学防護手袋＆化学防護服のメーカーが公表している透過時間を示しています。

④　「保護具選定のためのケミカルインデックス」（第３編３に記載してあります）

9　アンケートによる事業所における防じんマスク及び防毒マスクの使用実態調査

（田中茂、加部勇、宮内博幸、小林長生：平成二六年度事業場における防じんマスク及び防毒マスクの選択、着用、保守管理等に関する実態調査報告書　（公社）日本保安用品協会保護具等労働安全衛生推進研究会　二〇一五）

目的、方法

事業所における防じんマスク及び防毒マスクの使用等の実態を把握するため、アンケート調査を実施しました。調査方法は呼吸用保護具として、使い捨て式防じんマスク、取替え式防じんマスク、防毒マスクの三種類とし、業種は二五業種、事業所規模は五〇〇人以上が全対象事業所の約五〇パーセントを、有害物質の種類は有機溶剤、特定化学物質、粉じん、鉛他でした。アンケートは事業所に配布して記載する、及びイベント会場の参加者に自発的に記載してもらう方法で行いました。著者が編集、作成した「ＣＤ‐ＲＯＭ二〇一四‐二〇一五年版　そのまま使える安全衛生保護具チェックリスト集」（中央労働災害防止協会出版）を参考に、呼吸用保護具の使用環境・条件・準備選択、教育等、選び方、使い方、使用上の注意・交換時期及び保守管理等に関する調査票を作成、配布、回収しました。マスク種類ごと及び「管理監督者・他」と「現場作業者」に分けて集計しました。解析には$\chi 2$検定を用いて、五パーセント及び一パーセント未満を有意差としました。

結果、考察

防じんマスクについての事業所の回答数は八六六名（管理監督者一〇四、現場作業者七三七、その他二五）防毒マスクは七二二名（管理監督者一一五、現場作業者五八四、その他二三）でした。マスクを使用する職場が有るかの設問は、防じんマスクにて有るが七二六、無し一三三、不明七（合計八六六）、防毒マスクは有る五四七、無し一五九、不明一六（合計七二二）でした。保護具着用管理責任者の指名の実施は平均六一・八パーセントと低値でした。粉じん職場でのオイルミストの存在を把握していかの設問に対し、使い捨て式防じんマスクで二一・〇パーセント、取替え式防じんマスクで四四・六パーセントと低く、オイルミストの共存下では、ろ過材の選定が不適な場合、急激に捕集効率が下がることが危惧されました。使い捨て式防じんマスクのフィットテストの実施は二七・五パーセントのみであり、特に指導の必要性が示されました。

防じんマスクにおいて、作業に適したろ過材を選定しているは平均七一・七パーセント、高濃度でのマスクの使用範囲を把握しているは平均五五・九パーセントのみでした。マスクの作業前点検の実施は平均六七・七パーセント、装着時のフィットチェックは平均七二・一パーセントのみでした。タオルを顔に当ててのマスクの使用は平均七・六パーセント、メリヤスカバーの使用は七・八パーセント、マスクの交換の目安を設定しているのは平均七〇・七パーセントのみで早急な対策が必要でした。作業前点検の実施は六七・七パーセント、有害物質の種類と濃度を管理監督者の一九・四パーセント、現場作業者の三六・六パーセントが把握していないと回答し、吸収缶は高温、高湿度環境で使用すると破過時間が短くなることを、管理監督者の二三・一パーセント、現場作業者の三五・九パーセントが知らないと回答し有意差が認められました（$p<0.01$）。

まとめ

有機溶剤については、法令により有機溶剤作業主任者の選任義務があり、防じんマスクに比べ管理状況が良いと推察されましたが、粉じん作業については特に管理者の選任義務が無く、問題が多く残されていることが反映された結果でした。

10 アンケートによる化学防護手袋の選択、着用、保守管理等に関する実態調査

（加部勇、鶴岡寛子、幸地勇、古賀安夫、江口将史、松井智美、伊藤理恵、徳地谷洋子、宮内博幸、田中茂：事業場における化学防護手袋の選択、着用、保守管理等に関する実態調査、日本産業衛生学雑誌　五九（五）、一三五―一四三頁　二〇一七）

目的、方法

化学物質等による皮膚への障害を予防するために化学防護手袋の使用状況を把握するためにアンケート調査を行いました。製造業の国内七事業場で作業者（六六一名）、管理監督者（一二一名）及びその他（三五名）の合計八一七人を対象として、二〇一五（平成二七）年九月～一〇月に実施しました。著者が編集、作成した「ＣＤ-ＲＯＭ　二〇一四-二〇一五年版　そのまま使える安全衛生保護具チェックリスト集」（中央労働災害防止協会出版）を参考に、化学防護手袋の使用環境・条件・準備選択、教育等、選び方、使い方、使用上の注意・交換時期及び保守管理等に関する調査票を作成、配布、回収しました。解析には χ

２検定を用いて、五パーセント及び一パーセント未満を有意差としました。

結果、考察

化学防護手袋を使用する化学物質は、有機溶剤が七〇・五パーセントと最も多く、酸・アルカリ二八・九パーセント、粉じん一八・一パーセント、発がん性物質一〇・三パーセントの順でした。化学防護手袋を装着する決定理由は、有機溶剤・特定化学物質などの使用が四六・五パーセントと最も多く、「ＳＤＳに記載されている」が二九・八パーセント、「上司・管理監督者の指導」が二一・四パーセントでした。「対象作業・取扱い物質」は七〇・一パーセントが把握しており、「皮膚及び眼に対する注意警告」は六九・五パーセントが表示され、「化学防護手袋の使用理由」の教育は六八・一パーセントが受け入れていました。一方、「対象物質の透過試験結果を入手している」、「混合物質は透過時間が短い物質を考慮して選定している」は二五・二パーセントと透過試験に関する項目は低かったです。管理監督者と現場作業者の比較では，「対象物質の透過試験結果を入手している」が管理監督者二七・七パーセント、現場作業者四一・二パーセント、化学防護手袋の袖口を「折り返してタレ防止」及び「テープで取り付け」では管理監督者各々三〇・五パーセント、二一・八パーセント、現場作業者五〇・二パーセント、四二・二パーセントと現場作業者が有意に高い数値でした。

まとめ

今回の調査より、化学防護手袋の透過試験結果の知識が産業現場ではまだ普及していないと推察されました。今後、化学防護手袋の製造者等から使用する事業者へ「透過試験」に関する知識、普及活動が望まれます。化学防護手袋に関して、管理監督者より現場作業者の方が知識を持っている可能性が示唆されました。事業者は、化学防護手袋の保護具着用責任者を選任するとともに、管理監督者は化学防護手袋の正しい知識や使用方法の理解度を上げ、現場作業者を指導する立場になることが期待されます。

本調査の限界として、回答者の事業場規模は一、〇〇〇人以上が最多で約四〇パーセントに達していました。大企業における化学防護手袋の管理・着用の実態と中小企業の実態では大きく異なる可能性があります。今後、零細・中小企業における個人用保護具の管理と教育の実態把握が望まれます。

オルト-トルイジンによる膀胱がんの発生事例を契機に、化学防護手袋の選定、使用、管理について重要性が注目されています。したがって、オルト-トルイジンのような経皮吸収しやすい発がん性物質に対する労働衛生管理として化学防護手袋の適正着用は極めて重要です。今後、中小企業を含めた化学防護手袋に関する透過試験の周知度や保護具着用管理責任者の活動等を含めた現場調査がさらに必要と考えます。

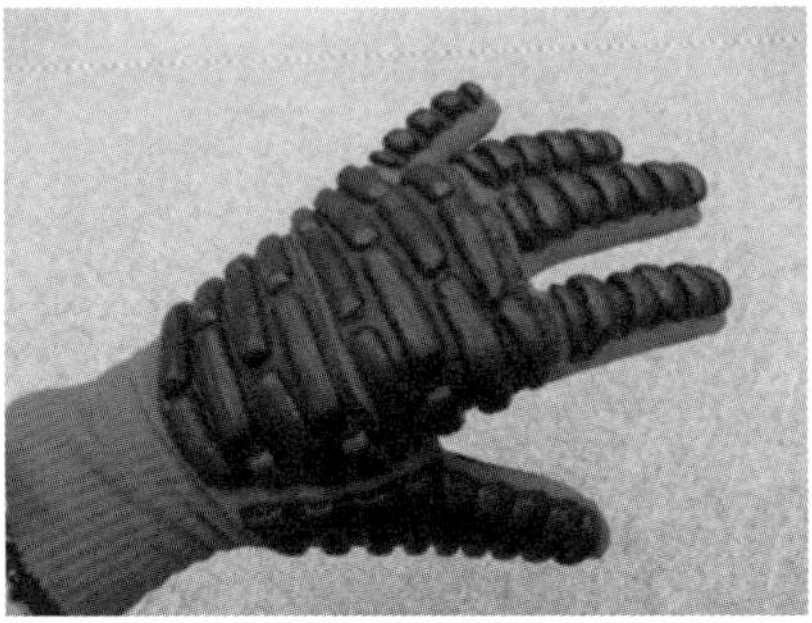

写真3-10　ロールボックスパレット作業用手袋（アトム㈱）
（写真提供：アトム㈱）

11　ロールボックスパレットを使用する時の作業用手袋が開発されました

（田中茂著：あなたを守る　安全健康保護具ガイド～サービス産業で働く人のために～　中央労働災害防止協会発行　二〇一六）

ロールボックスパレット（かご車、かご台車）は輸送と保管が同時にでき、商品棚としても使用できる汎用性の高い物流機器です。最大五〇〇キログラム程度のものを運ぶことが出来る設計ですが、重量の増加とともに操作が難しくなり衝突、はさまる、ひかれる等の事故が起きます。そこで、労働安全衛生総合研究所・人間工学・リスク管理研究グループの大西明宏主任研究員と手袋メーカーであるアトム㈱が共同でロールボックスパレット作業用手袋を開発しました（**写真3-10**）。防振手袋をベースに手甲部や掌部に工夫がなされています。この製品の研究開発が評価され、一般社団法人日本人間工学会の平成二七年度人間工学グッドプラクティス賞・最優秀賞を受賞しました。

今まで、手袋の手甲部分に衝撃を吸収するクッション材やパッドを設けた手袋はありましたが、作業性が悪く特に物流作業で必要とされる手袋を着用したまま筆記具を持ち伝票記入などを行う作業には向いていませんでした。この手袋では、以下の特長があります。

①手袋本来の機能性確保のため、手掌部分に薄いゴムシートから成る滑り止め部を設けました。

②安全性確保のため、手甲部分には発泡ゴムから成る衝撃吸収用パッドを設けました。このパッドは凹凸形状とし、手の握り方向に直交する形で配置することにより手の動きに対する抵抗が少なく、スムーズに動き、疲労感を軽減する効果を発揮しました。

③作業性確保のため、指先（爪先）部分には衝撃吸収用パッドは設けず、手袋を着用したままでの伝票記入を容易にしました。

④通気性及びフィット感の向上のため、手掌部分と衝撃吸収パッドの間に隙間を設け、伸縮性のある糸を採用しました。

12　フルハーネス型安全帯へ使用推進の動向について

安全帯について、日本では、胴ベルト型安全帯が多く使用されていますが、墜落したときに、胸部の圧迫による内臓の損傷や救出するまでに時間がかかること、日本以外ではフルハーネス型安全帯が使用されていると聞き、大変気になりました。

厚生労働省では「墜落防止用の個人用保護具に関する規制のあり方に関する検討会」を設置し、墜落防止用の個人用保護具に関する規制の在り方について検討が始まりました。公表された検討会の資料によりますと、平成二七年に発生した全産業における墜落死亡災害（二四八人）について分析した結果、安全帯を使用させていなかったものが一三六人、安全帯を使用させていたが、安全帯取付け設備の強度不足、安全帯取付け設備自体の倒壊、フックの掛け間違い等、その他の不適切な使用であったものが、合計六人。安全帯を使用させていなかったものについて、墜落防止措置に関する必要な措置を適切に講じていなかったと考えられるものは九五件（四〇・三％）でした。

さらに、

・一〇年間（平成一八年～二七年）で、安全帯で宙づりになった際、胴ベルトが胸部にず

り上がって圧迫され、死亡するなどの事例が六件
・安全帯を使用していた場合の墜落災害は五年間（平成二二年～二六年）で一七〇件あり、宙づり・落下中に梁等に衝突した事例が一〇％、ランヤード切れ・安全帯が脱げた事例が九％
・安全帯を使用していたにもかかわらず、地上に衝突した事例が九％
・U字つり用胴ベルト型安全帯を使用していた際の墜落災害は一年間（平成二七年）で一五件あり、U字つり用ランヤードが緩み墜落した事例が三三％、フックがはずれるなどで墜落した事例が六六％

と報告されています。

委員会では、墜落防止用の個人用保護具の国際的な動向として国際標準化機構（ＩＳＯ）規格、欧州（ＥＮ）規格、米国安全衛生庁（ＯＳＨＡ）規則等を調べ、新たな規制を検討しており、墜落時の安全性の観点からフルハーネス型墜落防止用保護具の使用を原則とし、一定の条件に適合する胴ベルト型安全帯等の使用を認めるなどの検討が行われているようです。

事業場に出向くと、高さ二メートル以上の箇所で作業を行っているのを見かけますが、安全帯を装着しているのは数例しか行われていないように思えます。事業場における高所

作業における安全帯の使用の教育、指導が必要です。

作業現場ではまだまだ見かけることは少ないですが、フルハーネス型安全帯の普及を進める必要があります。

今後、二〇二〇年の東京オリンピックの準備のために東京周辺は建設ラッシュであり、墜落防止のために、フルハーネス型の安全帯の適正使用が進むことを強く望みます。

第四編　おわりに

安全衛生保護具を購入する場合には、現場や作業状況と作業者に合った保護具を選ぶことが必要です。また、保護具に関する教育をしてから、現場に入るようにすることが重要です。

防護性能

厚生労働省の構造規格が定められている保護具は、必ず規格で定められた性能を満たした製品を選ぶ必要があります。また、ＪＩＳ規格が定められている保護具については、該当する規格の性能を満たしているか、あるいはそれに準じた性能を持っているものであるか、必ず確認した上で選定する必要があります。

使い勝手

防護性能がきちんと満たされていることを確認したら、次は「使い勝手」です。長い時間身に付ける場合には、装着することによる疲労感をできるだけ抑える必要があります。体に直接装着するものであるため、疲労感以外にも軽量感、着脱のしやすさなども考慮して、適切なものを選ぶ必要があります。

フィット性

性能がよくても、作業者に合ったものを選ばなければ、保護具の性能が発揮されません。これからは作業者に合ったものを選ぶ時代です。多くの事業場で、同一製品を大量に購入し、作業者に支給する様子をよく見かけます。マスクメーカー側は同じ半面形マスクの面体の形状だけで六種類も用意して作業者に選定してもらうようにしています。あるいは保護めがねのツルの長さが作業者の顔にあわせて調整できたり、耳栓も形状の異なるものを市販しています。同じ形状のものを購入して作業者に支給する時代は終わりを告げ、作業者個々人にあったものを選び、作業者は各個人専用で使用する時代となったといえるでしょう。

デザイン

自ら進んで使いたくなるような、魅力的なデザインのものを選択することも大切です。保護具メーカーでは、作業者に喜んで使用してもらえるように、色調、形状に工夫をこらしています。

作業者への保護具に関する教育

保護具の性能を発揮するには作業者への教育が重要です。事業場に出向くと、保護具を支給するだけの姿をよく見かけます。

① 保護具を装着する理由
② 保護具の特徴
③ 保護具の選定
④ 保護具の正しい装着法
⑤ 保護具の保守管理
⑥ 保護具の交換時期、廃棄方法

などについての教育を行う必要があります。

防じんマスク、防毒マスク及び科学防護手袋に関する教育には保護具着用管理責任者が必要であり、保護具に関する情報収集を行い、作業や作業場に合った保護具に関する資料を作成し、作業者の教育に活用することが重要です。

あとがき

人として生まれれば、基本的には生きていくために働かねばなりません。労働は生きる基盤といえるでしょう。しかし、労働は簡単なことではありません。他人から見れば楽に見える仕事でも、働いている本人にとっては辛いこともあります。高い所や有害な物質を扱う危険な場所で作業する人たちは特に大変です。

作業環境の改善、充実は当然のことですが、種々の事情で完璧に安全にはできない現状です。作業者の安全の確保、健康への影響を少なくするために安全衛生保護具が必要です。保護具を作業の必需品と位置付けて、作業及び作業者に合った保護具を適正に選択し、正しく使用しなければなりません。

労働者の安全衛生の仕事については、中央労働災害防止協会労働衛生サービスセンター久保田重孝初代所長の「労働衛生は作業現場にある」との教えを肝に銘じて続けてきました。そして、作業現場では多くの保護具が使用されていますが、多くの事業場で適正に使用されていないことを経験したことが、「保護具の適正使用」に関する研究を行うきっかけになりました。本書はこれらの研究の中間発表のようなものですが、現在考えられる保護具のさまざまな問題を提起してみました。

なお、本書の執筆に当たって、次の保護具関係メーカーのご協力をいただきました。ここに御礼を申し上げます。

旭・デュポンフラッシュスパンプロダクツ㈱、アゼアス㈱、アトム㈱、興研㈱、コニカミノルタ㈱、三光化学工業㈱、サンコー㈱、㈱重松製作所、柴田科学㈱、㈱シモン、スリーエムジャパン㈱、スリーエムヘルスケア㈱、ダイヤゴム㈱、㈱谷沢製作所、㈱トーアボージン、藤井電工㈱、ミドリ安全㈱、山本光学㈱、ユニット㈱、㈱理研オプテック（五十音順）

また、出版にあたっては、中央労働災害防止協会出版事業部の阿部研二常務理事、五味達朗氏および新庄加苗様にご尽力をいただきました。心よりお礼申し上げます。

最後に、本書を出版できましたことも妻博子の助力に負うところが大であり、心から感謝します。

この本が作業現場での保護具の適正使用に、少しでも役立てば幸いです。

二〇一七年一〇月

著者　田中　茂

知ってておきたい保護具のはなし　中災防ブックス 002

平成 29 年 11 月 1 日　第 1 版第 1 刷発行

著　者　田中　茂
発行者　阿部　研二
発行所　中央労働災害防止協会
〒108-0023
東京都港区芝浦 3 丁目 17 番 12 号　吾妻ビル 9 階
電話　販売　03(3452)6401
　　　編集　03(3452)6209
印刷・製本　㈱丸井工文社

落丁・乱丁本はお取り替えします。

ISBN978-4-8059-1776-3　C0360
中災防ホームページ　http://www.jisha.or.jp/